Hannelore Di Guglielmo

Bucht der trügerischen Leidenschaft

Roman nach einer wahren Geschichte

Verlag Kern

Bibliografische Informationen der Deutschen Bibliothek:
Die Deutsche Bibliothek verzeichnet diese Publikation in der Deutschen Nationalbibliografie; detaillierte Dateien sind im Internet über http://dnb.ddb.de abrufbar

Impressum:

Herstellung: Verlag Kern, Bayreuth
Umschlagdesign und Satz: winkler.layout@t-online.de
Druck: Difo-Druck GmbH, Bamberg
ISBN 978-3-939478-11-9

Hannelore Di Guglielmo

Bucht der trügerischen Leidenschaft

Roman nach einer wahren Geschichte

Wer am Ende ist, kann von vorne anfangen, denn das Ende ist der Anfang von der anderen Seite.

1. Kapitel – Abschied, Ende August 2003

Nach 40 Jahren Arbeit endlich unseren Lebenstraum verwirklichen. Zurück in die geliebte Heimat Italien, dank Altersteilzeit. Die Situation in der Welt-Firma, in der wir beide seit Jahrzehnten arbeiteten, wurde immer unerträglicher. Das unheilvolle Wort „Stellenabbau" grassierte durch die Produktions-Firma, die uns beiden zur zweiten Heimat geworden war, da am Aufbau mit vollem Einsatz und persönlichem Engagement beteiligt. Die Rationalisierung war in vollem Gange, erfasste ganze Führungs-Etagen, in deren Folge nahezu jeder Mitarbeiter direkt oder indirekt betroffen war. Nach Kenntnis der Sachlage zogen auch wir die Konsequenzen und unterschrieben einen 5-Jahres Altersteilzeitvertrag, der als akzeptabler Ausweg offeriert wurde. Mein Mann, 2 Jahre älter, war vor mir dran. Noch 2 Jahre, dann habe auch ich es geschafft, seine, über alles geliebte und verehrte Frau, die ich seit 18 Jahren war.

In Reichweite vor Augen: Kleine (Adress-Wohnung) in Deutschland und Hauptwohnsitz in der „schönsten Stadt der Welt", seiner Heimatstadt am Meer. Wir konnten es kaum erwarten, die Früchte unseres Arbeitslebens zu genießen, das äußerst anspruchsvoll war, das uns aber auch zu einem gewissen Wohlstand verhalf, den man als gute Mittelklasse bezeichnen konnte. Doch es kam anders!

Um ein paar Tage auszuspannen und endlich der Bitte meiner Freundin Dagmar nachzukommen, fuhr ich mit ihr nach Budapest. Sie lernte seit Jahren ungarisch und hatte dort ebenfalls eine Freundin, die uns vor Ort treffen und „ihre Stadt" zeigen wollte. Am Abend des ersten Besichtigungs-Tages, kamen wir, reichlich geschafft, in unserem 4-Sterne-Wellness-Hotel an. Kaum auf das Bett geplumpst, überkamen mich urplötzlich unsägliche Kopfschmerzen, mein Nervensystem spielte total verrückt, so dass ich kaum mehr wusste, was oben oder unten war, zudem wurde mir übel; ich konnte mich nicht erinnern, je solchen Totalcrash verspürt zu haben. Dagmar ging, nachdem sie sich vergewisserte, mich alleine lassen zu können, zu Tisch. Mit letzter Kraft nahm ich zwei Aspirin, ließ mir eine Badewanne einlaufen, keineswegs sicher, dieses Bad heil zu überstehen. Mehr noch als mein Zustand machte mir die völlig unbekannte Art der Beschwerden zu schaffen. Nur allmählich fand mein Körper zu seinem gewohnten Rhythmus zurück, ich erholte mich aber während unseres Aufenthalts nie mehr ganz von dieser Attacke. Einmal fragte mich Dagmar, ob ich denn meinen Mann nie anrufen würde? „Nein, nein, das machen wir nie“, sagte ich, dabei verwechselte ich die Situation mit meinem Sohn, denn von Gianni, meinem Mann, war ich ja noch nie länger als ein paar Stunden getrennt. Hätte ich bloß ihren Rat befolgt!

Wie sich später bei meiner Rückkehr herausstellte, brach just zu diesem Zeitpunkt auf äußerst schmerzhafte Weise seine Krankheit aus. Er brauchte mich, war alleine und vollkommen hilflos. Nun, Budapest hatte so einige Erlebnisse, wobei nicht alle als schön bezeichnet werden konnten. Es war die Zeit nach dem Umbruch, der Privatisierung, da blieb schon Einiges auf der Strecke, dies betraf vor allem die untere Schicht, die sich gefährlich um die Metro-Viertel scharte. Einige gemischte Erfahrungen reicher, fuhren wir nach 5 Tagen zurück.

Ich wollte meinen Schnuffi, so nannte ich meinen Mann, voller Vorfreude überraschen und läutete an der Türe - es rührte sich nichts. War er nicht zu Hause? Kaum denkbar, um diese Zeit. Also ein zweiter Versuch, diesmal vehementer. Zögernd öffnete sich die Tür. Was ich sah, erschreckte mich zu

Tode. Da stand nicht mein Mann, sondern ein zu Methusalem gealtertes Bündel Elend. In gebeugter Haltung berichtete er von irren Schmerzen im Rücken. Es war ihm weder Sitzen, noch Liegen oder Stehen möglich, und das, seit ich weg war. Schuldgefühle überkamen mich, ihn allein gelassen zu haben. Aber wie konnte ich das ahnen? Noch nie hatte er einen Arzt gebraucht. Beim Abschied zum Bahnhof begleitete er mich liebevoll, wenngleich er mir, jetzt, im Nachhinein betrachtet, ziemlich kraftlos oder etwas traurig erschien. Unglaublich, aber er bat mich, anderentags, Montag, eigentlich Arbeits- und zudem Abrechnungstag, mit ihm zum Arzt zu gehen. Es musste drastisch und nicht nur ernst sein, denn es war das erste Mal, dass wir beide uns entschuldigten. Undenkbar, nicht zur Arbeit zu gehen, so was kam für andere Mitarbeiter, nicht jedoch für uns infrage, die wir auch noch „mit dem Kopf unter dem Arm" unserer Pflicht nachgingen. Unsere Hausärztin ordnete eine Blutentnahme an. Tags darauf die telefonische Aufforderung, „bitte umgehend kommen, zur Klärung der Angelegenheit." Alle Blut-Werte sprengten jeden Rahmen und eine sofortige Krankenhauseinweisung wurde veranlasst.

Dort angekommen, es war ein sehr heißer November-Tag, mussten wir warten, bis wir als neunter Notfall-Patient, nach etlichen Stunden, endlich dran waren. Mittlerweile sah mein Mann gelb wie eine Honigmelone aus, was die einfallenden Sonnenstrahlen noch untermalten. Er musste für weitere Untersuchungen im Krankenhaus bleiben. Was dann kam, war das Fegefeuer mit Sicht zur Hölle. Am schlimmsten war die Wartezeit, sprich die Zeit des Bangens und der Ungewissheit, die sich endlos hinzog, bis alle nötigen Untersuchungen abgeschlossen waren. Dann das brutale Resultat: Er hatte, wie sich der Arzt ausdrückte, die absolut hinterhältigste, heimtückischste Krankheit in derzeitiger Medizin. Oh Gott, welch ein Urteil. Wenn du es vernimmst, bist du erstmal entsetzt. Wie konnte das sein? Wir hatten einen sehr schönen Sommer mit einem 4-wöchigen Aufenthalt im August/September in seiner Heimat hinter uns, waren motiviert für die „Frühaussteigerphase", die in Reichweite anstand, und jetzt das! Erste Reaktion, unglaubliche Wut, gefolgt von der Frage nach dem Warum. Banale Dinge vermischen sich mit der unausweichlichen Realität, die du in diesem Augenblick noch nicht einschätzen kannst, aber nach und nach, mit jeder erneuten Untersuchung, zur Gewissheit wird.

Na, meine Liebe, hast die Rechnung wohl ohne „IHN" gemacht, dachte ich sarkastisch zu mir, „IHN", den großen Regisseur, der alles gibt und nimmt, der mich nicht vergessen wird und wieder einmal zugeschlagen hatte. Nächtelang am Fenster stehend, klagte ich ihn an. Verdammt, warum er? Ein allseits beliebter Mensch, der nie jemanden etwas zu leide getan hat, im Gegenteil, bei dem die Menschen die Straßenseite wechselten, um mit ihm zu plaudern, um hinterher frohgemut weiterzugehen. Wo er auftauchte, war gute Stimmung garantiert.

Nach neun qualvollen Monaten des Haderns, Hoffens und Leidens, in denen wir das ganze Chemo-, Strahlen- und Radio-Therapie-Programm sowie neueste amerikanische Studien, die mit 1 ½ Millionen versichert waren, sprich, nichts unversucht ließen, ging es unaufhaltsam dem Ende entgegen. Meine große Liebe „Schnuffi" kämpfte verbissen gegen hochgradiges Fieber in einer Auffangklinik für Krebskranke, überstand unmenschliche Therapien, in diversen Kliniken, allesamt unwürdige Aufenthaltsorte, zusammen mit herzzerreißenden Patienten-Schicksalen. Dann das Aus. Er durfte sich seinen Platz zum Sterben aussuchen und entschied sich für zuhause.

Es war August und fürchterlich heiß. Sein Sterbelager, unser gemeinsames Schlafzimmer aber war nordseitig, mit herabgelassenen Jalousien erträglich kühl gehalten, und wir waren alle da. Seine geliebten Nachbarn, die Verwandten, auch sein Bruder und die Schwägerin aus Italien waren eingetroffen, Arzt und Pflegedienst im wechselnden Einsatz. In der dritten Nacht vor seinem Tod liebte er mich, unter Aufbietung all seiner Kräfte ein letztes Mal und es war uns beiden bewusst: Nie mehr!
Danach gab er mir entscheidende Lebenshilfe mit - auf meinen Weg allein:
„Zwei Dinge, Piccola:
1. Du bist eine super Frau, es tut mir unendlich leid, dich alleine lassen zu müssen, das hast du nicht verdient. Aber es gibt keine guten Männer mehr, wenn doch, sind sie verheiratet. Trotzdem, du sollst Spaß haben, aber kein Türke!
2. Niemand kommt in „meine kleine Schnuffi-Wohnung. „
Generell sagte er noch: „Du hast einen großen Fehler, du bist zu ehrlich, aber nicht alle Menschen um dich sind genauso ehrlich wie du.“
Ich weinte still.

Nun kannte ich bis dato so ziemlich jede Nation der Welt; erstaunlicherweise befand sich jedoch nicht eine türkische Person darunter. Deshalb fiel das Versprechen leicht: „Nein, niemals.“ Und die bisher vermietete Wohnung, in die ich ziehen würde, war sowieso nur für mich. Wie konnte er an ein Leben nach ihm denken? Ausgeschlossen!

Gianni hatte vor 10 Jahren zum Kauf geraten mit den Worten: „Piccola, deine Rente mal nix genug, die Wohnung ist für dich, ich da nix wohnen.“ „Aber Schnuffi, du gehst doch auch mal da mit mir rein, wenn auch nur für die kurze Zeit, die wir in

Deutschland sind", tat er stets mit einem eigenartigen Lächeln auf den Lippen ab." Heute weiß ich, er war in allem ein Prophet. Nichts, was er nicht vorausgesehen hatte. Wir lebten in einer gemieteten Wohnung, in wunderschöner Lage, mit netten Nachbarn, die ihm die Heimat ersetzten. Von dort würde er nie freiwillig weg gehen, darin war er standhaft.

Seinem in Jahren oft geäußerter letzter Wunsch: „Von hier gehe ich nur mit den Füßen voraus weg", wurde stattgegeben, und so drehten die Leichenträger den Sarg um, und trugen ihn mit den Füßen voraus aus dem 1. Stock zu seiner letzten Fahrt in die Leichenhalle. Er war „Verso l'alto", was soviel heißt wie, nach oben, himmelwärts, gegangen. Von da an war ich nicht mehr ich. Auf den Bildern der Beerdigung habe ich gelächelt als der Sarg herunter gelassen wurde, während „it's time to say goodbye", von Andrea Bocelli, erklang. Ich kann mich nur noch erinnern, ständig an Jacqueline Kennedy gedacht zu haben, die mir Vorbild, in gefasster Haltung und sehr stark, am Grab ihres Mannes stand, bei dessen Beerdigung. Warum gerade die? Keine Ahnung. Jedenfalls sollte niemand meine Verzweiflung sehen. Die Summe meiner Schicksale waren zuviel für mich in dieser Stunde, wurden verdrängt. Mein Sohn mit Freund, der ihm nahe stand wie ein Bruder, weinte bitterlich. Gianni war ihm Vaterersatz geworden. Schließlich war er namhaft am zustande kommen seiner Ehe beteiligt. Die Super-Schwiegertochter hatte als Gärtnerin die Blumen-Arrangements übernommen, die einfach überwältigend waren. Für jedes Familienmitglied gab es außer den Kränzen ein an Blumen verzierten Stangen hängenden, herzförmig verschweißten, persönlichen Abschiedsgruß. So stand zum Beispiel auf dem meines kleinsten Enkels: „Lieber Gianni, bist du gut im Himmel angekommen?" Mein Kranz bestand aus einem Lorbeer geschmückten Ferrari-Reifen, den mein Sohn aufgetrieben hatte. Ferrari und die Formel 1 waren für meinen Mann kein Sport sondern sein Leben. „Entweder kaufe ich einen Ferrari oder ich heirate.“ So ernst war es ihm damit. Nun, er entschied sich für mich und fuhr dann Mercedes, wozu ich ihn aus ökonomischen Gründen überredete, allerdings jedes Jahr das neueste Modell, was ihn aber erst nach Jahren besänftigte. Das neueste Sportmodell war bereits bestellt, jetzt war es zu spät dafür. Alles wurde bedeutungslos.

Sofort nach seinem Tod zog ich aus der teuren Miet- in meine eigene Wohnung, was problemlos durch den Mieter, dem ich durch Zufall eine andere geeignete Wohnung anbieten konnte, gelang. Überhaupt hatte ich in den folgenden drei bis vier Monaten soviel Glück, wie niemals zuvor. Ich machte das Unmögliche möglich, brauchte nur einen Wunsch an „Schnuffi“ zu richten, und erhielt Hilfe von allen Seiten her. Für mich, dem selbständigen Macher, eine ungewohnte Situation. Es schien mir, als würde ich alle jemals geleisteten guten Taten für Andere, nun, mit einem Mal, zurück erhalten. Alles klappte wie am Schnürchen. Jetzt war ich also in meiner sonnigen kleinen Wohnung, renoviert und, bis auf drei alte Erinnerungsstücke, neu möbliert. Alle Leute um mich herum wunderten sich, wie ich das alles wegsteckte, wo sich doch jeder an uns als liebendes Vorzeige-Paar erinnerte. Dem war aber ganz und gar nicht so. Meine Aktivitäten, reiner Selbstschutz. Ganz im Gegenteil. Es folgten zwei Jahre der Isolation und fürchterlichen Herzschmerzes. Trotz meines großen Schicksalsschlages in einer Jung-Ehe war es mir bisher nie vergönnt, zu weinen. Jetzt, mit fünfundfünfzig Jahren, holte ich alles doppelt und dreifach nach.

„Wo bist du?“, fragte ich in den einsamen, verlassenen Nächten, eine Zigarette nach der anderen auf der Terrasse qualmend. Kommunizierte mit ihm, verbunden mit dem unsichtbaren Band unserer Liebe und verzweifelten, unwiderruflichen Trennung. Ich fühlte mich amputiert und vermisste ihn so schrecklich. Vor Tränen blind, in einem nicht enden wollenden schwarzen Tunnel, nur noch von dem Wunsch beseelt, meinem Mann nachfolgen zu dürfen, musste ich im Hier leben. Doch was heißt hier leben? Dem Jenseits näher, da vorwiegend auf dem Friedhof, der mir zur zweiten Heimat wurde, durchbrach ein Lebensfunke, der erste Blitzgedanke, der sich nicht mit „Schnuffi" beschäftigte: „Ich muss hier raus!"

Aber wohin? Vielleicht eine Stadtreise? Alle namhaften Metropolen hatte ich bereits mit meinem Mann besucht. Also, was könnte mich noch interessieren, wohin? Istanbul hast du noch nicht gesehen, fiel mir ein, als ich in der Samstagausgabe meiner Zeitung einen Artikel darüber las. Ich buchte, ohne weitere Überlegung, in einem türkischen Reisebüro. Der Besitzer fragte: „Du alleine reisen?" „Ja." „Du Verwandte treffen?" „Nein." „Du Freunde treffen?" „Nein." „Du erste Mal in Istanbul?" „Ja." „Du aufpassen, Istanbul ganz schön, aber gefährlich für Frau alleine." „Schon gut", meine Antwort, „ich aufpassen." Überflüssig, die Ermahnung, Reisen war und bleibt meine Passion. Hier hast du einen Experten vor dir, dachte ich. Keine Sekunde war mir bewusst, dass ich in die Türkei aufbrechen und damit auf verbotenes Terrain stoßen würde.

2. Kapitel – Istanbul, Anfang Mai 2005

Lethargisch machte ich mich auf, die fünftägige Stadt-Rundreise anzutreten. Eine schwarze, deutsche Frau im Kaftan, darunter Lederstiefel, die am ersten Tag noch nicht dabei war, stand am zweiten Besichtungs-Tag abwartend neben dem Bus. Sie setzte sich neben mich, und war mir während des gesamten Aufenthalts ein angenehmer, unaufdringlicher Begleiter. Es war Sympathie auf den ersten Blick und ich bedankte mich insgeheim bei meinem Mann. Wohl wissend, dass ich Schwarze ganz besonders ins Herz geschlossen habe, war ich mir sicher, dass dieser Beistand von ihm kam. Wir logierten im gleichen Hotel, wovon uns nur 2 Zimmer trennten. Abends gingen wir aus, wobei ihr auf Schritt und Tritt Komplimente gemacht wurden, ob ihrer auffälligen Erscheinung – sie trug bunte, seidige, lange Kaftane, dazu langes schwarzes Haar, umgeben von einer eigenartigen Unnahbarkeit. Die Frage nach ihrer Nationalität beantwortete sie jedes Mal anders, wobei sie meist irgendwelche weit entfernte Südseeinseln nannte, die hier kein Mensch kannte, und allenfalls Staunen und noch mehr Bewunderung hervorriefen. Oft benutzten wir eines der preisgünstigen Taksis für eine lebensgefährliche Rückfahrt ins Hotel über sechs Autospuren hinweg, alle Verkehrsregeln außer Acht lassend. Istanbul bei Nacht, mit nicht lizenzierten Fahrern, ein Erlebnis der besonderen Art, nur bedingt empfehlenswert, wir waren gewarnt.

Nach 5 Tagen gemeinsamer Stadterkundung fassten wir, ohne konkrete Vorstellung, den Entschluss, den Sommer-urlaub gemeinsam zu verbringen. Vorschlag ihrerseits: Ibiza. Dort habe sie mal 8 Jahre gelebt und ob ich es kennen würde, was ich verneinte, aber liebend gerne nachholen wollte. Sophia gestand, vor Jahren am Strand eine romantische Ehe ohne

Trauschein geschlossen zu haben, die jedoch nicht hielt, da sich ihr Auserwählter nach einigen Jahren einer anderen Frau zuwandte, was sie bis heute nicht überwunden hätte. Aus irgendwelchen Gründen schaffte sie es nicht, die Reise klarzumachen, angeblich war alles überbucht im Sommer etc., und so ging der Ball an mich. In der Auswahl hatte ich freie Hand. Da meine schöne Kreolin Sophia in der Schweiz arbeitete, waren Kontakte schwierig und teuer. Jedoch ihre telefonisch knappen, klaren Anweisungen, verbunden mit einem Urvertrauen, ließen mich selbständig gewähren, was mir sehr entgegen kam. Eine schönere Verbindung zwischen zwei Frauen konnte ich mir nicht vorstellen. Oder doch? Das gab es schon einmal, erinnerte ich mich. Damals, auf dem Boot in Kroatien. Sie hieß Sylvia, unsere Freundschaft hielt jahrelang und endete, ohne erkenn- oder nachvollziehbarem Grund, abrupt mit ihrer zweiten Heirat. Sie war eine wohl situierte, gebildete Frau mit einem Lehramt, hineingeboren in höchste Kreise und heiratete einen Analphabeten von einer kleinen Insel im Atlantik, den sie erst einmal auf eine Schule für Asylanten schicken musste, um ein wenig Deutsch zu lernen. Dem sie später ein Auto kaufte, damit er sich als Taxifahrer verdingen konnte, sein Haus ausbaute, umgestaltete, wohnlich machte für beide. Alles Dinge, für die ich sie liebte.

Meine Erinnerungen an diesen, viele Jahre zurückliegenden Bootsurlaub, entlang der Küste Kroatiens wurden wach, als mir ein Prospekt in die Finger kam, der abwechslungsreichen Urlaub verhieß. Der nun schon vertraute türkische Reisebüroleiter schwärmte von meiner Wahl einer „blauen Reise“ auf einem Motorsegler, die von Bodrum aus, die Marmaris-Küste entlang führte. Anschließend sollte noch eine Woche in einem kleinen, von ihm empfohlenen Hotel, im nahe gelegenen Gümbet, folgen. Ein kurzes Telefonat mit Sophia – zwecks

Terminabsprache – und ich buchte für uns. Gleicher Ankunfts- bzw. Abflugtag, Sophia jedoch aus dem Norden, ich aus dem Süden Deutschlands kommend.

Diese Reise in die Türkei, sollte zu einem ungeahnten Traumurlaub werden.

3. Kapitel – Bootsurlaub, Anfang August 2005

Planmäßig erreichte ich das Boot. Freundliche Begrüßung durch die Crew und Zuteilung der Kabine. Wenig später der Besuch einer Dame von der Agentur mit folgendem Anliegen: Das von uns gebuchte Boot wurde kurzfristig privat gechartert, ob es uns möglich wäre, auf ein anderes zu wechseln, das allerdings erst morgen Nachmittag einlaufen würde. Diese Nacht könnten wir hier verbringen. Ich entschied spontan: „Keineswegs", das Abenteuer konnte beginnen! Sophia traf einige Stunden später ein, Flugverspätung und Probleme mit dem Zubringerbus, der aufgrund dessen lange Wartezeiten hatte. Sie vernahm die Änderung flexibel wie ich. Allerdings bedauerte die Crew unseren Wechsel, wollte ihn rückgängig machen, musste aber letztendlich klein beigeben. Zum Trost, oder als letzte Chance für sie? ludten sie uns anderentags für ein Grill-Abendessen ein, das sie für uns auf dem Boot arrangieren wollten.

Als Dankeschön der Reiseleitung durften wir uns für den kommenden Tag ein Boot aussuchen, mit dem wir einen mehrstündigen Ausflug in der Gegend Bodrums unternahmen. Wir entschieden uns für ein altes, kleines Ausflugsboot und ließen die modernen, lederbestückten „Halli-Galli Ausflugsboote" links liegen. Außer einigen Japanern auf Honeymoon-Reise war nur noch ein Universitäts-English-Teacher aus Istanbul da. Als er die schöne Kreolin Sophia sah, war er hin und weg. Wahrlich, eine Kopie von Naomi Campbell. Entgegen seiner Gepflogenheit, man sah es ihm an, und unter Aufbietung aller Courage, sprach er sie an und konnte sein Glück kaum fassen, als sie ihm, meinen zustimmenden Blick auffangend, freundlich antwortete. Der Mann war völlig aus dem Häuschen und lud uns beide für den Abend in das beste Fischrestaurant am Platze ein. Er musste am Treffpunkt eine Stunde auf uns warten, da meine Uhr noch deutsche Zeit hatte, war aber überglücklich, als er uns - für den Abend ziemlich herausgeputzt - erblickte. Bei Tisch überreichte er Sophia zwei hübsche Schmuckkästchen. Eines enthielt ein Perlmutt-Collier, im anderen befand sich das dazu passende Armband. Auch mir schenkte er, wohl in Dankbarkeit (Trostpreis), einen Perlmuttanhänger, der wirklich zu allem passt. Nach dem sowohl guten als auch teuren Fisch-Essen am Hafen, schlenderten wir auf eine Anhöhe hinauf, zur absoluten In-Diskothek namens Harlikanas. Das dort gebotene Spektakel rechtfertigte allemal den Eintrittpreis. Viele VIP's waren anwesend, wegen Formel-Eins in Istanbul, darunter ein Scheich, der gleich das ganze Rixos-Hotel gebucht hatte, und die Security arbeitete unübersehbar, auch wegen erhöhter Bombendrohungen.

Nach einer langen Nacht verabschiedeten wir uns brav von unserem Begleiter, da wir anderentags ablegten, und eine Mütze Schlaf mehr als erstrebenswert war. Am Boot angekommen, das wir nachmittags gewechselt hatten, wobei der Kapitän persönlich meinen kleinen Koffer holte, aber ich ihn, neben ihm hertrottend, nicht wahrnahm, sah ich „ihn" erstmals. Er lag in Cäsar-Manier weiß gekleidet, auf dem neben uns ankernden Boot. Ein kurzer Augenblick nach rechts, mich durchzuckte ein Blitz, das war's. Alle übrigen 10 Passagiere, die nun ebenfalls vollzählig an Deck waren, suchten sich je eine Liege an Deck, um mit den Decken aus der Kabine am Vorderdeck, unter freiem Himmel, zu übernachten. Sophia und ich blieben in der Kabine. Als es ruhig wurde, schlich ich wort- und lautlos, wie ferngesteuert, ans Deckende, wo sich hinter dem Tisch schöne, breite Liegen befanden. „Er" lag da, vergraben und unkenntlich in eine Decke gehüllt. Wie konnte ich ahnen, dass „er" es war, der Mann vom anderen Boot, der da unter freiem Sternenhimmel sein Nachtlager aufgeschlagen hatte. Ich wusste es einfach. Behutsam legte ich mich dazu. Keine Regung seinerseits. Langsam begann ich, ihn am Kopf zu massieren, sehr bedächtig und gezielt. Er hatte keine Ahnung, wer bei ihm war, lag regungslos da. Seine Erstarrung wich erst nach 1 Stunde intensiver, beinahe professioneller Kopfmassage. Vom ersten Blick-Kontakt an erfasste ich seine enormen, verborgenen Probleme. Der Reiz, zu ihnen vorzudringen, beflügelte mich und wurde von Erfolg gekrönt. Unendlich langsam öffnete sich der Knoten, bis er am Morgen wie Butter in meinen Armen lag. Ein außergewöhnlicher Mann, unendlich verschlossen und schwierig! Aber wer war er? Was hat mich bewogen, zu ihm zu gehen, woher wusste ich so genau, dass er es war? Üblicherweise warteten Männer auf mich jahrelang erfolglos. Wie komme ich dazu, auf einen Mann zuzugehen, den ersten Schritt zu tun? Eines stand für mich fest: Das war nicht ich! Wer oder was hat mich also, nahezu schlafwandlerisch, geleitet? Woher nahm ich die Sicherheit, dass er sich dort, in der Dunkelheit, auf seinem Nachtlager befand? Ich spürte instinktiv, es waren seine überwältigenden Probleme, die mich magisch anzogen. Als sich am frühen Morgen die ersten Passagiere rührten, ging ich in meine Kabine zurück, um zu duschen, und er sagte „Danke." Sophia fragte süffisant: „Na, wo warst du denn?", aber statt einer Antwort schaute ich sie nur völlig fassungslos an. Was war passiert mit mir? Nach einem gemeinsamen Frühstück liefen wir aus. Am Ruder der Kapitän: „Er". Verstohlene Blicke, Einigkeit.

Meine Verwunderung war riesengroß, da ich ihn ursprünglich, instinktiv, für einen Maschinisten hielt. Als ich Sophia nach ihm fragte und sie darüber informierte, mit ihm die Nacht verbracht zu haben, antwortete sie: „Das ist Karim, der Kapitän, hast du das nicht gewusst?" Ich war sprachlos. Eine ca. dreistündige, rasante Fahrt übers Meer brachte uns an eine herrliche Bucht, in der wir ein erfrischendes Bad nahmen. Seine kritischen Blicke folgten mir bis an Land. Zurück an Bord ließ er sich zu der Bemerkung hinreißen: „Du schwimmst sehr gut." Eine nicht unerhebliche Aussage, wie sich später herausstellte. Zudem das einzige persönliche Kompliment, das ich von ihm jemals zu hören bekam. Der Tag verstrich mit Mittagessen, Haut mit Sonnencreme schützen sowie lesen und dösen gleichermaßen. Die Gespräche der Mitreisenden hielten sich in Grenzen; man war gerade erst dabei, sich kennen zu lernen. Ab und zu kam „Er" vorbei, um Anker zu lichten oder andere Arbeiten zu verrichten. Aus dem Blickwinkel streiften mich regelmäßig seine betörenden Signale, einem Stromschlag gleich. Nach der Siesta stellte er kleine Lautsprecher in Augenhöhe meiner Liege, um mir wundervolle Musik zuzuspielen. Mir war klar, hier war ein Profi am Werk, der alle Register zog und um seine Wirkung auf Frauen wusste. Wir waren 8 Frauen an Bord. Darunter eine Thailänderin, drei Österreicherinnen usw. Er war sich deren Bewunderung sicher und eine Frau, sie war verheiratet, aber alleine mit Sohn gekommen, konnte ihre Gier nach ihm kaum im Zaum halten. Nachdem ihr eindeutiges Drängen unerhört blieb, machte sie ihm und uns das Leben zur Hölle, indem sie allabendlich zuviel trank und sich entsprechend daneben benahm. Natürlich genoss er seinen Status, badete in der Gunst seiner Anvertrauten, war aber stets zurückhaltend, schweigend, äußerst sanft und ruhig; schlicht und ergreifend - angenehm. Es war Fakt, dass er jede einzelne Frau hätte haben können, sie lauerten ihm buchstäblich auf, um sich ganz offensichtlich anzubieten. Warum also ich? Ich hasste Schönlinge, bevorzuge Typen mit markanten Zügen; innere Werte waren mein Gradmesser. Kurz, er war so gar nicht mein Typ, weil viel zu schön. In Wahrheit nahm ich sein Äußeres zu dem Zeitpunkt noch gar nicht wahr, vielmehr sah ich auf den Grund seiner Seele. Eine einzige drängende Frage beschäftigte mich dabei: „Wie kann ein Mensch leben ohne Herz, wie funktioniert er?“ Dieser Mann war so tot, wie es mein geliebter Mann nie war. Wie war es einem Menschen möglich, ohne Motor zu leben? Das Rätsel seiner Ausweglosigkeit, verbunden mit einer vorher nie gesehenen Melancholie, lag unausgesprochen vor mir, beschäftigten mich unentwegt.

Abends waren wir bereits wieder an anderen, noch schöneren Ufern angelangt. So konnte das gerne 8 Tage bleiben. Nach einem tollen Abendessen, Spaghetti mit Bohnen, eines meiner Leibgerichte seit Kuba, die er servierte, zu denen ich mit Sophia die obligatorische Flasche Wein trank, fragte er leise ins Ohr flüsternd, indem er mir nachschenkte: „Kommst du?“ Und ich kam – gemeinsam erlebten wir ein Feuerwerk der Inbrunst. Gott, was konnte der Mann küssen. Mit seinen makellosen, blendend weißen Zähnen sog er mich mit Haut und Haaren in sich auf, einem Raubtier gleich, das seine Beute verschlingt. Sein Haifischgebiss grub sich in meinen Hals, sog an meinen Lippen, meinen Brüsten, bis wir uns in Ekstase, der lodernden Leidenschaft hingaben.

Er konnte nicht ahnen, dass ich 2 Jahre vorher meinen über alles geliebten Mann verloren hatte und ich kurz davor noch drauf und dran war, ihm zu folgen. Was für ein Kontrast! Das Leben hatte mich wieder! Dank ihm. Beide hatten wir den rettenden Anker gefunden. Ich war an Bord seines Bootes, tagsüber Ausflüge unternehmend mit Sophia, die unsere gegenseitige tiefe Zuneigung bewundernd und billigend miterlebte; nicht ohne lächelnd auf die vielen lila gefärbten Flecke an mir und meine aufgeschwollenen Lippen aufmerksam zu machen, die ich aus der leidenschaftlichen Nacht mitbrachte - aber nicht wahrnahm, in meinem Ausnahmezustand.

Die Sonne lachte und die Meerluft tat das Übrige. Meine Augen strahlten mit den Farben des Meeres um die Wette, sie waren wie frisch poliert, der Tränenvorhang abgenommen. Ich fühlte mich wie ein 14-jähriges Mädchen; alle Schwermut war vergessen, das Meer hatte sie weggeblasen. So schön die Tage waren, die Nächte unter freiem Sternen-Himmel, die zahllos und greifbar nahe strahlten, waren noch einzigartiger. Das Glück hatte bei uns Einzug gehalten, Halt gemacht, und uns überwältigt. Mit den Elementen kannte er sich bestens aus, nein, er war Teil von ihnen, und so nannte er den einen oder anderen Stern beim Namen. Auch konnte er Seebeben vernehmen, von denen es hier so viele gab und denen er nachts atemlos lauschte. Einmal gingen wir an Land zu einem Paar mit Kindern, das dort in primitivsten Verhältnissen, zusammen mit Tieren lebte – ein Garten Eden, in dem man Feigen vom Baum pflücken konnte und kleine Zicklein streicheln -. Unser Koch, im Privatleben Segler, übernahm die weitere Exkursion. Bis hinauf in karge Gipfelregionen, führte uns der Duft mediterraner Gewürze, von wo aus man auf malerische Buchten sah. Dort angekommen, staunten wir über frische Quellen, die dem Berg entsprangen, und direkt ins Meer flossen. Sehen, genießen, jubeln, festhalten wollen und Abschied nehmen müssen von diesem Kleinod der Natur.

Dem wundervollen Tag folgte ein Abend, an dem ich, super gelaunt, die komplette Mannschaft unterhielt. Es wurde viel gelacht und eine Flasche Wein nach der anderen geleert. Wir amüsierten uns so sehr, dass keiner ins Bett wollte und den Abend darauf der Wunsch nach Wiederholung laut wurde, dem ich jedoch auswich, aus verständlichem Grund. Karim, mein Kapitän, wartete schon lange schläfrig und ungeduldig auf seinen Schlafplatz - und mich. Er hatte mir nachmittags ein Geschenk gemacht, indem er mir hoheits- und liebevoll, eine

Feige überreichte. Feigen hatten für mich und meinen Mann seit jeher eine besondere Bedeutung, wie konnte er das ahnen? Sofort folgte ein Wehrmutstropfen. „Hier, noch eine für deine Freundin“, sagte er, und ich empfand zu meinem größten Erstaunen Eifersucht. Sophia sagte aber, „ich esse keine Feigen“ und so blieb mir auch die andere, was er lächelnd beäugte. Immerzu fühlte ich mich von ihm ausgetrickst, wie eine kleine, dumme Gans. In seinem Beisein hatte ich das Gefühl eines Schulmädchens, das verbotenerweise auf ihren ersten, heimlichen Freund traf.

Tags darauf kamen wir nach Marmaris und von dort gelangten wir mit dem Bus zum Golf von Gökova. Hier war ein Ausflug mit einem kleinen Fischerboot vorgesehen. Wir tuckerten entlang eines unberührten Schilfparadieses und ich fühlte mich zurückversetzt in meine Kindheit, in der ich, zusammen mit meinem Opa, derartiges Land durchstreifte, das es, aufgrund der Flurbereinigung, heute leider nicht mehr gibt. An der Anlegestelle lagen malerisch bunte Fischerboote, flankiert von einigen Fischern, die Karim, im Boot stehend, wie ein Gladiator passierend, freundlich grüßte. Ich beobachtete seinen Einzug sehr aufmerksam und mir entging nicht, dass nicht jeder Einheimische ebenso freundlich zurück grüßte. Wir glitten an verträumt wirkenden kleinen Häusern mit blühenden Gärten vorbei, die mich zum Bleiben aufforderten. An einer kleinen runden Seestelle sprang Karim unversehens, zum Erstaunen der Touristen, ins Wasser und forderte uns auf, es ihm gleich zu tun. Schwups und schon war ich ihm gefolgt. Das Wasser war glasklar und eiskalt, da frisches Quellwasser von den Bergen. Man konnte die grünen Schlingpflanzen, die Brutstätten der Enten und Wasservögel im Schilf sehen. Ein unberührtes Naturparadies, wie es nur noch wenige gibt und in meiner Gegend leider ausgestorben ist. Danach fuhren wir an einen Strand. Mir war die Zeit zu schade, um mich den restlichen Touristen anzuschließen, die in ein Cafe gingen. Außerdem wollte ich das soeben Erlebte noch nachklingen lassen. So schlenderte ich durch einen liebevoll gestalteten, kleinen Basar und erstand dabei für ein paar türkische Lira schöne Schmuck-Handarbeiten. Auf dem Rückweg setzte ich mich auf eine Bank und genoss vor der herrlichen Strandkulisse ein Eis am Stiel.

Wie aus dem Nichts tauchten Karim und sein Stewart auf, der mir einige persönliche Fragen in Englisch stellte. Nanu, was war in den gefahren? Der hatte auch einen Mund zum Reden, noch dazu war er gut gelaunt. Er wollte wissen, was ich arbeitete und wo. Bereitwillig gab ich Auskunft und auch er verriet mir einiges aus seinem Leben. Es wurde eine richtige Unterhaltung und mir wurde bewusst, die erste für mich, seit langer Zeit, die mich auch noch fesselte. Karim hörte aufmerksam zu, verfolgte jedes meiner Worte voller Interesse. Sein Steward war ein seriöser aufrichtiger Mann, selbst Kapitän, ohne Hintergedanken, das konnte ich spüren und leise dachte ich, „gar nicht so wie Karim." Der aber zog mich später beiseite und erklärte mir, dass der Mann geschieden wäre, weil impotent, sein Patent dem Militär zu verdanken hätte und deshalb auch unbrauchbar in der Praxis wäre, die er ausschließlich ihm zu verdanken hätte. Na, na, bisschen viel Negatives auf einmal, schoss es mir durch den Kopf, ich fand den Mann ganz gut. Ob er wohl was ahnte, von unserem Verhältnis? Gut möglich, sinnierte ich. Lautstark näherte sich unsere Gruppe, da war es auch schon wieder Zeit zurückzukehren. Der Koch empfing uns auf dem Boot mit einem speziellen Abendessen, das er, einem Show-Entertainer gleich, mit viel Geschick und Humor servierte. Nach einer wohl schmeckenden Kürbissuppe tischte er in einer Kasserolle, nach griechisch/türkischer Art gebratene, mit Reis und Hackfleisch gefüllte Paprikaschoten auf. Zu meinem Leidwesen blieb kein Krümel übrig. Dieses, auch ein Leibgericht von mir, konnte niemand so gut zubereiten, wie meine griechische Nachbarin, an die ich mich jetzt erinnerte. Alles vorbei, sie lebte mit ihrem Mann seit einigen Jahren, da beide in Rente, in Griechenland. Bald würde ich sie besuchen, nahm ich mir vor, und damit ein langes Versprechen einlösen.

Gleich Morgen wollte ich ihnen eine Karte schreiben aus dieser herrlichen Gegend der Ägäis, die schließlich bis 1923 griechisches Territorium war. Der Koch war noch nicht fertig mit seinem Überraschungsabend und brachte selbst gebackenen Kokos-Kuchen und duftendes Gebäck. Zum Abschluss gab es frisches Obst, wie man es so wohlschmeckend nur in südlichen Ländern vorfindet. Durchgehend entertainte er uns mit diversen Varieteeinlagen und Spielen, wie ein Profi-Animateur. Wir waren allesamt bester Stimmung. Nicht so der Kapitän, dessen Mimik sich immer mehr verfinsterte. In dieser Nacht ging ich zu ihm, aber er war nicht da. So blieb ich allein, schnappte mir eine seiner zwei Decken und legte mich auf die andere Seite seines Nachtlagers. Bald darauf musste ich wohl eingeschlafen sein. Ein ständig sich wiederholendes, beängstigendes Geräusch des Prustens weckte mich mitten in der Nacht. Ich hielt den Atem an und lauschte. Ja, da, keine Täuschung, ich hörte regelmäßige, undefinierbare Laute, die aus der Tiefe kamen. Nach einer Weile nahm ich, mit stockendem Atem, allen Mut zusammen und schaute vorsichtig über Bord. In pechschwarzer Nacht konnte ich ein Dingi wahrnehmen, in dem ein Mann stand; daneben ein Taucher. Jetzt war mir das Geräusch klar, es kam vom Atemgerät der Taucherflasche.

Leise schlich ich ans Vorderdeck und weckte den Koch, der dort schlief. Ich deutete ihm, mit mir zu kommen, um ihm zu zeigen, dass das Boot gestohlen wird, so meine Vermutung. Als er das Dingi sah, lachte er leise und sagte, „das ist der Kapitän mit seinem Steward."

Sofort legte ich mich wieder ins Bett. Es dauerte nicht lange, da kam Karim im Taucheranzug an Bord, dem er sich klatschend zu Boden fallend, entledigte. Er verstaute seine mit der Harpune erlegte Beute, indem er das prall gefüllte Fischernetz auf den Boden warf, um es dann, umgeschichtet, in der großen Gefriertruhe zu verstauen. Vollkommen nass und halb erfroren legte er sich zu Bett, nicht ahnend, dass ich am Fußende gegenüber lag. Ich wartete bis er sich zur Seite rollte und schlich mich kurz darauf zu ihm. Igitt! Er fühlte sich an wie ein Fisch aus dem Eismeer, währenddessen ich fast kochte vor Aufregung über das Erlebte. Es dauerte auch nicht lange, bis wir beide den entsprechenden Temperaturausgleich hergestellt hatten. Diese Nacht war unwiderruflich die abenteuerlichste meines Lebens. Er wäre wohl besser als Hai geboren, dachte ich bei mir. Wie überlebt er nur die Tauch-Stunden im dunklen Meer? Seine lautlose, unaufdringliche und doch so gierige, raubfischähnliche Art, einem Angriff gleich, ließen immer wieder den Vergleich aufkommen. „Ich jetzt gut, du hier, du meine zweite Frau, ich weiß. Wir jetzt bisschen Schlafen, morgen früh weg." Mit einem „Danke, lieber Gott", gen Himmel gerichtet, schlief ich wohlig an seiner Seite ein.

Nach so einer Woche, in der er, während wir Touristen Ausflüge unternahmen, jede freie Minute zum Tauchen nutzte, war mir klar, dass dieses aufregende Abenteuer hier sein Ende finden müsste. Wiederholung ausgeschlossen. Langsam wurde mir bewusst, dass ich meinen Eid gebrochen hatte und mit einem Türken schlief, ohne mich auch nur einen Deut über Konventionen zu scheren, die mein bisheriges Leben bestimmten.

Begierig kostete ich jede Minute mit ihm aus. Eine einzigartige kurze Zeit, von der nur noch wenig blieb. Mehr konnte, wollte ich nicht denken. Tags darauf steuerten wir eine Bucht mit magischer Aura an. Ich schwamm an Land und plötzlich tauchte „Er" aus dem Nichts auf, wo kam er bloß her? Ich hatte ihn, wie üblich, nicht bemerkt. Seine ständige Kontrolle über mich machte mich rasend. Gemeinsam erkundeten wir die Gegend, er machte mich auf Bergziegen aufmerksam, die in schwindelnden Höhen mühelos herumliefen.

Endlich, an einem ausgedörrt daliegenden Baumstamm, am ganzen Körper bebend, liebten wir uns in freier Wildnis, wie wilde Tiere. Mental war ich in eine Zeit der Antike versetzt, die schizophren auf mich wirkte. Ich fühlte, hier musste früher ein Haus gestanden und Leute darin gelebt haben. Wo waren sie jetzt? Sollte ich hier mein Traum-Haus bauen? Soweit ich erkennen konnte, war diese Bucht nur vom Meer aus zugänglich. Später erfuhr ich von Karim, dass oberhalb der Berge eine Strasse hierher führte und noch später, bei einer anderen Gelegenheit, zeigte er mir meine möglichen Nachbarn.

Es wäre durchaus möglich gewesen, diese Bucht käuflich zu erwerben, was ihm sehr entgegen gekommen wäre, da er einsame Buchten über alles liebte. Die großen runden Steine am Strand machten eine Rückkehr zum Boot schwer und so glitt ich lieber ins Wasser um zurück zu schwimmen. Wieder war er abhanden gekommen, tauchte aber alsbald auf der anderen Bootsseite auf. Er war unter dem verankerten Bootsseil durchgetaucht. Sein Brustkorb war enorm, seine Kondition auch. Lange Zeit danach gestand er mir, dass er nur unter Wasser frei und glücklich wäre; wo sonst, er war eben der verkörperte Neptun. Noch wusste ich nichts über seinen Hang zum

Vergessen. Langsam trudelten auch die anderen Bordmitglieder ein, sie hatten einen Ausflug mit dem Dingi gemacht und erzählten strahlend und glücklich davon, nicht ohne darauf hinzuweisen, was ich doch alles verpasst hätte.

Bis zum Ende der Reise war es uns gelungen, unser Geheimnis zu wahren, so dass keiner der Anwesenden auch nur die geringste Ahnung hatte, was um sie herum geschah. Nur ein Gast, mit Beruf Staatsanwalt, musterte mich genau. Wenn Karim z. B. das Essen servierte, die Crew wechselte täglich die Aufgaben, trat ich ihm unbemerkt auf den Fuß, die türkische Bedeutung dessen, nicht ahnend. Natürlich erhöhte das den Reiz unserer Beziehung. Für ihn, den geheimnisvollen Mann, eine Notwendigkeit zu überleben, aber dazu später mehr.

An einem Tag kam ein ziemlich kräftiger Wind auf und Karim brach eilig auf, um eine sichere Bucht anzusteuern. Das Wetter verschlechterte sich aber zusehends, und so dauerte es nicht lange, bis alle, außer mir und Sophia, seekrank wurden. Kurzerhand wurde das Abendessen an Land verlegt. Dazu trugen wir, d. h. die Crew, Sophia und ich, den schweren Tisch und Stühle sowie das gesamte Abendmahl über eine schmale Bootsstegbrücke ans sichere Ufer. Während Sophia und ich auf dem Boot, meinen Pareo am Boden ausbreiteten, eine Kerze sowie Flasche Wein daneben, das Abendessen und die Wogen genießend, scherzend immer besserer Stimmung wurden, übergaben sich die an Land befindlichen, einer nach dem anderen. Zum Schlafen kamen sie alle zurück, zumal sich die See nach und nach beruhigte. An diesem Abend bekam Karim Besuch von seinem Bruder, wie sich herausstellte. Ein hübscher Kerl, der von seiner geschiedenen Frau und seinen Kindern im Auto gebracht wurde. Er blieb lange und so schlief ich, das Wagnis des Erkannt werden einbeziehend, traurig alleine ein. „Aha, du auch mal da?“ Hörte ich Sophia noch sagen.

Anderentags fragte mich Karim, warum ich vergangene Nacht nicht zu ihm kam und ich antwortete: „Aus Respekt vor deinem Besuch.“ „Aber mein Bruder bald weg, warum nicht später kommen? Woher sollte ich wissen, dass es sein Bruder war und wann der Besuch weg ging? Ohnehin war ich sauer, wegen der vergeudeten Nacht und jetzt auch noch seine Vorwürfe. „Warum du nicht kommen?“, gab ich brüsk zurück. Er verstand nicht, das war deutlich zu spüren. Irgendetwas passte nicht. Auf einen Wink von ihm setzten wir uns abseits der Touristen und er sagte mir, dass er große Probleme habe. Auf der uns vorangegangenen Fahrt zu den griechischen Inseln war plötzlich ein starker Sturm aufgekommen, der die Takelage und so ziemlich alles zerfetzt hatte, was soeben erst teuer erstanden wurde. Außerdem wären das Getriebe und irgendwas mit dem Anker kaputt gegangen. Dringende Renovierungs-Arbeiten wären der Grund für unser verspätetes Übersiedeln an Bord gewesen. Jetzt verstand ich seine gestrige Panik um den aufkommenden Sturm sowie sein Umsiedlungsmanöver in eine sichere Bucht. Nach einem Bad, ins türkisblaue Meer, das wir in zauberhafter Umgebung nahmen, zog ich mich gerade um, als es plötzlich an der Kabinentüre klopfte. Karim stand, wie ein kleiner Junge dreinblickend, vor mir und sagte: „Ich Hunger.“

Das musste wohl so sein, denn er war noch nie in unserer Kabine. Schnell, zu schnell? Fegte ich die auf dem Bett ausgebreiteten, in Marmaris neu erstandenen Klamotten weg, und ab ging die Post, bis der Hunger gestillt war. Dabei mussten wir sehr vorsichtig sein, da sich vor meinen kleinen Guckfenstern die Trittleiter befand, an der nun auch die übrigen Passagiere zurückkamen. „Für wen du diese kaufen?“ Fragte er, nach den Artikeln auf dem Bett deutend. „Ich gesehen, niemand kaufen soviel, nur du viele Taschen.“

Die Sachen waren für Ali, meinem kurdischen Bekannten, der nicht mehr in die Türkei durfte, und wider Willen log ich, dass sie für meinen Sohn bestimmt wären, was er nicht glaubte, das konnte ich ihm ansehen. „Ich nix?“ Fragte er, und da holte ich eine, im Flugzeug erstandene, hübsche Gebetskette hervor und übergab sie ihm. Jetzt hatte dieser Kauf seine Bestimmung erhalten, dachte ich. Erstaunt blickte er darauf, erkannte die schöne Arbeit in Blau und Silber und trug sie von nun an, wie ein Amulett, in seiner Hosentasche, um damit rumzuspielen.

Wir relaxten an Deck, wobei wir schon seit längerem vom Stewart, dem stillen, äußerst gut aussehenden Mann, beobachtet wurden. Er war so undurchsichtig, dass Sophia und ich uns keinen Reim auf ihn machen konnten. Bis heute hatte er mit niemandem ein Wort gewechselt, außer meiner beschriebenen Befragung. Ich erinnerte mich jedoch, am Tag des starken Windes mein Buch gesucht zu haben, das ich unter der Matratze gesichert hatte. Es handelte sich dabei um das Kurdenproblem in der Türkei, von Mehdi Sana. Da es in der Türkei verboten war, war mir die Brisanz klar. Jedenfalls fand ich es nach langem Suchen, das er mit seinen Blicken verfolgte, wieder, indem er auf eine Stelle, nahe der Navigation, wies.

„Du lieben Kurden?“ fragte Karim, der plötzlich aus dem Nichts aufgetaucht war, wiederum war mir nicht wohl dabei; fragte aber tapfer zurück: „Weißt du, was mit Kurden passiert, in eurem Land?“ „Die selber Schuld, Türkei freie Land, wir Demokratie haben“, es hörte sich an wie Democrazie, und weiter, „seit Atatürk!“ Seine Antwort duldete keinen Widerspruch, deshalb sagte ich ruhig aber bestimmt: „Demokratie bedeutet für mich, dass ich frei entscheiden kann, wo ich leben will, und überall hin reisen, wonach mir der Sinn steht.“ Da war er wieder, dieser unbestimmte Machtkampf zwischen uns. Unter diesen Umständen sollte er nichts erfahren, von „meinem Kurden“, den ich hier kurz beschreiben möchte:

Tatsächlich hatte ich, aus Istanbul kommend, durch einen früheren Kollegen meines Mannes, in einem Straßencafe, seinen Freund kennen gelernt. Er hieß Ali, war sehr jung, und gewährte mir einen einzigen Blick, ehe er sich verabschiedete. Froher Dinge hatte ich von meinen Erlebnissen aus der Türkei erzählt, denen er aufmerksam lauschte. Zufällig begegneten wir uns einige Zeit später auf einer belebten Einkaufs-Strasse wieder. Wir plauderten belanglos und da er den gleichen Weg hatte, lud ich ihn, ich tat das normalerweise grundsätzlich nicht, in meinen Garten ein. Er war mein erster fremder Gast. Es war ein heißer Sommertag und Ali konnte Reden wie Gianni, nämlich unaufhörlich. Überhaupt erinnerte er mich in seiner Art sehr an meinen Mann, seine grazile Figur tat das übrige dazu. Nun, er sprach nicht nur wie ein Wasserfall, sondern hatte auch wirklich was zu sagen: Schnell stellte sich heraus, dass er durch Asyl deutscher Staatsbürger wurde und natürlich war ich an seiner Lebensgeschichte interessiert, die spannender nicht sein konnte. Menschen haben mich noch nie interessiert, ausschließlich ihre Biographien, und seine war hoch interessant. Wir kochten zusammen und unterhielten uns bis tief in die Nacht. Es zeigte sich, dass er bei einem mir bekannten Italiener zur Miete, in bevorzugter Lage, wohnte, unweit meiner früheren Wohnung. Mein täglicher Weg zum Friedhof führte daran vorbei und so sah ich ihn zufällig kurz darauf, als er gerade sein Fahrrad besteigen wollte. Er lud mich ein, seine Wohnung anzuschauen und ich war angenehm überrascht. So ging das hin und her und nach einigen Wochen der Vertrautheit landeten wir beide unversehens im Bett. Sein Sex war sehr phantasiereich und erschreckend dynamisch – eben jung. Der erste Mann nach meinem geliebten verstorbenen. Eine einschneidende Wende meines Eremitendaseins hatte begonnen. Ich genoss seine nächtelangen Unterhaltungen, zumal mir bewusst wurde, die vergangenen zwei Jahre kaum mit jemand ein privates Wort gewechselt zu haben. Manchmal blieb er, was nicht einfach war, da ich zu diesem Zeitpunkt früh aufstehen und zur Arbeit musste; er dagegen hatte Schicht - auch eine Gemeinsamkeit zu meinem Verstorbenen.

Durch ihn bekam ich Einsicht in die Problematik der Kurden in der Türkei. Heute sind sie zwar eine Nation, ich vergleiche sie jedoch mit den Migranten, die eine deutsche Staatsbürgerschaft übernommen haben. Die Worte meines Mannes fielen mir dabei ein: „Was deutscher Staatsbürger, ich bin stolzer Italiener; mein Herz immer Italiener, egal was steht in Pass." So einfach ist es eben nicht mit der Staatsbürgerschaft, auch nicht nach 40-jährigem Leben in Deutschland, das so viele diskriminierende Erlebnisse kannte, und eine Zugehörigkeit nicht aufkommen ließ. In seiner Zeit waren Italiener Spaghettifresser und so wurden sie auch behandelt. Als die Deutschen Spaghetti mit zugehörigem Ambiente lieben lernten, kam der Neid dazu, was die Sache nicht einfacher machte. „Wir haben die Arbeit, und ihr die Sonne", musste er sich regelmäßig nach Urlaubende, sowohl in der Firma als auch von seinen lieben Nachbarn anhören, den mitgebrachten Wein und andere Leckereien wie Käse, Salsicce, Mandorle, gerne in Empfang nehmend. In einem anderen Land bist und bleibst du ausgegrenzt, eben Ausländer. Dennoch lobte er „mein Land" und „seine Welt-Firma" bei jeder Gelegenheit, was ich nie verstand und schon gleich gar nicht nachvollziehen konnte.

Zurück auf das Boot. Der Abschied rückte immer näher und es kam der Augenblick, indem Karim die Pässe austeilte. Wir, Sophia und ich, befanden uns im Privatbereich der Crew, die ebenfalls anwesend war und, die Trinkgelder verstauend, zufrieden dreinblickte. Ein letzter Raki sollte unseren Abschiedsschmerz lindern. Als ich an der Reihe war, las Karim laut meinen Namen und Adresse vor. „Die sowieso nicht mehr heiraten", sagte er in die Menge, „die jetzt Witwenrente genießen." In diesem Moment überkam mich ein Gefühl der unendlichen Freiheit. Zum ersten Mal wurde mir meine positive Situation einer Witwe klar. Ich stieg auf die Bank, streckte die Arme aus, gleich einem Vogel, und schrie: „Ich bin frei!" Im selben Augenblick spürte ich seinen hypnotischen Blick, er legte imaginär ein Gewehr zum Schuss an, und ein unsichtbares Lasso legte sich um meine zum Flug ansetzenden Fesseln. Ich war schlagartig ernüchtert. „Jetzt habe ich alte Boot und alte Frau", setzte er vor seiner Crew hinzu, und es klang überhaupt nicht diffamierend sondern wie ein Bekenntnis, eine Feststellung; die niemanden erstaunte, außer mich. Um es ihm heimzuzahlen, verlangte ich sein T-Shirt, das voller Maschinenöl und reichlich verschwitzt war. Er verneinte, eine Schmach für mich. Von oben herab fragte er mich vor allen: „Was du machen mit meine T-Shirt, du schlafen damit?" „Nein", antwortete ich, „ich Wudu machen." Reichlich erbost fragte ich Sophia, woher er denn seine Informationen über mich hätte. Sie sagte, dass er sich bei ihr über mich erkundigt habe.

Es war mir nicht entgangen, dass sich die beiden gelegentlich unterhielten. Einmal störte ich beide unverhofft bei einem intimen Gespräch, das nur möglich war, indem sie, unter fadenscheinigen Ausreden, nicht mit mir schwimmen ging. Nicht auszuschließen, dass sie gegenseitig aneinander interessiert waren. Nach heutigem Kenntnisstand vermute ich, ausschließlich die Tatsache, dass sie beide Partner mit Geld suchten, hielt einer weiteren Liaison nicht stand. Jedenfalls fühlten sich beide wie auf frischer Tat ertappt. Er wusste also noch mehr von mir, dachte ich, und das war mir unangenehm. Sophia untermauerte meine Vermutung noch, indem sie mir sehr direkt sagte: „Er hat dich genommen, weil du Geld hast.“ Bedurfte es noch einer deutlicheren Aussage? Was beweist mir das? Liebe macht blind! Warum nur habe ich nicht auf mein Bauchgefühl und Gianni gehört? Mir war klar, Sophia hätte viel besser zu ihm gepasst, und der Steward zu mir. Esoterisch angehaucht, hatte ich sofort eine Ausrede für mich parat. Sagte nicht mein Jahreshoroskop, dass ich alle bisherigen Bedenken über Bord schmeißen und gänzlich neue Wege beschreiten sollte? Da siehst du es! Ich fühlte mich aufgefordert, alle Grenzen zu sprengen und mit Karim einen völlig neuen Weg zu gehen. Doch das bisschen verbliebener Restverstand warnte mich: Ob das wohl gut geht, so ganz gegen meine Natur zu handeln? Es war ein gewagtes Experiment, auf das ich mich da einließ. Natürlich spürte er meinen inneren Kampf, mein Aufbäumen, verstand es jedoch meisterhaft, meine aufkeimende „Hab-Acht-Stimmung“ vertrauensselig zu zerstreuen.

Auf gepackten Reisekoffern sitzend sann ich über das Für und Wider nach und hatte den Kampf längst verloren. Hatte ich nicht beschlossen, es dabei bewenden zu lassen? Meine Rechnung ging nicht auf, denn: Plötzlich stand er vor mir. Weiße Hose mit Metallknöpfen, schwarzes T-Shirt mit weißen griechischen Hieroglyphen aus Rhodos, schwarz-weiße Bootsschuhe, frisch geduscht und rasiert, breit grinsend fragte er mich: „Dir gefällt?“

Was für ein Auftritt! Natürlich gefiel er mir, ein Blick über meine Schulter zeigte, nicht nur mir. „Wir gehen, du will?“

Und wie ich wollte. „Du nix Türke, du Grieche", so meine Feststellung. „Aber ich Türke, Schatzi." „Nicht für mich", sagte ich, du siehst aus, wie ein Grieche und du benimmst dich auch so. Er lachte, zufrieden über seine geglückte Überraschung. Sophia ging zu meiner Verwunderung auch mit, in Begleitung des Stewarts, der sich ebenfalls in Schale geschmissen hatte. Entlang dem Hafen, gingen wir, er im wankenden Seemannsschritt, die steilen Gassen hinauf zum Harlikanas. Er nahm meine Hand, steckte diese in seine Hosentasche und ich merkte, er trug keinen Slip, aber seine Gebetsschnur, mit der er sich stimulierte. Ich war reichlich befremdet und fragte ihn: „Soll ich auch so gehen?" Er aber grinste still in sich hinein. Auf dem Weg dorthin, schrie plötzlich ein uralter Mann hinter seinem Eiswagen aus längst vergangenen Zeiten, mit den Armen wild fuchtelnd: „Hallo Marash-Eis!" Er meinte mich. Erst nachdem er mir hinterherlief, eine Riesen-Tüte Eis in die Hand drückte, erinnerte ich mich an den Mann aus Elbistan, bei dem ich mit dem türkischen Lehrer letztes Mal sein berühmtes Marash-Eis kaufte, wobei ich ihm versprach, nach Elbistan zu reisen. „Woher du diese Mann kennen?" Fragte Karim verwundert, „ich diese Mann schon seit Kind kennen." Aber ich lachte nur und bot ihm meine Eistüte zum Test an, was er angewidert ablehnte. „Du kennen Elbistan?" ließ er nicht locker. „Nein, noch nicht, aber ich werde da hin fahren", erwiderte ich bestimmt, was ich 2 Jahre später auf abenteuerlichste Weise auch tat. Harlikanas war nicht sein Fall. Zu viele Menschen. Wir setzten uns abseits in ein Divan-Zimmer, wo er vollkommen desinteressiert, beinahe einschlief. Sophia mit Begleiter schmusten; es war ein Desaster, da sie nicht mal halbherzig bei der Sache war. Der Mann war super und er hatte ihr, an einem der unzähligen Souvenir-Stände entlang zur Disco, ein wunderschönes, handgefertigtes Armgehänge mit Kette gekauft.

Es half alles nichts, sie blieb freudlos. Ich besorgte Getränke, da niemand kam, uns zu bedienen, so knall voll war der Schuppen. Ein junger Russe verschaffte mir Platz zur Theke und wollte mich einladen. Er hatte Tränen in den Augen, angeblich war sein Opa heute gestorben, den er so gerne noch einmal gesehen hätte. Jetzt blieben ihm nur seine Firmen inklusive Verantwortung dafür und Geld, das er, in dicken US-$-Noten gebündelt, aus der Hosentasche zog. Ich lehnte dankend ab, aber ohne ihn wäre ich wohl kaum zu Getränken gekommen. Wir gingen bald darauf zurück zum Boot, wobei Karim keines der vorbeistolzierenden Paar Stilettos entging, die von unglaublich hübschen jungen Mädchen unter ihren transparenten Miniröcken in halsbrecherischer Weise getragen wurden. Widerlich, seine unverhohlen sexistische Art der Begutachtung. Na, es war einmal, musste ich mir neidlos gestehen, so bist du auch gelaufen, damals…

Eine letzte Nacht voller Seligkeit, in der reichlich Lebenssaft gespendet wurde. Doch mein Entschluss stand unwiderruflich fest: Keine weiteren Kontakte. In dieser Nacht gestand mir Karim, dass er verheiratet wäre und im nächsten Monat sein 4. Kind zur Welt käme. Eigenartig, es interessierte mich nicht die Spur. Seine privaten Verhältnisse spielten in dieser außerordentlichen Fügung des Schicksals keine Rolle. Sie waren von Anfang an nicht relevant für mich, und blieben außen vor. Sie erklärten jedoch seine ausgeprägte Kopflastigkeit. Ungeachtet dieser Tatsache wusste ich, dieses Erlebnis duldete keine Wiederholung; ich wollte es einfach als mein größtes, vielleicht letztes Abenteuer meines Lebens, im Herzen bewahren. Der Mann taugte genau für das, was ich mit ihm erlebte, alles darüber hinaus gehende, würde ich bereuen. Ich wusste es.

Tags darauf brachen wir nach herzlichem Abschied der gesamten Mannschaft zu unserem ca. 3 km entfernten Hotel in Gümbet auf. Vorher hatte ich den Staatsanwalt beiseite genommen und ihm anvertraut, dass Karim und ich die ganze Zeit über ein Paar waren. „Gut getarnt, ich hatte zwar den Verdacht, habe euch beobachtet, war mir aber nie zweifellos sicher." Er bedankte sich für mein Vertrauen und wünschte mir mit Karim alles Gute für die Zukunft. Warum?

4. Kapitel – „Gümbet“, Mitte August 2005

Auf dem Weg nach Gümbet erzählte mir Sophia von ihrer vergangenen Nacht. „Vergiss es, der Kerl war total impotent, ein kompletter Reinfall“ und „das gestern mit Harlikanas, war sein Vorschlag.“ Ihre Aussage erstaunte, ja, war unvorstellbar für mich. Wir gingen eine Weile und wurden von einem toll gesteilten jungen Türken in seinen Beauty- Salon gebeten. Voller Staub, mitsamt Gepäck, ließen wir uns zu einer Maniküre und Pediküre überreden. Wir lachten, ob der obskuren Umstände, die zu Hause undenkbar wären, und Sophia hatte danach an jedem Finger- und Zehen-Nagel eine andere Farbe, die zusätzlich diverse Diamantenaufkleber zierten; sehr neckisch.

Am Hotel angekommen, gab es einen freudigen Empfang der Männerwelt, der vorwiegend Sophia galt, die sofort überall eingeladen wurde. „Lass uns woanders essen“ bat Sophia jedoch und so schafften wir es die Woche nur zwei Mal, die gebuchte HP wahrzunehmen. Frühstück fiel aus Zeitgründen aus, logisch, kein Mensch in Urlaub hat um 10.00 Uhr ausgeschlafen. Gegen Mittag telefonierte sie routiniert regelmäßig dem Kellner und ließ auf unser Zimmer servieren, nicht ohne reichlich Trinkgeld zu geben. Dazu aßen wir, am nahen Supermarkt gekaufte Melonen und frische Früchte, die wir dem großen Kühlschrank entnahmen, um alles auf dem Fußboden aus zu breiten. Tolle Frau, die Sophia, ganz unkompliziert und so praktisch. Lediglich für ihren Body und dessen Pflege benötigte sie täglich ausnehmend viel Zeit, vor allem beim Enthaaren und Cremen. Ihre Haare waren ein besonderes Kapitel, die intensivsten Aufwand erforderten. Bei der Gelegenheit verriet sie mir, dass sie Extension im deshalb fülligen Haar hätte, die bald einer Erneuerung bedürften, was wir jedoch aus Zeitmangel nie schafften. Bei dem täglichen Prozedere war sie gesprächig. So verriet sie mir, ansonsten eher eine wortkarge, wenn nicht gar verschlossene Person, sehr private Dinge. Z.B. dass sie wöchentlich viele Kilometer, zwischen ihrer Stadt und der Schweiz hin und her pendelte, um dort – ich kam nie ganz dahinter, was genau - zu arbeiten. Privatagentur aber welche? Egal, jedenfalls schien sie genügend Geld zu verdienen, um sich ein schickes Appartement in Bestlage, einen alten Z3, eine Putz- u. Bügelfrau, feste Termine im Beauty-Center usw. leisten zu können.

Während einer Shopping-Tour durch Bodrum rief sie jedes Mal, wenn sie einen Türken mit Tüte in der einen, und Touristin an der anderen Hand sah: „Oh, kuck mal, schon wieder ein Tütenmann." Mit ihren Erfahrungen war sie mir eben weit voraus. Während ich die letzten 20 Jahre sicher wie in Abrahams Schoss verlebte, entging mir wohl so einiges in der Welt da draußen, keine Frage. Trotzdem, oder gerade weil hier der Kommerz so boomte, schwärmte sie von einem eigenen Geschäft hier, wobei sie gleich mehrere Ideen hatte. „Würde dir das nicht gefallen? Oder: „Könntest du dir dies oder jenes vorstellen?" Ganz offensichtlich versuchte sie mich zu ködern.

Nun, bald 39 Jahre, tickte ihre biologische Uhr unüberhörbar lauter denn je. Sie träumte von einem lieben, gutbetuchten Mann, „nicht zwingend nötig", zumindest aber Kind. „Stell dir vor, Anna, du könntest dich ein wenig im Laden nützlich machen und auf das Kind schauen, während ich das Geschäft leite, mit allem was dazu gehört." Aha, dachte ich, ganz schön clever die Kleine, und wie glücklich ich doch wäre, das alles hinter mir zu haben. Sie blieb aber konkret, sprach von einem Erbe, das ihre Mutter verwalte, aber bei Bedarf zur Verfügung stünde und ob ich mir unter den gegebenen Umständen nicht vorstellen könne, hier zu leben. „Du bist doch viel zu jung, zum Nichtstun, jetzt hast du auch noch Karim.“ Sicher, ganz von der Hand zu weisen waren diese Überlegungen nicht. Vielleicht spürte sie ja auch meine Suche nach einer neuen Aufgabe für die Zeit nach der regulären Arbeit und vor allem nach „Schnuffi“, von dem ich ihr viel erzählte, ihrer aufrichtigen Anteilnahme sicher. „Alles ist möglich, sagte ich, aber ich sehe nur ein wirklich rentables Geschäft hier, und das ist der Wasserverkauf.“ So naiv war ich nun wieder nicht, um dahinter nicht eine gut funktionierende Organisation zu vermuten, für die man in Italien einen einschlägig bekannten Namen hat. Und dann der Kram mit einem Kind! Zeit meines Lebens vertrat ich nur eine Devise, die da hieß: 1 Kind ist 1 Kind zuviel. Zwar war ich überaus glücklich, einen Prachtmenschen von Sohn und drei süße Enkelkinder zu haben, aber das war's auch. Mit dem Thema Aufzucht wollte ich jedenfalls nichts mehr zu tun haben.

Eine neue Verpflichtung irgendwelcher Art eingehen auch nicht. Ich fing gerade erst wieder an, mich in meiner neu gewonnenen Unabhängigkeit einzurichten. Was sollte es erstrebenswerteres geben als meine soeben mühsam erkaufte Freiheit. Sie ließ nicht locker und kam das eine oder andere Mal darauf zurück. Die Geschäftsgründung- oder - übernahme war ihr ein ernstes Anliegen und damit die Bemühung, mich dafür zu gewinnen. Langsam musste auch sie einsehen, dass ich auf diesem Ohr taub war und blieb. Tja, war wohl nix. Mir dämmerte, dass sie in mir womöglich eine wohlhabende Frau vermutete. Gegen ihre Ansprüche jedoch fand ich mich geradezu arm. So ging sie mit mir ständig in pikfeine Restaurants, aß kaum etwas von den erlesenen Speisen, da überaus figurbetont. Ließ mich die Rechnung bezahlen, mit dem Hinweis, es später wieder zu erhalten, was sie auch prompt einhielt. Allerdings, sie trank kaum Alkohol und es war einfach toll, mit ihr und ihrer all gegenwärtiger Gunst zu sein. Für Ambiente hatte auch ich ein ausgeprägtes Faible. Ansonsten war sie geradezu bescheiden und sparsam, was irgendwie nicht zusammen passte, mich aber nur kurz irritierte. Jeder Mensch ist eben anders, zerstreute ich meine Bedenken. Wo sie auftauchte, gab es schließlich Sonderbehandlung.

Als wir ein Mal an einem Geldautomaten waren, erhielt sie nach mehrmaligen Versuchen kein Geld. „Probier es doch du mal", bat sie mich. Ich hatte Bargeld genug, doch ihr zuliebe versuchte ich es mit 300 Euro, die ich prompt erhielt. Ein weiterer Versuch ihrerseits blieb ebenso erfolglos. Da telefonierte sie mit ihrem „einzig guten Freund" und ein schier endloses Palaver über Banken hin und her begann. Abends wurde sie vom Freund zurückgerufen. Diskret fragte ich einige Zeit später nach dem Ergebnis. „Ach so, das meinst du, es gibt da ein paar Probleme; kurzfristig kann ich nicht an mein Geld ran, ich muss dich also bitten, mir die 300 Euro zu borgen, die du heute aus dem Automaten gezogen hast, du brauchst sie doch sowieso nicht." „Sobald ich in Deutschland bin, schicke ich dir das Geld", was sie auch tat. So etwas gibt es also auch, dir ist das noch nie passiert, dachte ich und war sehr glücklich über meine Lage.

Nicht, dass ich gänzlich weltfremd wäre, aber immerhin naiv genug, um mich in sporadisch wiederkehrenden Zeiten von einer ganz bestimmten Sorte Mensch übertölpeln zu lassen. Offenbar war es wieder mal meine Zeit. Das musste ich auch diesmal wieder feststellen, schämte mich aber zugleich für fehlendes Vertrauen. Wieder fiel mir ihre Ähnlichkeit zu Karim auf, die beiden zeigten ein ähnliches Verhalten und hätten sich toll ergänzt. Als ich das vor einigen Tagen Karim zu bedenken gab, sagte er: „Nein, nein, du gut." Heute ist mir klar warum.

An einem Tag überraschte mich Sophia mit der Mitteilung: „Ich glaube, jetzt wird es langsam Zeit, dass auch ich eine Einladung annehme.“ Einverstanden, sagte ich, wer von den hübschen Jungs soll's denn sein? „Da kam heute einer, der die Bar übernimmt, schau ihn dir mal an.“ So bestellte sie an der Bar einen „Sex on the Beach“, ihren derzeitigen Lieblingsdrink, während ich Mojito bevorzugte, und wahrlich, der Bar-Mann sah überaus gut aus, glich aber ebenfalls eher einem Griechen als Türken, zudem war er blond, wenn auch Strähnchen getönt. Er stellte sich kurz vor, war aber total unter Stress, da ihm sein Vorgänger, nach fristloser Kündigung, ein einziges Chaos hinterlassen hatte. Beide verabredeten sich nach Feierabend. Er holte sie ab, indem er an unsere Terrasse kam und fröhlich pfiff. Na endlich, dachte ich, es wurde aber auch Zeit. Ich zog mich aus, duschte und hörte lautes Husten auf der Terrasse. Da war ein großer Mann, der gerade um die Ecke bog. Zwei Minuten später wiederholte sich das ganze. Genervt schrie ich in die Nacht, Ruhe bitte! Da sprang der Mann mit einem Satz bis vor die abgrenzende Balkon-Mauer, halb verdeckt durch einen Rosenstrauch, nahm ich nur seine Konturen wahr. Er fuchtelte ganz wild mit seinen Händen irgendetwas, das wohl Schlafen ausdrücken sollte. Ich ging zurück und schloss die Tür. Der Mann war hartnäckig und wiederholte sein Husten um so lauter. Das konnte nur ein Versehen sein, dachte ich, der sucht sicher Sophia, und deutete ihm, zum Eingang zu kommen, um ihm zu erklären, dass Sophia weggegangen wäre. Ich war so sicher, dass sein Werben nur ihr gelten konnte. Als ich die Türe aufmachte, überrumpelte er mich so heftig, dass ich mit einem gezielten Schups seines Oberkörpers auf meinem Bett landete. Über mir sah ich im Schein der Nachtischlampe den schönsten Mann der Welt. Ein Gesicht, wie man es nur unter exklusivsten Männer-Models findet. Ehe ich mich versah, war er schon in mir, als es kurz darauf abrupt an der Türe klopfte. Beide Ausflügler der Nacht standen davor. Sophia verabschiedete gerade ihren Galan und sie war ebenso perplex wie ich, als sie uns sah. „Was war los?“ fragte ich. „Ich glaube, der Mann hätte viel besser zu dir gepasst, jedenfalls sprach er am Strand die ganze Zeit nur von dir“, war ihre Antwort. Ich konnte das nicht glauben. „Was machen wir jetzt, ich bin müde?“, fragte sie mit Hinweis auf unseren neuen Mitbewohner. Der jedoch hatte die Lösung. „Hier meine Wohnung“, sagte dieser und deutete auf das unserem Appartement gegenüberliegende. Er verschwand, um bald darauf mit 3 Nescafé zu kommen, den wir vor lauter Schreck schnell austranken. Er sah so unglaublich gut aus, und bedrängte mich so sehr, dass ich, nach einem aufmunternden Klaps von Sophia, mit ihm in sein Gemach wechselte. Er hatte ein Doppelzimmer alleine und war aus Istanbul auf eine Woche Urlaub hierher gekommen. Er arbeitete als Werbeträger für Nescafé und zeigte mir diverse Bilder, die das untermauerten. Du lieber Gott, wie jung war er eigentlich? Die Frage war mir wohl ins Gesicht geschrieben, denn unvermittelt zerstreute er all meine Bedenken, indem er mich zärtlich und liebevoll verwöhnte. Was sind das bloß für Männer, dachte ich, die mit 26 Jahren eine Erfahrung aufweisen, wie sie bei uns keiner erlangt, auch im hohen Alter nicht. Mit einer Leichtigkeit händelte er seine in meine Wünsche um, und so erlebte ich eine Liebesnacht, die mich tags darauf wie in der Blütezeit meiner Jugend aussehen ließ - allerdings ziemlich zerrupft. Zwischen den Liebesakten steckte er mir eine Zigarette an, machte Komplimente, geleitete mich unter die Dusche, um mich einzuseifen und danach fürsorglich trockenzureiben, schenkte uns Cola ein und war einfach umwerfend.

Tags darauf frühstückte er mit uns und fuhr dann, nach einigen gemeinsamen Fotos, ab nach Istanbul, nicht ohne seine Telefonnummer zu hinterlassen. O.k., das war’s. Das wird mir helfen, den anderen zu vergessen, gar nicht so schlecht, dazu war die Übung gedacht. Schon erstaunlich, wie cool ich bisher meine phantastische Abenteuerwoche wegsteckte. Ein altbewährtes Rezept fiel mir passender Weise ein: „Töte eine alte Liebe mit einer neuen.“ „Nescafé“ war also - ungewollt - nichts weiter als willkommener Anlass, mich zu trösten, ehe der Liebesschmerz nach Karim Oberhand nehmen konnte. Immer wieder redete ich mir ein, „höre auf dein Bauchgefühl“ und das sagte mir: Finger weg von Karim. Nun war es mir also gelungen. So leicht ist das, du musst nur tun, was du noch nie getan hast, und über deinen eigenen Schatten springen. Ich fand mich großartig. Sophia auch, sie profitierte von meiner guten Laune, die sie dringend brauchte, nach ihrem gestrigen Reinfall. „Du bist schon eine Nummer, das hätte ich dir gar nicht zugetraut und was machen wir eigentlich heute Abend?“ fragte sie „ich hätte Lust nach Bodrum zu fahren.“ „Einverstanden“, sagte ich. Zunächst gingen wir an den Strand, wo sie zufällig einen alten Bekannten aus Deutschland nebst Verlobten traf. Heute denke ich, ob das der Freund am Telefon war? Er lamentierte über sein 5-Sterne-Hotel, das keine 3-Sterne verdient hätte. Wir hingegen waren voll des Lobes über unser 3-Sterne-Hotel, das eine 4-Sterne-plus verdient hatte. So kann’s gehen. Später, Sophia machte sich gerade zu recht für unseren Ausgehabend, öffnete ich die Terrassentüre, um meinen nassen Bikini und den schönen Pareo aus Sri Lanka, der überall mit auf Reisen durfte, rauszuhängen. Da vernahm ich „unseren Song“. Zur Erklärung, in Marmaris hatte ich eine CD mit den neuesten türkischen Pop-Songs erstanden, die Karim rauf und runter spielte, wobei wir einen besonders melancholisch klingenden, als „unseren Lieblingssong“ erklärten. Übrigens war diese CD nicht in meinem Reisegepäck zu finden, er hatte sie behalten und mir nur die Hülle überlassen, was, wie sich später herausstellte, bezeichnender für ihn nicht hätte sein können.

Aber zu dieser Zeit war ich noch ganz unbedarft. Die Musik jedenfalls verursachte einen plötzlichen Tränenausbruch, ob des aufkeimenden Verlusts meines Liebsten und der nie mehr wiederkehrenden schönen Zeit mit ihm. Dachte ich wirklich „meines Liebsten“? Soweit wollte ich es nicht kommen lassen, aber die Gefühle, die Sehnsucht nach ihm, waren stärker. Da war auch schon Sophia auf der Bildfläche, um das Häuflein Elend zu bestaunen. „Was rufst du auch nicht an, er wartet doch auf dich“, sie hatte die Situation sofort durchschaut. Tapfer entgegnete ich: Nein und nochmals nein, es ist zu Ende. Statt in Bodrum landeten wir in Gümbet, das zur Nacht-Zeit einem „Sündenpfuhl zu Babel“ glich. Erschreckend, was da vor und in den Bars, angeheizt durch einschlägige Animateure sowie auf den Trottoirs abging. Die Hemmungslosigkeit der westlichen Jugend im Umgang mit Sex und Drogen lag uns in einem noch nie gesehenen Ausmaß buchstäblich zu Füssen; Live-Sex-Spiele auf der Tanzfläche bildeten bei weitem nicht den Höhepunkt.

Ich konnte mich beruhigen, mein kleiner Ausrutscher mit „Nescafé“ war dagegen harmloser Kinderkram. Leider, auch unsere zweite Urlaubswoche neigte sich dem Ende. Sophia aber ließ nicht locker. „Heute rufst du ihn an, meine Liebe, so geht das nicht, wie du das machst. Wir gehen jetzt zur Rezeption und rufen an.“ Ich war hin- und hergerissen, haderte mit meinem Gewissen. Letztendlich setzte sie sich durch und ich rief Karim an. „Wo seid ihr, ich warte schon ganze Woche, bitte heute kommen.“ Seine Stimme im Ohr ließ mich alle Bedenken vergessen – schlagartig wurde mir bewusst, wie sehr ich ihn vermisst habe. Er war in irgendeiner Bucht, dessen Namen ich mir von dem Mann an der Rezeption, einem Türken, aufschreiben ließ. Das war unsere Rettung. Wir mussten erst nach Bodrum und von dort in einen anderen

Dolmusch umsteigen, die Route hatte er Sophia genau erklärt, sie protzte mit ihren Pseudo-Türkisch-Kenntnissen und fragte einen Busfahrer nach ??? Der sagte o. k. wir sprangen in den Bus und sofort ging die Fahrt los. Nach 1 ½ Stunden fragte ich sie besorgt, wo fahren wir denn hin? Das ist doch die falsche Richtung, wir kommen immer weiter in die Berge. Da sie das nicht zu interessieren schien, fragte ich einen Stewart an Bord, wo denn der nächste Halt wäre, und er sagte was von Milan. Daraufhin kramte ich den Zettel mit der Ortsbeschreibung vor und zeigte ihm diesen. Mir sagte das Gekrakel gar nichts. Er jedoch gab in schlechtem Englisch zu verstehen, dass wir in der Gegenrichtung unterwegs wären, aber erst nach einer halben Stunde den nächsten Stopp hätten. Ich verfiel in Panik, packte meine Tasche und wollte nur noch raus, aber keine Chance.

In Milas, am Busbahnhof angekommen, standen da neben einer Unmenge an Bussen genau so viele Taksis. Bus, so mussten wir erfahren, fuhr heute keiner mehr zurück. Also blieb nur Taksi. Unsere Notlage war sofort von allen Taksifahrern erkannt und so verlangten sie horrende Preise. Einer von ihnen, ein alter, seriös wirkender Mann, schien mir geeignet, einen Deal einzugehen. Er kannte gottlob den Ort, wo wir hin mussten. Nach langem feilschen einigten wir uns auf 75 Euro. Als wir einsteigen wollten, bevorzugte er jedoch ein anderes Paar und fuhr damit fort. Bei offener Wagentüre gab er uns zu verstehen, bald wieder da zu sein. Meine Nerven waren am zerreißen. Die Zeit lief uns davon. Nur noch 1 Stunde bis zu unserem vereinbarten Termin und wir mussten noch so weit zurück. Der Chauffeur kam auch bald wieder und ich gab ihm zu verstehen, dass er jetzt auf die Tube drücken soll. Er nickte und nahm nicht die wunderbare Schnellstrasse, die wir gekommen sind, sondern eine Strasse durch die Berge, die angeblich nur noch er kennt; ich vertraute ihm. Sie war quasi menschenleer aber ungeteert, serpentinenhaft und gefährlich. Immer wieder deutete ich auf die Uhr, worauf er nickte und fuhr, was das Zeug hielt und sein alter Wagen hergab. Am Ziel stoppte er und forderte zum vereinbarten Preis auch noch Bakschisch. So ließ ich Zigaretten, Schokolade, einfach alles, was sich in der Tasche befand, da. Er schien leidlich zufrieden und wir waren froh, heil angekommen zu sein. In Richtung Bucht gehend, konnten wir jedoch kein vereinbartes Restaurant oder gar sein Boot ausfindig machen.

Nach einem längeren Fußmarsch entlang der Küste tauchte plötzlich, nach einer Biegung, unser vereinbarter Treffpunkt auf. Karim saß an einem Tisch auf der Terrasse unter einer Pergola und wartete geduldig. Als ich, reichlich k.o., wie ein aufgescheuchtes Huhn loslegen wollte, stoppte er mich sanft und gab Sophia das Wort, die unsere Verspätung schildern durfte. Wieder dieses Gefühl des Einvernehmens zwischen den beiden. Er bestellte uns zu trinken und hörte sich ruhig den Grund unserer Verspätung an, wobei er zufrieden lachte. Sein Verhalten war mir unerklärlich, aber er war einfach nur glücklich, dass wir da waren. So sind sie, die Türken, Chaos sind sie gewöhnt, dachte ich. Mehr noch als Italiener können sie damit meisterhaft fertig werden, was mir imponierte.

Wir brachen auf. Ein langer Fußmarsch über Eselspfade stand uns bevor. Er ging in solcher Eintracht neben mir, dass Sophia sie im Bild festhielt. Er erzählte mir, dass er schon am frühen Morgen losmarschiert wäre, in Erwartung, dass wir etwas früher kämen, um mich endlich wieder zu sehen. Kein Wort wegen der stundenlangen Wartezeit. Dafür ein fester Händedruck mit der Bemerkung „jetzt du da.“ Wieder war ich das kleine Mädchen, das endlich Schutz gefunden hatte. Auf einer Anhöhe angelangt, erblickten wir die darunter liegende, phantastische Bucht mit seinem Boot. Heimatgefühle taten sich auf und wir liefen so schnell wie möglich den Berg hinunter, wo wir bereits vom Rest der Crew erwartet und auf das herzlichste empfangen wurden. Meine neuen Schuhe, mit Widerhaken an den Gummisohlen, retteten mich vor einem Beinbruch und ich dankte still der Verkäuferin, die sie mir vor Urlaubsantritt aufdrängte. Es war jetzt eine andere Gruppe auf dem Boot, keineswegs so homogen wie unsere davor, wie auf den ersten Blick erkennbar. Wir setzten uns an den gedeckten Tisch der Crew und der Koch hatte uns zu Ehren seinen wunderbaren Kokoskuchen gebacken, der noch ganz warm duftete. Karim und ich brachten kaum einen Bissen runter, so sehr standen wir beide unter Strom, dennoch fütterte er mich brav, vor versammelter Mannschaft.

Als alle beim Schwimmen waren, zog er mich in seine Kabine, die hinterher aussah, als hätten Wandalen gehaust. Jetzt waren auch wir satt. „Hier eine kleine Überraschung", sagte ich und zog aus meiner Tasche ein schön verpacktes Feuerzeug, in silberner Hartschale, auf dem zwei Herzen rot blinkten, sobald man es bediente, und zudem eine Liebesmelodie erklang. „Aufmachen", forderte ich ihn auf und er hob das purpurrote Samtkissen. „Was ist diese?" fragte er. „Das sind 300 Euro, damit du nach Deutschland kannst, zu deiner Familie." „Du alles wissen" flötete er salbungsvoll, „ich kommen, ich auch zu dir kommen." Es machte mich unglaublich glücklich, ihm eine Freude machen zu können.

„Wehret den Anfängen, denn sie wissen nicht was sie tun." Nie war der Spruch zutreffender, denn jetzt. Sehr bald sollte ich wissen, was für einen fatalen Fehler ich damit begann.

Sophia kam aus dem Wasser und sagte, dass wir noch heute, spätestens 24.00 Uhr, zurück müssten, da sie um 2.4o Uhr, und ich eine Stunde später, abgeholt werden würden zum Flugplatz. Karim war traurig und fragte mich immer wieder, warum ich mich nicht gemeldet hätte „wir Zeit verloren." Nun, im Nachhinein, konnte ich mein Verhalten selbst nicht mehr verstehen und so blieb ich die Antwort schuldig. Warum war ich nur so dumm, meine selbst auferlegte Kasteiung, was hat sie mir gebracht? Er telefonierte mit seinem Freund und machte unsere Rückkehr klar. Punkt 24.00 Uhr erreichte uns ein Motorboot. Es war Sophias 39ster Geburtstag. Wir glitten alle drei, lautlos mit Paddeln, in das schwarz glänzende Meer, keiner wagte etwas zu sagen, um den Zauber nicht zu zerstören. Es war ein Tag vor Vollmond. Ich erinnere mich nicht, etwas annähernd Romantisches während eines lange zurück liegenden, 6-wöchigen Segel-Törns durch die Karibik, je erlebt zu haben.

Weiter draußen auf dem Meer stellte sein Freund den Motor an und wir fuhren, uns an den Händen haltend, vor Verlangen nach dem anderen zerberstend, ins nasse, gespenstisch anmutende Nirwana. Am Restaurant angelangt, das bereits mittags unser Treffpunkt war, stiegen wir in den VW-Transporter seines Freundes. Sophia neben dem Chauffeur, Karim und ich dahinter Platz nehmend. Keiner von uns sprach auch nur ein Wort während der rasanten Nacht-Fahrt über die Klippen. Den Abgrund vor Augen wünschte ich nur noch eins, dass es jetzt zu Ende sein soll. „Bitte, lieber Gott, jetzt einen Freiflug in den Himmel!" Mein geliebter Mann war dabei ebenso präsent wie Karim, der, seine Hand dicht an meiner, elektrisierend, aber mich nicht berührend, daneben saß. Was war das doch für ein Machtspiel zwischen uns, beide boten wir das äußerste an Willensanstrengung auf, um nicht den Anfang zu machen und blieben unberührt.

Nachdem wir Bodrum durchquert hatten, kamen wir endlich in Gümbet an. An einer erhöhten Kurve, nahe unserem Hotel, war eine Bar, die wir die vorangegangenen Abende zum Abschluss eines jeden Abends aufsuchten. Der Inhaber, ein einzigartiger Typ aus der Hippie-Zeit, meist mit Piratentuch um den Kopf sowie breitem Lächeln im Gesicht, erwartete uns schon. Sofort legte er unverschämt schmalzige Musik „Lady in Red" auf, als er uns erblickte. Unsere Begleiter waren für ihn uninteressant, er ignorierte sie weit gehend. Über das ganze Gesicht grinsend brachte er uns, in hohen Gläsern reizend dekoriert, „Sex on the Beach" mit Funken sprühenden Sternwerfern, wohl wissend, dass dies unser Abschied war. Die Männer waren verblüfft, ob dieser Einlage, nahmen Bier - sie hatten Durst nach der Fahrt - und mussten denselben Weg noch zurück. Karim wollte unbedingt noch unser Zimmer sehen und holte Sophias Koffer, um sie zum bereitstehenden Bus zu geleiten. „Aha, da du wohnen", sagte er anerkennend. Kurz darauf gab es Tränen von Sophia, die sich vehement weigerte, ab zu fahren. „Nein, ich bleibe hier", heulte sie ungeniert drauf los, „ich geh nicht zurück, ich will bei euch bleiben." Wir verabschiedeten sie alle ganz lieb mit der Zusage, dass wir in Verbindung blieben. Karim war das zuviel, mir auch, zudem tat der Drink seine Wirkung. So sagten wir einander Adieu, zumal sein Freund schon wartete. „Du anrufen, du Adresse haben", hörte ich noch, und nickte zustimmend. Nach einer Dusche war auch mein Bus - reichlich früh - wie ich dachte, zur Abfahrt bereit nach Deutschland, meiner Heimat. Wirklich meiner Heimat?

5. Kapitel – Deutschland – Türkei oder Leidenschaft, die Leiden schafft

Wieder zurück in meiner Wohnung packte ich die Koffer aus. Da war es, sein ölverschmiertes, völlig durchschweißtes T-Shirt mit den schönen griechischen Inseln drauf, die er so gerne angesteuert hatte und wo er, anlässlich seiner letzten Fahrt dorthin, zuletzt sein Boot demolierte. Er hatte es mir als Abschiedsgeschenk vor der Crew überreicht. Erst nach Wochen konnte ich mich entschließen, es einer Totalkur mit Ace zu unterziehen. Jetzt war zunächst Action angesagt, denn ich erwartete für die nächsten Tage meinen Schwager Tonino mit Schwägerin Alida aus Italien. Sie machten es sich zum Ziel, meinen Mann zum Todestag, am Grab einen Besuch abzustatten. Würde so etwas einem Deutschen einfallen? Beide waren mir willkommene Abwechslung. Ihre Verwunderung war nicht schlecht, als sie mich sahen. Sie erlebten eine völlig neue Anna und waren darüber sehr glücklich. Ich sprühte nur so vor neuen Lebensgeistern und tanzte sogar für sie in einem neuen Sommerkleid nach türkischer Pop-Musik. Da sie selbst durch die Pflege der Mutter wenig Zerstreuung hatten und auf meine Tristesse eingestellt waren, genossen sie meine Veränderung umso mehr. Das hatten sie nicht erwartet. Wahrheitsgemäß erzählte ich von meinem Abenteuer. Worauf meine Schwägerin vorsichtig fragte: „Aber er ist Türke?“ „Ja“ sagte ich, „keine Angst Alida, es bleibt ein Abenteuer; nie werde ich die Warnungen meines Mannes vergessen bzw. mein Versprechen brechen.“

Drei Tage später, seit unserem Abschied war eine Woche vergangen, klingelte das Telefon. „Hallo Schatzi“, weiter kam er nicht. Das war für mich der Aufruf zum schnellen, sicheren Cut, der unser Erlebnis ein für allemal beenden sollte. Mit

Ali, den ich unmittelbar nach meiner Ankunft um Rat fragte, erarbeitete ich folgenden Text, den ich zu Papier brachte und nun entschlossen wiedergab:
„Du bist ein Haifisch, und ich bin nur ein kleiner Fisch für dich. Bitte nimmst du anderen Fisch, gibt genug. Für dich ist eine Frau ein T-Shirt. Wenn du eine Ärztin brauchst, es gibt sehr gute in der Türkei. Mein Mann hat zu mir gesagt, alles, aber keinen Türken.“ Das musst du respektieren. Bitte rufe mich nie mehr an. Ich bin eine alte Frau und habe fertig.“ Damit legte ich auf. Meine Verwandten wunderten sich, ob der Strenge meines Tonfalls, sie verstehen kein English. Ganz gelassen übersetzte ich meine Worte ins Italienische. Keiner sagte etwas dazu, beide blieben schockiert. Sie konnten sich keinen Reim auf die Geschichte machen, zumal sie meine Veränderung sahen, die meinem Verhalten entgegen wirkte. Wir hatten sehr schöne 5 Tage, länger konnten sie nicht bleiben. Ihr Urlaub war vorbei, die beiden lieb gewordenen wieder abgereist, und ich durfte wieder zur Arbeit. Meine Arbeit half mir sehr, mich abzulenken.

Mehrmals die Woche ging ich zusammen mit meiner Schwester, die sehr auf Fitness bedacht ist, sehr schnell einige Kilometer um einen nahe gelegenen See. Nicht immer hatten wir beide ein so hervorragendes Verhältnis wie jetzt. Sie wohnt unweit von mir und führt ein relativ langweiliges Leben als Hausfrau. Ihre beiden Söhne sind erwachsen und aus dem Haus und der Mann bald für immer daheim, dank Abfindungsvertrag. Auch ihr war zeitgleich, nach 37-jähriger braver Ehe, ein Flirt widerfahren, der sich zu einer ausgedehnten Affäre entwickelte, mit dem sie nicht umgehen konnte, den sie aber hemmungslos zwei Jahre lang auslebte, bis es beinahe zum Bruch ihrer Ehe gekommen wäre. Heute ist alles überstanden und wiederum zeitgleich mit mir, alles im Lot. Ihr motivierendes Training kam mir jedenfalls gerade recht. Klar sog sie gierig mein Urlaubserlebnis auf. Auch sie erzählte blumig von ihrer Liaison und ihren verbotenen Treffen und fragte mich ständig um Rat. Wir sind grundsätzlich total verschieden und so verstand sie meinen Bruch nicht. „Der Mann war doch so nett zu dir, wie kannst du nur usw." Mit ihren Erfahrungen war es nicht weit her, wie sollte sie das auch verstehen, was mich bewog, abzubrechen. Immer wieder intervenierte sie und machte mir ein schlechtes Gewissen. „Zumindest musst du dich entschuldigen, das geht so nicht, das gehört sich nicht, so kenne ich dich gar nicht, willst du mit dieser Schuld weiterleben, der arme Mann."

Gleich Sophia, hörte sie nicht auf damit, mir ein schlechtes Gewissen zu machen; auch nach Wochen nicht. Sophia erkundigte sich ebenfalls nach Karim und war nicht minder erstaunt über das Ende, hatte aber mit eigenen Problemen zu kämpfen, die Vorrang hatten. Es lief nicht gut mit der Agentur bei der sie angestellt war, mit der Wohnung war ebenfalls was unklar und zu allem Übel hatte sie noch einen Autounfall. Bei jedem Anruf wechselte die Telefon-Nummer, auch ihren Namen änderte sie ständig. Einmal lud sie mich zu sich ein, ich sollte mich aber in ein schickes Hotel vis a vis ihres Appartements einmieten, da ihre Wohnung nur mehr aus Kissen bestünde, weil sie kurzerhand alles rausgeschmissen habe – eben neuerdings ganz türkisch bevorzuge. Mir fiel ein, dass sie bei früherer Gelegenheit erwähnte, ständiger Gast beim Pfandverleih zu sein. Sie kauft und trennt sich, eine ganz alltägliche Sache für sie.

Mein kurdischer Freund, von dem ich so viele Ratschläge, alle gegen Karim gerichtet, erhielt, hatte angesichts der Urlaubsbilder Feuer gefangen für Sophia. Sein Hauptmotiv war eine erstrebte Heirat mit einer Deutschen. Zudem war er eifersüchtig auf Karim, wollte sein T-Shirt zerreißen, das ich zum Trocknen aufgehängt hatte. „Du liebst den Mann, ich sehe es in deinen Augen.“ Er wollte unbedingt mit zu Sophia, sie kennen lernen, wenn möglich, sofort heiraten. Das jedoch wollte Sophia auf keinen Fall. „Weißt du Anna, Männer ohne Geld sind eigentlich nicht das, was ich jetzt brauche. Komm doch alleine und ich zeige dir meine schöne Stadt.“ Ali glaubte mir nicht, war total verbohrt in seine Idee, die ich ihm vereitelte, wie er annahm.

Um es vorweg zu nehmen: es wurde nichts daraus. Nach ca. 6 Wochen gab ich aber dem Drängen meiner Schwester nach, um mich bei Karim zu entschuldigen. Sie hatte ja Recht, so habe ich mich noch nie verhalten. Beim Kramen in meinen Unterlagen fehlte eindeutig sein Prospekt vom Boot, auf das er seine Adresse und Telefon-Nummer geschrieben hatte. So bat ich Sophia um Herausgabe der Nummer, die sich aber in der Schweiz aufhielt, was die Angelegenheit um eine weitere Woche verschob. Als ich dann endlich im Besitz seiner Handynummer war, rief ich von meiner Arbeitsstelle aus an. Warum hatte sie seine Handynummer? Ach ja, der Prospekt!

Natürlich erledigte ich das Gespräch in der Pause und auf eigene Kosten, aber besserer Verbindung. Er war auch sofort am anderen Ende und sagte sinngemäß: „Egal passiert, Schatzi, wichtig du anrufen.“ Meine Schwester hatte also recht behalten, er war wirklich ein sehr netter Mann, der alles verzieh, dachte ich: Idiot, der ich war. Das folgende Drama war nicht mehr abzuwenden und nahm also seinen Lauf.

Sophia hatte eine schlechte Zeit durchzumachen und so fragte ich sie, ob wir nicht noch einmal nach Istanbul fliegen sollten für eine Woche. Sie war sofort einverstanden, überließ mir, wie gehabt, die Buchung und alles weitere. Karim wollte auch kommen, als er hörte, dass wir beide nach Istanbul kämen. Anfang Oktober sollte es losgehen. Fünf Tage vor Abflug, sie wollte mir zu dem Zweck einige Tage vorher einen Besuch abstatten, um gemeinsam ab München zu fliegen, erreichte mich ihr Telefonat. „Mir geht es gesundheitlich nicht besonders, mach dir aber keine Sorgen, ich werde kommen, ich krieg das in den Griff." 2 Tage vor Abreise: „Ich komme mit dem Flieger, holst du mich ab?" „Aber klar doch." Ein letzter Anruf: „Komme mit dem Nachtzug München Hauptbahnhof." „Das ist reichlich spät und wir werden die Maschine nicht mehr rechtzeitig kriegen", gab ich genervt zu bedenken. „Fahr du direkt zum Flughafen, ich erwarte dich dort", entschied ich. Bei aller Liebe, aber das war nun doch zuviel, schließlich hatte ich für uns beide eine schöne Stange Geld bezahlt für die Reise und die Gefahr, selbst nicht mitzukommen, war entschieden zu groß. Bis zur letzten Sekunde wartete ich beim Einchecken. Ihr Telefon war abgeschaltet, sie unerreichbar. Was zum Teufel war da los? Ich schickte Karim eine SMS mit meinen Flugdaten und dem Namen des Hotels. „Ich kommen", war seine Antwort. Kaum saßen alle Passagiere im Flugzeug, bereit zum „take off", wurde uns eine technische Panne gemeldet. Irgendwas mit der Hydraulik. Das kann ja heiter werden, dachte ich. Neben mir saß ein Journalist der Hyriett Deutschland, der mit seiner Mutter in die alte Heimat fliegen wollte. Wir mussten alle wieder raus und auf neue Weisungen warten. Die kamen aber nicht. Nach zwei Stunden die karge Meldung, man sei bemüht, so bald wie möglich abzufliegen. Nach vier Stunden die Nachricht, das Flugzeug sei auf die Schnelle nicht zu reparieren, man hätte ein Ersatzflugzeug angefordert. Nach ca. sechs Stunden gab es eine Revolte, angezettelt durch eine junge, sehr gut aussehende Türkin, auf die sicher jemand wartete.

Alsbald fingen auch die Herren der Schöpfung laut an zu rebellieren, was wiederum die hohe Polizeipräsenz erklärte. Es wurden Gutscheine für ein paar mickrige Euro verteilt. Die Meute machte sich auf, Durst und Hunger zu stillen. Der Journalist wich mir nicht von der Seite und drohte, dass dieser Skandal morgen in der türkischen Ausgabe der Hyriett zu lesen wäre und zwar auf Seite 1! Der Skandal war, meiner Meinung nach, die fehlenden Informationen. Es gab einfach keinen Zuständigen, der das Chaos hätte erklären können. Nach zehn Stunden hoben wir endlich in einem anderen Flugzeug ab in Richtung Istanbul. Der freundliche Journalist hatte drei Telefonate mit Karim geführt, um die jeweilige Sachlage auf Türkisch zu erklären, wofür ich ihm heute noch danke.

6. Kapitel – Istanbul, Anfang Oktober 2005

Endlich in Istanbul angekommen, setzte ich mich in den Zubringerbus, nicht ohne den Reiseleiter, auf die Uhr deutend, zu bitten, schnell zu machen, da ich unbedingt noch heute, also vor 24.00 Uhr, das Hotel erreichen müsste. Der nahm das gelassen entgegen, und versprach, mich so schnell wie möglich abzuliefern, hatte aber Bedenken, ob wir das schaffen würden. 400 Meter vor dem Hotel eine Massenkarambolage von Autos über drei Spuren hinweg. Polizei, Krankenwagen. Da der Anruf von Karim: „Wo bleibst du?“ „Ich da, im Bus vor dir“, schrie ich aufgeregt. Da fuhr der Busfahrer, ich weiß nicht wie, einfach über den Bordstein durch das Chaos hindurch und setzte mich vor dem Hotel ab. Im Foyer stand „Er“ und erwartete mich im grauen Flanellanzug mit weinroten Streifen, mein erster Mann hatte schier den gleichen Anzug, und einer roten Rose in der Hand.

Diese Kombination erinnerte mich zu stark an meinen ersten Mann und nichts auf der Welt verachtete ich so sehr. Wo war mein Ägäis-Mann? Ich gab kurz meinen Pass und Papiere an der Rezeption ab mit der Bitte, morgen die übrigen Formalitäten erledigen zu dürfen. Dann bugsierte ich ihn zum Lift in den 3. Stock. Herrje, was für ein kleines Zimmer. Auch für Stadthotels klein. Aber immerhin ein Doppelbett und Kühlschrank, sowie Bad. Jetzt brauchte ich erst einmal einen Schluck aus der mitgebrachten Whiskyflasche und Cola aus der Minibar. Karim war sehr ruhig und geduldig bei der Schilderung des Malheurs, er hatte bereits zu Abend gegessen, während er auf mich wartete, und mir war der Appetit sowieso vergangen. So gingen wir nur noch kurz um die Häuser, wobei wir auf Schritt und Tritt von jeder Menge Sicherheitsleuten umgeben waren. Kein ungefährliches Pflaster, dachte ich, aber ich hatte ja meinen starken Begleiter dabei. Etwas abgekühlt, gingen wir zurück auf das Zimmer und übergaben uns dem Instinkt. Schwer genug, diese lange Wartezeit, die wir in einer Nacht nachholen wollten.

Anderentags, gegen Mittag, verließen wir das Hotel und Karim schaute auf die Schlagzeilen der Tageszeitung. „Da stehen deine Tragödie von gestern“, sagte er. Der Journalist hatte also ganze Arbeit geleistet. „Ach ja, wir sind beide bei ihm eingeladen“, gab ich zum Besten, indem ich seine Visitenkarte vorzeigte. Karim hatte keine Lust. Auf dem unweit gelegenen Taxim-Platz kaufte er noch warme Simet, also Sesamkringel, die wir hungrig auf der Straße verzehrten; eine Köstlichkeit, die nur noch vom türkischen Kaffee gekrönt wurde, das wir jetzt ansteuerten. Rein optisch gesehen, gaben wir ein tolles Paar ab, dem, wo auch immer wir auftauchten, bewundernde Blicke folgten. Der Altersunterschied, von immerhin 14 ½ Jahren, wurde durch mein jugendliches Aussehen, ich wog 50 kg, und sein distinguiertes, selbstsicheres Auftreten, seine ergrauten Haare, zumindest weitgehend, ausgeglichen.

Beide schwelgten wir derart verliebt durch Istanbul, dass wir allerorts aufgefordert wurden, einzukehren und zu bleiben. Jeder wollte ein Stück von unserem Glanz abbekommen. Wir fühlten uns wie Sieger und strotzten nur so vor Selbstbewusstsein. Nach den ersten 3 Tagen forderte die Stadt ihren Tribut. Wir hatten Schwielen an den Füssen vom Laufen, die wir, nach anfänglichem Widerstreben durch ihn, mit Heiß- und Kalt-Duschen in der Badewanne kurierten. Was für eine Wohltat!

Es waren wunderschöne Tage an denen ich, wie ein Teenager, Hand in Hand mit meinem Schatz durch die Stadt lief. Er zeigte und erklärte mir die Geschichte Istanbuls anhand der Schauplätze. Es war eine ganz andere Sicht der Dinge, als bei meinem ersten Besuch, durch die Reiseleiterin.

Einmal gingen wir über die Galatabrücke auf das Schmuckhaus Storcks zu, und zu seiner Verwunderung begehrte ich Einlass, der mir gewährt wurde. Ich fragte nach bestimmten Ringen, wohin uns der Top-Manager des Hauses begleitete und erstand bei einer türkischen Dame, die mich gleich wieder erkannte, zwei Bulgari-Ringe. Abends, im Hotel gestand mir Karim, seiner Frau noch immer den Schmuck für sein viertes Kind schuldig zu sein. So gab ich ihm einen der beiden Ringe für seine Frau. Schön verpackt mit Expertise.

„Jetzt hast du zwei Frauen, mit gleichem Ring." Seine Frau, so gestand er später, hat ihm diesen Ring vor die Füße geworfen und er trug ihn lange Zeit in seinem Gepäck, bis er eines Tages verschwunden war; ich habe nie danach gefragt, wohin. So werde ich das wohl nie mehr erfahren. Dafür erfuhr ich von seinem Verdienstausfall, den er jetzt hätte und anderen offenen Rechnungen. Der Supermann, der, ob seiner Erscheinung, überall Aufsehen erregte, hatte kein Geld. Wie konnte so was möglich sein? Er ließ mich darüber nicht im Unklaren und nach und nach erfuhr ich mehr über ihn und seine desaströse Lage. Er sprach erstmals von seiner englischen Liebe, ich bat um Stille, kniete nieder, und es wurde mir ihr Name übermittelt. Vor Schreck fuhr er hoch, „wie weißt du, du Hexe." Auch von seinen Umständen, die zur Hochzeit mit seiner Frau führten.

„Ich geschieden", platzte es aus ihm heraus und er zeigte mir ein auf Türkisch verfasstes Dokument, welches dies bezeugen sollte. Langsam fasste er immer mehr Vertrauen und so gab er einige seiner Geheimnisse preis, die mich allesamt erschreckten, was ich mir natürlich nicht anmerken ließ, geschweige denn zu hinterfragen wagte. Um das ganze zu vergessen, gingen wir abends in ein wunderschönes Fischrestaurant, wo wir, überaus beflissen von einem Ober delegiert, der auch aus der Gegend Karims stammte, willkommen geheißen wurden. Karim suchte selbst die Fische aus, und zwar die frischen in der Theke, und überwachte auch deren Zubereitung. Eine ganze Wagenladung von Köstlichkeiten füllte sowohl unseren- als auch den Beistell-Tisch. Wir ließen es uns munden und tranken 2 Flaschen Wein dazu, der ebenfalls exzellent war. Danach ließen wir uns vom Animierpersonal in eine Bar neben unserem Hotel überreden, in der Live-Songs gespielt wurden und ausgerechnet ich von den Bardamen kräftig umworben wurde. Das passte ihm so gar nicht. Es war das erste und einzige Mal, wo ich zuviel getrunken, mich aber nicht daneben benommen hatte. Trotzdem verzichtete er auf Wiederholung. Dafür kehrten wir an den restlichen Tagen, z. B. am Hafen, in wunderschöne Lokale ein und genossen auf einem der bequemen Diwane unser Dasein.

Im großen Basar, einem Eldorado für mich, musste er mich mehrfach bremsen, nicht einfach alles zu kaufen, so schöne, erstrebenswerte, und für deutsche Verhältnisse günstige Dinge, gab es da. Auch Karim erstand für seinen Sohn einen der ersten P3-Player, für sich einen kleinen Fernseher für das Boot und für den neu Geborenen eine hübsche Erstausstattung. Er lief wie ein Tütenmann. Mir fiel mir Sophia dabei ein.

Ich liebte Istanbul, das war meine Stadt. Quirlig, jung, dynamisch, orientalisch, westlich, einfach unschlagbar. Und ich liebte Karim, der sie mir an seiner Seite in so übereinstimmender Art und Weise näher brachte. Was konnte es schöneres geben?

Viel später sollte ich erfahren, dass Karim Städte mied, wo immer das möglich war. Seine Liebe gilt einsamen Buchten und fast ausgestorbenen Gegenden, das Gegenteil von mir. Am Donnerstagmorgen erreichte ihn ein Telefonat von seinem Bruder. Die Agentur hätte für kommende Woche die Tour gewechselt und sie müssten nach Griechenland schippern. Dies bedinge jedoch eine um einen Tag frühere Rückkehr von Karim. Der war in der Zwickmühle, wollte mich erst nicht alleine lassen; ich aber entschied: Business hat Vorrang. Einerseits hasste mein großer Draufgänger Flieger, andererseits blieb ihm kaum eine Alternative, sofern er nicht zwei Tage früher, mit dem Bus, zurückfahren wollte. Er entschied sich für Flug und musste mich am späten Nachmittag für eine letzte Nacht alleine zurück lassen. „Du nix alleine raus, du Hotel bleiben“, beschwor er mich eindringlich am Bus, der ihn zum Flughafen brachte.

Ich schwor, um gleich darauf alleine aufzubrechen und erst spät abends ins Hotel zurückzukehren, was tatsächlich nicht ungefährlich war, so nahe am Taxim-Platz. Die Vorfälle vor Ort hatten wir abends im Lokalfernsehen verfolgt, die Schüsse hörten wir life, auch Überfalle am helllichten Tag waren an der Tagesordnung, direkt vor unseren Augen. Mir ist aber nichts passiert, an den gefährlichsten Stellen erfahre ich immer Hilfe der besonderen Art, so, als wäre ich unantastbar, und das gilt nicht nur in Istanbul.

Ich war also alleine und das war schrecklich. Natürlich dachte ich unentwegt an ihn und ob er schon angekommen wäre. Trost war mir, ihn nicht so hoffnungslos gehen zu lassen, wie er gekommen war. Vor unserem Abschied gab ich ihm nämlich ein Kuvert mit 2000 Euro, das ihm sein schweres Dasein etwas erleichtern sollte, dies beruhigte mich etwas. Ob wir uns jemals wieder sehen werden?

7. Kapitel – Weihnachten in Deutschland, Dezember 2005

Wie ich die Zeit überstand? Nun, ganz ehrlich, es gab viel zu tun. Zunächst kam das Ende meiner Dienstphase kurz vor Weihnachten. Das letzte Arbeits-Jahr hatte ich mehrere Projektaufgaben zu bewältigen, inklusive der Rationalisierung meiner Personal-Stelle. Dazu erhielt ich mein eigenes Büro, in dem ich ungestört arbeiten konnte, Präsentationen vorbereiten, Schulungen durchführen. Es war sozusagen die Krönung meines Berufslebens. Eine Abschiedsparty in großem Rahmen beschloss mein Arbeitsleben. In meiner Abschiedsrede hielt ich nicht hinter den Berg mit meiner Meinung zur Sachlage und sprach damit sicher aus, was die noch Beschäftigten nicht mal zu denken wagten.

„Ach Schnuffer, könntest du nur dabei sein und das mit mir erleben, wo bist du jetzt, warum hast du nicht auf mich gewartet, ab jetzt könnten wir beide unseren südlichen Traum leben." Die Endgültigkeit tat noch genauso weh wie am Todestag.

Mein Garten war dieses Jahr besonders schön und entsprechend arbeitsintensiv. Die kleine Wohnung verlangte nach einer Generalüberholung, schließlich kam „er" zu Besuch. Eine fürchterliche Manie von mir heißt: „Besucherstandard", die mir keine Ruhe lässt, bis es nicht überall blinkt und blitzt. Außerdem war ich mit der Ansammlung diverser Weihnachtsgeschenke für meine Familie beschäftigt und dieses Mal auch für „ihn." Die Schränke bogen sich bereits, es wurde wirklich Zeit, das ganze Zeug wieder loszuwerden.

Weihnachtsschmuck bedeutet für mich, drei Tage lang das im Keller gestapelte Sammelsurium hervorzukramen, es anzuordnen, wieder zu verwerfen, sobald mir ein weihnachtlich geschmücktes Schaufenster optimale Dekorationen versprach. Meinen Vorsatz, dieses Jahr mal nichts zu kaufen, brach ich regelmäßig, bei erster sich bietender Gelegenheit, mit diebischem Vergnügen. Ich befand mich, dank meinem Training mit meiner Schwester und allwöchentlich stattfindender Gymnastikstunde in großartiger Kondition und war rundum zufrieden mit mir und dem erreichten. Karim wollte also 10 Tage mit mir verbringen, genauer, bis 31.12.05. Sylvester hatte er im Kreise seiner Familie vorgesehen. Eine harte Pille. Nun, damit muss wohl jede nicht verheiratete Frau leben, was soll's. Immerhin war es nachvollziehbar, dass er den jüngsten Bengel bestaunen wollte; wo er ihn doch noch nicht kannte. Einfach würde es wohl nicht werden, für ihn und seine Frau, da gab es sicher Klärungsbedarf.

Allerdings auch zwischen uns. Während des Getrenntseins hatte ich weitere Überlegungen, die uns betrafen, angestellt und folgendes Gespräch vorbereitet:

„Karim, du machst mich schön, lässt mich strahlen, erfüllst mich mit Leben. Durch dich bin in stark. Du beschützt mich - obwohl ich keine Frau bin, die Schutz braucht - genieße ich dieses Gefühl der Sicherheit durch dich. Du lässt mich alles andere vergessen, setzt alle Regeln außer Kraft, schlicht, du wärst der Mann meines Lebens. Dein machohaftes zur Schau stellen, verbunden mit deiner Hilfsbedürftigkeit machen dich zum idealen Mann für mich. Ich will dich – für mich – oder allein sein, frei sein. Wir zwei haben, nüchtern betrachtet, definitiv keine Zukunft. Deine Frau hat sicher viel mitgemacht mit dir. Aber die Zeit arbeitet für sie. Du wirst ruhiger, älter, und ihr könnt in einigen Jahren ein schönes gemeinsames Leben haben. Alle deine Affären sind vorbei, sie bleibt dir treu, verheiratet oder geschieden, was spielt das für eine Rolle, insbesondere in deiner Kultur. Sie ist und bleibt die Mutter deiner vier Kinder; ergo die wichtigste Frau in deinem Leben.“

Nun, er sollte wenigstens wissen, dass ich mir sehr wohl Gedanken gemacht habe. In Wirklichkeit hatte ich Plus und Minus aufgewogen, Verstand mit Herz verglichen. Völlig überflüssiger Blödsinn, wie sich sogleich herausstellte. In seinem Kopf tickte keine irrationale Frauenkacke.

Verabredungsgemäß holte ich ihn, zusammen mit meiner Schwester, die schon richtig neugierig auf ihn war, am Flughafen ab. Was für ein strahlender Mann, der mir da, braungebrannt in einer Banderas-Lederjacke (wir hatten sie schnell noch im Sommer in Marmaris gekauft), entgegen kam und sofort von meiner Schwester flankiert wurde, die schwer beeindruckt war. Wir verstauten sein Gepäck in meiner A-Klasse und fuhren eilends ab in meine nahe gelegene Stadt. Joe Cocker lief auf der CD, den er nicht erkannte, aber sogleich mochte. Was würde er wohl zu meiner Wohnung sagen? Ich hatte ihn vorgewarnt, „ganz klein.“ Zu Hause angelangt, machte er große Augen. Solchen – für ihn - Luxus hatte er nicht erwartet. Als er sich umgesehen hatte, fragte er mich, „diese dir gehört, diese deine?“, was ich bestätigte. Auf der Terrasse und im Garten war ebenfalls Weihnachtsschmuck dekoriert, mit dezenten Lichterketten in den Tannen. Das Ambiente hat ihn fast erschlagen. Ja, wirklich, darin macht mir so schnell keiner was vor, stellte ich mit Genugtuung fest, nicht ahnend, wo er sonst lebte. Im Schlafzimmer war genug Platz für seinen Koffer. Das Bett raubte ihm fast den Verstand, als er es betrachtete. In Purpurrot und Gold ließ ich es vor kurzem anfertigen, 1,40 m damit ja kein Mann mehr Platz hat, das kleinste Bett, das ich je hatte; dazu passende Bettwäsche über kuschelweichen Kaschmirdecken. Seine anfängliche Schüchternheit wich bald.

Nach einem liebevoll vorbereiteten Essen, ließ ich ihm eine Badewanne ein, die er ausgiebig, bei dezenter Radiomusik, genoss. Zu Hause gab es nur Kaltwasser, zwecks fehlender Solaranlage, erfuhr ich später. Als er nach schier endloser Zeit hervorkam, eingewickelt in ein vorgewärmtes, flauschiges Badetuch, das er dem Heizungsständer entnahm, übergab ich ihm einen neuen, weichen Home-Anzug in schwarz-rot, der ihm ausgezeichnet stand und bequemer war, als sein Jeans-Outfit. Warum blieb er nur so wortkarg? Hatte er nichts erlebt in den vergangenen Monaten? Um seine Anspannung etwas zu lösen, gab es zunächst eine ausgiebige Spezialmassage, die ich bei meinem Profi in Abano gelernt hatte. „Erste Massage in meine Leben“ log er. Vielleicht wollte er nur sagen, dass dies seine erste Massage war, mit aller Liebe der Welt verabreicht, wozu ich teuerstes Öl verwendete. Er war unbeholfen nett, aber Zärtlichkeiten, wie ich sie kenne, waren und blieben ein Fremdwort für ihn. Darauf angesprochen sagte er immer das gleiche. „Ich Probleme Schatzi, meine Kopf nix frei, normal ich lustig, ich ganz andere, aber jetzt viele Probleme, ich immer denken, mein Kopf nur frei, wenn tauchen.“ Spät in der Nacht gingen wir, nach einer Flasche Sekt, zu Bett, und holten nach, was wir beide die letzten Monate vermissten. Danach aber: „Normal ich nix Sekt trinken, meine Magen Schwierigkeiten, ich Tablette nehmen.“ Aber Raki, so wusste ich von ihm, trank er schon ab und zu. Er war ein richtiger Junkie, was Tabletten anbelangte, das sollte ich noch ausgiebig kennen lernen.

Anderentags zeigte ich ihm München, den Weihnachtsmarkt mit seinen Ständen, um später in einem nahe gelegenen italienischen Restaurant, mit Blick auf den Viktualienmarkt, essen zu gehen „Scampi alla Grigla“. In einem großen Techno-Markt bestaunte er die neuesten Handys. Seines war nun wahrhaftig aus Fred-Feuerstein-Zeiten wie mir schien, und seiner absolut unwürdig, zumal er es ständig in Gebrauch hatte. Was lag also näher, als ihm ein Fotohandy seiner Favoritenmarke, das er nicht mehr aus der Hand legen wollte, zu schenken. Schließlich war Weihnachten. Damit war unser Trip für ihn aber auch beendet; kein weiteres Interesse mehr.

Worin liegt eigentlich der Unterschied zwischen einem Jungen und einem Mann? Diese Frage sei hier mal erlaubt, da sich mir ein Vergleich zu meinem Enkel geradezu aufdrängte. Tags darauf zeigte ich ihm meine Stadt, in der es ebenfalls einen hübschen Christkindlmarkt gab, den wir besuchten. Bei der Gelegenheit fuhren wir zum nahe gelegenen Friedhof, um die dort erstandene Kerze anzuzünden. Zu meiner Verwunderung betete Karim eine Sure aus dem Koran für meinen Mann und der am Grab daneben liegenden türkischen Frau. Er gestand mir, dafür gebetet zu haben, dass Schnuffi und ich eines Tages im Paradies zusammen leben sollten. Ganz schön nobel und uneigennützig, dachte ich. Es gibt wohl Dinge im Islam, die unserer christlichen Religion was voraus haben, begründete ich mein Unverständnis. Nach letzten Panikeinkäufen fuhren wir nach Hause.

Kaum angekommen, schrillte das Telefon. Mein Sohn war am Apparat. „Hallo Ma, ich habe schon gestern versucht, dich zu erreichen, wo steckst du nur ständig? Und weiter: „Du kommst doch morgen?“ Seine hektische Stimmung überhörend, säuselte ich, „aber selbstverständlich, bester Sohn von allen, da gibt es nur ein Problem: ich bin nicht alleine.“ Kurze Pause, dann: „Mutti“, so nannte er mich nur im äußersten Notfall, „dir ist doch hoffentlich klar, dass Weihnachten ein Fest der Familie ist, da will ich keine Fremden sehen.“ Du lieber Himmel, was war in ihn gefahren? Das saß, so knallhart hatte ich meinen Sohn noch nie erlebt. Er lebt doch mit seiner angeheirateten Familie extrem christliche Werte, wo blieben die denn? „Nun," sagte ich, wild entschlossen, nicht ohne Karim zu kommen, „dann eben ohne mich. Schöne Weihnachten wünsch ich Euch."

Kreideweiß im Gesicht wich ich Karims Frage: „Was passiert, Schatzi?" aus. „Nicht jetzt, später" gab ich zur Antwort, was ihn motivierte, besonders aufmerksam zu mir zu sein. „Da haben wir den Salat" sagte ich nach einer Weile der Erholung, „Mütter haben bedürfnislos zu sein, vor allem zu Weihnachten, wo die Familie Vorrang hat." Trotzig blieb ich standhaft. Am Weihnachtstag kochte Karim zwei Stunden lang türkische Suppe mit Reis. Sie schmeckte grässlich, was an den Zutaten lag, mit denen er vorlieb nehmen musste. Die Stimmung war angespannt und Weihnachten im Eimer. Was würden wohl die Enkelkinder denken? Oma nicht da!

Den lieben langen Tag über klingelte das Telefon, um mir alles erdenklich Gute für die Feiertage zu wünschen. Was wollen die alle? Das ganze Jahr über kümmert sich kein Aas um mich; just heute hat wohl keiner was Besseres zu tun, als mir auf den Nerv zu gehen. Hie und da wurde zur Krönung auch noch eine mitleidige Einladung ausgesprochen, die ich anmaßend empfand und ablehnte. Das fehlte mir gerade noch! Zwischen ältlichen Ehepaaren als Aufheiterung für langweilige Feiertage dienen, Frechheit!

Aber da war ja mein Liebster, der mich fürsorglich umwarb. Wie gut, einen Menschen in Not zu haben. Den plagte natürlich sein Gewissen und so entschied er anderentags für mich, „Schatzi, du jetzt fahren und Geschenke bringen, du musst besuchen, ist deine Familie. Du nix lange bleiben, aber muss fahren. Ich warten hier, egal." Das Auto voll bepackt, kam ich am Spätnachmittag im Hause meines Sohnes an. Alle erwarteten mich überaus herzlich, besonders die Kinder, die sich sofort ans Auspacken ihrer Geschenke machten. Meine Schwiegertochter machte Espresso und bot mir selbstgebackenes Gebäck an, das - zugegebener Maßen – immer unübertroffen schmeckte, darin ist sie u.a. Meisterin. Auch ich wurde mit Paketen eingedeckt und nach ein paar Stunden fuhr ich, mit dem Hinweis auf meinen Besuch zu Hause, zurück. Wie üblich, begleitete mich mein Sohn liebevoll zum Auto. Betreten sagte er: "Du musst das verstehen, Ma, was sollen denn die Kinder denken, wenn du jedes Mal mit einem anderen Mann hier aufkreuzt?" War das wirklich mein Sohn, der das sagte? Was heißt hier „jedes Mal ein anderer Mann?" Ich bin wohl im falschen Film und - nichts wie weg – schoss es mir durch den Kopf, rette sich wer kann.

Im Auto kam ich zu mir. Hatte ich da gerade eine Standpauke gehört, wie sie nur Eltern zustand? Die Straßen waren menschenleer und so dauerte es nicht lange, bis ich Karim, der auf dem Sofa eingeschlafen war, wieder in den Armen lag, die mitgebrachten Pakete achtlos auf den Boden werfend. Der Familienteil war also erledigt, nun konnten wir uns die verbleibenden Tage ausschließlich auf uns konzentrieren.

Das Wetter verschlechterte sich, was uns gerade recht kam. Karim schlief, wie immer, lange und ausgiebig, wie in Abrahams Schoss. Danach gefragt, gab er mir zu verstehen, dass er nur bei mir so selig schlafen könne, zu Hause plagten ihn regelmäßig seine Sorgen, die keinen Schlaf zuließen, bei seiner Frau würden seine Kinder dafür sorgen, keinen Schlaf zu finden. Das war durchaus glaubhaft, wenn auch enttäuschend für mich. Ehe wir uns versahen, waren die Kuschelstunden vorbei. Schade. Schade ist auch so ein Wort, das unsere Beziehung von nun an immer mehr prägte. Es half nichts, neben seinem Koffer mit Papieren, und einem Koffer voll frisch gewaschener Wäsche fuhr ich ihn zu seiner Familie. Das heißt, ich fuhr ihn zum nächst gelegenen Bahnhof, um ihn dort abzusetzen, von wo ihn seine Frau, nichts ahnend, abholen kam.

Als ich aus dem Auto stieg, um mir eine Zigarette anzuzünden, sah er sich merkwürdig ängstlich um. Brüskiert fragte ich ihn, ob er Bedenken habe, erkannt zu werden. Seine distanzierte, fast überhebliche, Reaktion gefiel mir nicht; er hatte bereits umgezwitscht.

Nein, meine Situation zusammen mit seiner Frau, seinen Kindern kam mir nicht seltsam vor. Warum auch? Schließlich hatte ich ja noch seine Worte im Ohr: „Du meine zweite Frau. Meine Frau und du. Du letzte Frau, genug für mich, ich zusammen mit dir, bis sterben“ und weiter: „Du alte Frau, aber ganz jung, meine Frau junge, aber Kopf ganz alt.“ Obwohl es gegen mein erstes Grundprinzip verstieß: „Nie einen verheirateten Mann“, bildete er von Anfang an eine Ausnahme. Es war sein geschicktes Hantieren, die strikte Trennung beider Situationen, die er vollzog. Hier ich, dort seine Familie, von der er nur wenig preisgab und die er total von unserem Verhältnis isolierte. Nun, angesichts seiner Probleme hätte sie sich ruhig etwas mehr um ihn kümmern können. Dabei ließ mein Armer nie etwas Negatives über seine Frau verlauten; er war ihr offenbar nicht gewachsen.

Nach und nach erfuhr ich von ihm, dass es eine arrangierte Ehe war. Sie ganze 16 und er 10 Jahre älter. Dass er dazu seine wohlhabende, englische Jugendliebe und die Aussicht auf ein ebensolches Leben aufgeben musste, da er sonst von seiner Familie verstoßen worden wäre. Drei Schiffe hatte er seinem englischen Schwiegervater in spe zurückgegeben, weil er ein korrekter Mensch ist. Schon kurz nach der Hochzeit gab es Differenzen zwischen dem despotischen türkischen Schwiegervater, der auch sein Onkel, und gegen den wohl kein Kraut gewachsen war. Er konnte sich nie so richtig durchsetzen und seine Frau wäre, zu seiner nicht auszudenkenden Schande, immer wieder ausgebüchst, zur Familie zurück. Bei jeder sich bietenden Gelegenheit hätte sie ihm die Koffer vor die Türe gesetzt, wobei er einmal für mehrere Monate Unterschlupf und Arbeit bei einem Ehepaar gefunden hätte, das hunderte Kilometer entfernt wohnte. (In Wirklichkeit hatte er ein Verhältnis mit der Frau und diese ein halbes Jahr gevögelt.) Beide hätten sie ein so schönes Leben führen können, wenn da nur mehr Vertrauen zu ihm gewesen wäre. Schließlich arbeiteten sie beide und Geld war genug da. Aber nein, das dumme, unwissende Kind, vom Vater malträtiert, oblag noch immer seiner Obhut. So durfte sie ihr Geld auch nicht in den gemeinsamen Topf werfen, sondern musste es beim Vater abliefern, was ihn wiederum als Opfer dastehen ließ.

Auch weitere Anstrengungen seinerseits blieben stets hoffnungslos, weil sie es einfach nicht kapierte, dass nun ihr Mann das Sagen hatte. Das Kind, das obligatorisch ein Jahr nach der Hochzeit zur Welt kam, brachte auch keine Besserung, ganz im Gegenteil, es wurde benutzt, um sich gegenseitig auszuspielen. Was für Verhältnisse! Er tat mir richtig leid. Dennoch mühte er sich redlich ab, kaufte sogar ein Haus mit Garten, renovierte es, um der Familie genüge zu tun. Nach weiteren vier Jahren hatte man sich soweit zusammengerauft, dass der Wunsch nach einem zweiten Kind aufkam, das auch prompt geboren wurde und wieder ein Mädchen war. Die Wogen glätteten sich, es lief alles ziemlich gut. Mein lieber Karim ist ein Samenmensch. Wo immer er was pflanzt, kann man sicher sein, es wächst. So wuchs auch bald darauf, das dritte Kind heran; nach weiteren 1 ½ Jahren wurde ihm ein Junge geboren. Er war herzlich willkommen, da gewollt. Der Stammhalter entwickelte sich zu einem braven, schüchternen Jungen, der keine Chance hatte gegen seine zwei Schwestern.

Nun sollte es aber genug sein. Der Frauenarzt bestätigte angeblich, dass keine Gefahr einer weiteren Schwangerschaft bestünde. Das hieß „freie Fahrt" für ihn. Dem „sexiest man a live" standen nun alle Türen offen. Wäre sie nur nicht so zickig gewesen. Nicht immer fruchteten seine Verführungskünste. So ging er denn frustriert alleine, oder mit Freunden aus, seinen geliebten weißen BMW, mit Spoilern, benutzend, was ihn seinerzeit zum angesagten Helden stempelte. Einmal, in meinem Album blätternd, meine alten Fotos studierend, hätte ich damals akkurat seinem Typ entsprochen. Er bedauerte zutiefst, mich nicht zu seiner Glanzzeit getroffen zu haben. Ich aber sagte lachend: „Lange Haare, offenes Hemd und Goldkettchen waren nie mein Ding, du hättest keine Chance gehabt." Außerdem gab es zu der Zeit nur einen Mann für mich, das war mein Sohn; er brauchte meine ganze Aufmerksamkeit.

Um die Jahrtausendwende spitzte sich sein Ehe-Verhältnis zu; die wirtschaftliche Lage tat ihr übriges. Jedenfalls gab es unter den Türken eine große Rückkehrwelle, die auch ihn erfasste. Er wollte sein Glück in seiner angestammten Heimat, zunächst alleine, versuchen. Kaufte vom Erlös des Hauses ein Boot und ließ seine Frau mit Kindern – angeblich in deren Einvernehmen – zunächst bei deren Eltern zurück. Jetzt war er wieder frei und so ganz in seinem Element.

Die Geschäfte liefen hervorragend, wobei er allerdings nur vom praktischen Teil eine Ahnung hatte. Den kaufmännischen

Aspekt erledigte fachmännisch sein Bruder, mit dem er eine GmbH gründete, auf den er sich traditionsbewusst voll und ganz verließ, was sich nach sechs Jahren als größter Irrtum seines Lebens herausstellen sollte. Um es vorweg zu nehmen: Er ging Pleite. Sicherlich war er in den Jahren des Herumschipperns auch zu abgelenkt von seinen diversen Abenteuern, denen er frönte.

Ungeachtet seiner zwei zugegebenen Affären – er erwähnte wohl nur die heftigsten - ergab meine Bestandsaufnahme in etwa folgendes Bild: Wenn er auch nur auf jeder zweiten Tour eine Frau nimmt, hat er mindestens 15 Frauen pro Saison. Oft sind sie schön, aufreizend, wohlhabend, auf jeden Fall willig, egal ob verheiratet oder frei, und nach eigenem Augenschein zu urteilen, allesamt darauf erpicht, ihn zu ködern und ergattern. Er musste nichts tun, nur wählen im breiten Überangebot, frei nach Begehr. Warum sollte ein Mann in den allerbesten Jahren, mit seiner Erfahrung und Potenz, seine Chance nicht nutzen? Ein geradezu himmlisches Vergnügen, diese Boots-Arbeit in der Ägäis. Zudem die Sicherheit einer eigenen Familie in Deutschland sowie seiner Familie in der Türkei.

Auf der Fahrt zurück nach Hause dachte ich, was für ein gutes Team wir doch sind, ich war voll in meinem Element. Sicher würde er jetzt mit seiner Frau einiges klären, hoffte ich. Der rein geschäftliche Aspekt zwischen uns funktionierte reibungslos, endlich wurden meine diesbezüglichen Fähigkeiten entsprechend gewürdigt und er gab mir eine Aufgabe mit, die ich sogleich beherzt anging. Ich sollte mir überlegen, für 50.000 Euro als Boots-Teilhaber einzusteigen; ohne Vertrag. (Das Boot war längst verschuldet, um genau diesen Betrag, so dass eine zweite Absicherung, durch Hypothek auf sein Haus in der Türkei, ausgeschlossen war.) „Ganz schön dreist, dein Antrag“, dachte ich ernüchtert und weiter: „Such dir doch eine andere Blöde." Verblüfft hatte mich allerdings seine herausfordernde Präsentation, die er als lukrative Chance darstellte „du überlegen, diese Boot deine, du mit mir leben, auf Boot." Tatsächlich zeigte er mir in Bodrum ein Paar, sie Engländerin, er, wie üblich, jünger und Türke, die in dieser Konstellation lebten, wofür sie beneidet wurden, da erfolgreich. Wenigstens hatte das Thema „Abwasser" ein Ende, das Boot lag endlich, nach wochenlangen Schwierigkeiten, auf dem Trockendeck in der Nähe Bodrums. Nicht einfach der Mann, ich kam zu dem Schluss, dass mit ihm alles möglich wäre, endlich ein unkonventionell denkender Mensch voller Ideen.

Störend empfand ich die fehlenden emotionalen Belange zwischen uns, die für meine Begriffe vollkommen auf der Strecke blieben, was natürlich seinerseits so gewollt war. Vielleicht, wenn er meiner erst sicher sein konnte, wer weiß? Er gab mir lange Zeit für meine Überlegungen. Es folgte eine wochenlange Kontaktpause, in der ich mich immer wieder hinterfragte und unsere Beziehung infrage stellte. Wenn er bei seiner Frau war, hatte ich nie Gelegenheit, ihn anzurufen, da er sein Handy abstellte. Ich musste warten, bis er sich meldete, worunter ich echt litt, das musste er doch wissen?

War ich doch nicht so toll, wie ich bisher annahm? Was fehlt mir, ihn an mich zu binden? Doch dann, als ich es schon nicht mehr erwartete, der erlösende Anruf. „Hallo Schatzi, ich kommen." Er blieb, im von der Frau geliehenen Auto, ganze zwei Stunden, um zu erklären, dass seine familiäre Lage schwierig wäre, und er nächste Woche zurückfliegen würde.

Kein Kuss, kein gar nichts, ich stocksteif, übertölpelt, nicht wissend, was tun. Voller Wut schickte ich ihn insgeheim zum

Teufel, verabschiedete mich aber aufrecht stehend. Er hatte sein Auto auf der Strasse gegenüber geparkt. Es hatte heftig geschneit und seit einer Woche hohe Minusgrade. Als ich nach einigen Minuten nachschaute, ob er weg wäre, kam er mir von der nahe gelegenen Tankstelle entgegen, bei der er vergeblich um Starthilfe nachfragte. Ich bot ihm an, bei diesem Sauwetter noch einmal ins Haus zu kommen, kochte Kaffe, telefonierte mit meinem Sohn, der ihn mit seinem VW-Bus aus der Parklücke zog und soweit startklar machte, dass er zu seiner Familie zurück konnte. Danach Sendepause. Ich musste was unternehmen, mich vor ihm retten, so viel Schmach hat mir noch kein Mann angetan und wer bin ich denn, mir so was anzutun? Dringender Handlungsbedarf!

Heute frage ich mich, wie er das Zusammentreffen verkraftet hat, denn das Auftreten meines Sohnes blieb nicht ohne Eindruck auf ihn. Wie dieser souverän seinem, von Karim so dringend benötigten, VW-Bus mit Allradantrieb, entstieg, in neuen Boots, von denen mir Karim vergeblich schon lange vorschwärmte, grauer Wintermantel von edlem Tuch, passender Schal um den Hals und um dem ganzen die Krone aufzusetzen, einem echten Borsalino Hut auf dem Kopf. Was für ein Affront, mein Sohn, die Verkörperung seiner Träume! Sieger und Verlierer in einer pikanten Begegnung.

8. Kapitel – Ägypten, Januar 2006

Jetzt bin ich wirklich frei und kann machen was ich will. Geld habe ich genug, Initiative auch, also was hindert mich, meinem liebsten Hobby nachzugehen: Reisen.

Zum Auftakt meines Ruhestandes buchte ich für Mitte Januar eine Nilkreuzfahrt mit anschließendem Hotelaufenthalt in Hurghada. „Erst mal wieder klar im Kopf werden, wissen was du willst und dann sehen wir weiter“ riet ich mir. Wieder musste ich, da Single, in letzter Minute das gebuchte Schiff wechseln, was nur Gutes verheißen konnte. Und siehe da, es begrüßte mich der Kapitän, halb Ägypter, halb Italiener, und der Security-Chef, ein Hüne von einem Mann, ganz mein Typ.

Beide balzten um meine Gunst, da einziger Single an Bord. Die Annäherungsversuche waren mir nun schon geläufig, sie wiesen frappierende Ähnlichkeiten zu Karim auf. Die Reise war super, meine Gesellschaft, bestehend aus einem fröhlichen Aldi-Nord-Chef und einem jungen, turtelnden Ehepaar, wo die junge Frau den absolut lustigsten Teil bildete. Ständig zu Scherzen aufgelegt, nebenher ein Buch schreibend, konnte sie die liebende Göttin Isis nachahmen, dass wir Tränen lachten.

Gemeinsam besuchten wir das komplett gebuchte Ausflugsprogramm, wobei ich mit „Ramses“, meinem Reiseleiter, auf dem Kutschbock durch Luxors Suks fuhr. Ein sehr aufmerksamer Service an Bord rundete das tägliche Ausflug-Programm ab. „Sieh mal Anna, du bekommst den Kaffee gleich mit Adresse“, lachte der Aldi-Chef und tatsächlich befand sich unter meiner Tasse eine Telefonnummer, die ich, wie alle anderen

Möglichkeiten, ignorierte. Das Agatha Christie Feeling, auf dem Nil dahin gleitend, konnte ich durchaus nachvollziehen, kostete es entsprechend aus.

Nach einem anstrengenden Ausflug kamen wir spät abends zurück und mussten an Land warten, um auf das Boot zu gelangen. Ich stand in der Gruppe und spürte plötzlich eine riesige Hand, die meine erfasste. Ein Schaudern überlief mich und als ich aufblickte, sah ich in die schwarz funkelnden Augen des Security-Chefs, der mit seiner freien Hand den Finger auf den Mund legte, zum Zeichen, still zu sein. Mann, hatte ich jetzt ein de ja vuè? Es knisterte so gewaltig zwischen uns, dass er den Mund spitzte als speie er Feuer, was mich erheiterte. Alle Achtung, die Moslems haben es drauf. Irgendwie hat der Kapitän davon Wind bekommen und ihm, an Bord angelangt, direkt gedroht, alles seiner Frau zu sagen, falls er mit mir ginge.

Die Sache war also erledigt, zumal er mir noch hinterher warf, dass der Mann zwei kleine Kinder habe. Das machte den Abschied vom Schiff entschieden leichter. Aber der Urlaub war noch nicht zu Ende. Das gebuchte 5-Sterne-Ressort war sehr großzügig. Leider auch sehr weitläufig, so dass ich mich ständig verlief. Kaum einmal gelang es mir, auf direktem Weg von A nach B zu gelangen. Ich buchte eine Quad-Wüstensafari, vom Reiseleiter - wie mein persönlicher Bodyguard - beschützt, da Single und somit gefährdet. Diese Moslems! Ein werbender Hotelboy, sicher hübsch, ja – aber - gab mir den Rest. Er sprach von Heirat, ohne ein Wort englisch, deutsch oder was ich sonst noch einigermaßen verstehe, zu sprechen.

Ich fuhr alleine nach Hurghada zum Shopping. In einem der zahlreichen Goldgeschäfte probierte ich verschiedene Armbänder an und kaufte zwei. Als ich den Laden verließ, schrie mir der Besitzer wild gestikulierend und sehr aufgebracht nach. Er fasste meinen Arm und siehe da, um mein Armgelenk war noch ein Armreif, den ich vorher ebenfalls in Erwägung gezogen hatte. Mir blieb die Luft weg. Ich riss das Armband weg, gab es ihm zurück, entschuldigte mich mit bittenden Gesten. Er aber schrie nach Polizei und gab allen zu verstehen, dass ich ein Dieb sei. Jetzt hatte ich Tränen in den Augen, mir tat die Sache leid und ich konnte mir das Missgeschick nicht erklären. Nach langem Hin- und Her, Unschuldsbeteuerungen ausstoßend, ließ er von mir ab und mich gehen. Da kam ein junger Mann, der das beobachtet hatte auf mich zu und lud mich ins Teehaus auf der gegenüber liegenden Straßenseite ein. Derart fertig, hatte ich keine Kraft mehr zur Gegenwehr und so ging ich mit. Wir tranken nur Tee, was gab es da soviel zu palavern zwischen meinem Galan und dem Ober? Um nicht unhöflich zu erscheinen, nahm ich noch einem Kaffee, wollte danach aufbrechen. Nein, nein, das geht nicht, ich hätte sicher noch nichts von der Stadt gesehen, die er mir jetzt zeigen wolle, zumindest sein Viertel. Der Mann sprach relativ gut deutsch, führte mich durch einen Markt, kaufte mir Früchte und wollte nur kurz was aus seiner Wohnung, die gleich um die Ecke lag, holen.

Ein alter Mann mit seiner Frau bewachte das Haus. Seltsam, mein Galan kannte sich in seiner Wohnung nicht aus, suchte die Toilette, um die ich bat. Sofort machte er den Fernseher an, Musik-Kanal, nahm mich in den Arm und tanzte mit mir nach orientalischem Beat, zu meinem Erstaunen führte er wunderschön. Er wollte mit mir nach El Guana fahren, um dort auszugehen, natürlich abends. Dort kenne er genügend Leute, die besten Plätze, fehlte nur noch ich. Das alles ging rasend schnell von statten, ich wollte hier raus. Er aber wollte übergangslos Sex, war bereits auf 180; ich lehnte ab, vertröstete ihn auf heute Abend. Da masturbierte er auf die Fliesen, wischte aber nichts weg. Wir verabredeten einen Treffpunkt, das vorher besuchte Kaffeehaus, zu dem ich nie erschien und verließen schnell die Wohnung. Der alte Mann wurde bezahlt und als ich fragte, warum, sagte mein Galan: „für putzen mein Haus."

Erst heute, durch 1001Geschichten.de, weiß ich, was damals passiert ist. Dass ich in einem Stundenhotel und einem Beznesser entkommen war.

Es war Zeit, mit meinen ägyptischen Baumwoll-Souvenirs, die ich auf der Nilreise kaufte, die Heimreise anzutreten. Der Hotelboy ließ es sich nicht nehmen, mir eine holzgeschnitzte, schwere ägyptische Katze zu schenken, als ewige Erinnerung an ihn und seinen festen Heiratswillen. Erst zu Hause las ich über deren Bedeutung. Ich gab ihm meine Internetadresse; von all seinen E-Mails habe ich nur die erste beantwortet und das eindeutig ablehnend. Mein Gott, wie war ich unbedarft und sträflich naiv. Noch war ich fasziniert. Was für Welten taten sich hier auf. Ungeheuer interessant, die islamische Kultur. Die vielen jungen Menschen, allesamt drängend vor Ungeduld. Ständig mussten sie in Zeitnot ihre Anliegen vorbringen. Beachtlich, ihre Leistung. Dagegen wirkten junge Deutsche wie eingeschlafene Füße.

9. Kapitel – Kemer, Februar 2006

Zurück von Ägypten. Von Sehnsucht nach Karim übermannt, buchte ich Anfang Februar eine Woche Kemer für uns beide und teilte ihm dies telefonisch mit. „Ich kommen, Habibi.“ Es klang sehr zweideutig aber unendlich süß und verboten. Unglaublich, dieser Mann. Er liebt mich wohl doch wirklich, sonst würde er meine Eskapaden nicht mitmachen, nach meiner ablehnenden Art, die ich ihm beim letzten Telefonat deutlich machte. Und jetzt, konfrontiert mit meinem selbständigen Urlaub, den er so kommentierte: „Du wieder da, du gesund, das wichtig.“ Keine Frage, wie meine Reise war. Null Interesse, oder war er nur taktvoll?

Er kam, wie bei jedem unserer Treffen, mit großen Schwierigkeiten und nach einigen Rücksprachen mit türkisch sprechenden Männern. Mein Fehler: Ich sagte Rixos-Hotel Antalya, nicht Kemer/Beldibi und so kurvte er um so ziemlich alle Rixos-Hotels in der Gegend. Mit seiner alten Schrottlaube durfte er auf den Hotelparkplatz und sofort danach überfiel er mich, heiß ersehnt, in unserem großräumigen Zimmer. Beide waren wir geläutert ob unserer Machtspiele und kosteten unser Zusammensein aus. Wenn da nicht sein Handy gewesen wäre, das unaufhörlich klingelte.

Offenbar saß ihm ein Gläubiger im Nacken, der ihn so nervte, dass er nach Tagen das Telefon schließlich abstellte. Ich fragte, warum er nie antwortete. „Der Mann wissen, ich nicht da, das genug.“ Er war arg in Bedrängnis, das konnte ich sehen, so sehr, dass seine Potenz zu wünschen übrig ließ. Er wurde immer verschlossener, fast krank, bis es mir reichte und ich eine heftige Auseinandersetzung anzettelte. „Stirb doch mit deinen Geheimnissen, du Arschloch!“ Schrie ich. „Bin ich nicht wert, zu erfahren, was los ist?" „Ich Schulden, Schatzi, diese Mann am Telefon Geld wollen." Das war mir schon klar, aber gottlob hatte ich vorgesorgt.

Am Abend legte ich auf sein, mit Blütenblätter geschmücktes Kopfkissen, ein liebevoll beschriftetes Kuvert, indem sich eine Karte mit 4500 Euro befand. „Was diese?" fragte er, aus dem Bad kommend. „Du schauen, diese für dich." „Danke Schatzi, du alles wissen." Er steckte das Kuvert ein, ohne nachzuschauen. Damit war die Angelegenheit noch nicht aus der Welt. Noch etwas nagte an ihm, wie mir schien. Nach zwei Tagen Schweigen hatte ich die Nase voll und wollte alleine zum Strand. Da kam er mit der Sprache heraus: „Ich nix alleine hier, ich mit meine Mutter und Schwester kommen, die jetzt bei Tochter in Antalya." „Aha" dachte ich, warum sagte er das nicht gleich, wieso ein solches Theater?

Im Flugzeug hatte ich Hans, einen Bayern, kennen gelernt, der auch in einem 5-Sterne-Hotel, unweit von uns, untergebracht war. Am zweiten Tag erschien er während des Mittagessens, fragte ob er Platz nehmen dürfe, und schilderte uns seine unwirtlichen Zustände im Hotel. Das Essen fände quasi nicht statt, da die Russen sowieso nur Saufen würden; er sehe sich gezwungen, das Hotel zu wechseln, am liebsten zu uns. Anderentags war er auch schon da, setzte sich wie selbstverständlich an unseren Tisch und kontaktfreudig wie er war, hatte er schon bald eine kleine Gruppe Anhänger. Es stellte sich heraus, dass er am Flughafen arbeitete und in der Freizeit Fußball-Trainer war, auf der Suche nach einem geeigneten Trainingsplatz in Belek oder Umgebung.

Karim war zunächst schockiert, als er Hans so vertraut auf mich zukommen sah, als wären wir alte Freunde. Erst am darauf folgenden Tag, als ihm seine hübsche, blonde Freundin überraschender Weise nach geflogen kam, war er beruhigt. Sie gab sich als seine Frau aus, ließ die Passagierliste überprüfen und hatte seine Daten. Überflüssig zu erwähnen, dass es sofort funkte zwischen Karim und Nina. Eine blonde High-class-Frau. Genau seine Kragenweite. Aber da waren noch zwei Herren. Ein ebenfalls gut aussehender Single, im gleichen Alter wie Karim, sowie ein routinierter Weltenbummler-Witwer, die mich auch mit Komplimenten überschütteten, Drinks besorgten und ausgesucht höflich zu mir waren, ganz nach westlicher Art.

Tagsüber ging jeder seinen Neigungen nach, so fuhren wir z. B. nach Kemer, wo wiederum ich stark umworben wurde (Tourist) und Karim nicht nur einmal gefragt wurde, ob ich nicht eine Schwester hätte, für sie, die Herren der Schöpfung. Ein Geschäftsmann animierte mich in seinen Laden und entpuppte sich sogar als sein Verwandter. Abends trafen wir uns zwanglos in der Bar, unterhielten uns prächtig und lachten viel während dieser Woche, was mir sichtlich gut tat. Welch ein Kontrast zu seiner Weltuntergangs-Stimmung.

Am dritten Tag fragte mich Karim: „Du will, wir Antalya fahren, besuchen Verwandte." Keine Antwort. Am vierten Tag sagte ich „o. k. wir fahren." Die Tochter seiner Schwester arbeitete in einem neu erbauten, großen Einkaufszentrum in der Parfümerie. Er erzählte stolz von seinem Lieblings-Parfüm, das ich ihm vom Duty free Shop mitgenommen hatte. „Bei uns kostet das 100 Euro" sagte sie. Wenn das kein Joker für ihn war! Nun wir fuhren in ihre Wohnung, wo wir von Mama und Schwester erwartet wurden. Sie selbst musste bis 20.00 Uhr arbeiten und wollte nachkommen. Die Wohnung befand sich in einem der typisch neuen Hochhäuser von Antalya und hatte einen stolzen Mietpreis. Sie war neu eingerichtet, da das Paar erst kürzlich geheiratet hatte, jedoch bereits wieder in Scheidung lebte; da sie ihn auf frischer Tat ertappte, als sie einmal unvorhergesehen zu früh aus der Arbeit nach Hause kam. Wie das Leben so spielt, alles schon mal erlebt, dachte ich.

Dass solche Dinge auch in der puritanischen Türkei vorkommen, war mir neu. Ebenso dass seine Schwester geschieden war, von einem aggressiven Alkoholiker, jedoch erst, nachdem sie von ihm drei, heute erwachsene, Kinder hatte, die allesamt nacheinander vorstellig wurden. Die Schwester hatte Abendessen vorbereitet, ich konnte keinen kulturellen Unterschied zu Italien feststellen. Damals, beim ersten Vorstellungstreffen in der italienischen Familie, konnte ich kein Wort italienisch und verstand ebenso wenig, wie das jetzt der Fall war. Auch hier waren alle überaus gastfreundlich zu mir. Zum Nachtisch nahm ich eine Orange, die ich teilte und zur Hälfte Karim gab. Dies veranlasste seine Mutter zu einem Aufschrei der Verwunderung. So etwas hätte sie von seiner Frau noch nie gesehen, „da umgekehrt“, bemerkte sie, „die nie was geben.“

Es war kalt an dem Abend, die Heizung lief, gerne hätte ich meine warme Kaschmir-Strickjacke gehabt, die im Auto lag. Ich bat Karim, die Jacke für mich zu holen. Eine wahrhaft seltene Angelegenheit, ich und ein Wunsch, ausgerechnet jetzt. Er musste ihn seiner Mutter übersetzen, der unsere Unterredung nicht entgangen war, und die mir sogleich ihre warme Decke überlegte, die ich nicht wollte. Es blieb ihm nichts übrig, als meine Jacke zu holen. Während der Zeit waren nur noch seine Mutter und ich im Raum. Sie jammerte fürchterlich wegen ihrer Schmerzen in den Knien und sagte immer wieder „Operation.“ Ich nickte zustimmend, aber sie rieb sich die Finger, was hieß „viel Geld.“ „Du hast vier Kinder, sagte ich, die bezahlen.“ „Kein Geld“, war die bedauernde Antwort und so sehr man sehen konnte, wie sie litt, hasste ich die alte Hexe sofort wegen ihrer Unverfrorenheit.

Die Schwester mit Tochter waren mit dem Abwasch fertig, kamen in das Zimmer und rauchten, wie ich und Frau Mama, die dabei ihre rot lackierten Nägel zeigte. Sie fragten mich vor kompletter Familie, ob ich Karim liebe. „Ja, ich will einen Mann wie ihn, aber ich will nur einen Mann für mich alleine.“ Betretenes Schweigen allerseits als Karim übersetzte. Ihre zwei Söhne, beide um die 20 Jahre, und in der Touristenbranche weit herumgekommen, retteten die Situation. Sie fragten mich, wo ich denn schon überall gewesen wäre und ob ich dies oder jenes Land besucht hätte, was ich bejahte. Cay und noch mal Cay wurde aufgefahren, dazu Kekse, Nüsse, die wir mitgebracht hatten. Es war spät, als wir aufbrachen und er im Auto fragte: „Meine Familie gut oder schlecht?“ Ich dachte, „deine Familie Scheiße, außer deiner Schwester, die ich sympathisch fand“, erinnerte mich aber noch rechtzeitig, dass er ständig Schwierigkeiten hatte mit seiner Frau, die seine Familie ätzend fand. Deshalb sagte ich laut: „Deine Familie in Ordnung“, worauf er zufrieden nickte. Diese Hürde war genommen und seine Stimmung wuchs zunehmend. Sicher hatte er der Familie Geld gegeben, dachte ich.

Am Tag darauf bekam ich einen neuen Koffer, dessen Schlossfunktion er mir idiotensicher erklärte sowie einige Jeans und T-Shirts, natürlich von meinem Geld, aber mit seinem Verhandlungsgeschick. Auch für ihn gab es ein neues Outfit und er war sehr wählerisch in der Auswahl seiner Klamotten, hatte einen erlesenen Geschmack, der mir sehr gefiel und mich noch mehr verwunderte. Nicht gefallen hat mir seine mangelnde

Potenz, die auch ihm Probleme machte. Es war eine völlig neue Erfahrung für mich. Bisher musste ich die Männer immer abwehren und stoppen. Potenz hatte mir das Leben im Übermaß geboten, was war das jetzt, er war doch ein junger, kraftstrotzender Mann, wie konnte er Probleme haben?

Als er bei einem Schneider für Leder auf der gegenüberliegenden Straßenseite unsere neu erworbenen Hosen abholte, die wir dort zur Kürzung hatten, sah ich vom Balkon aus, wie er in die daneben liegende Apotheke ging. Als er auf das Hotel zuging wanderte sein Blick nach oben, wo ich auf dem Balkon stand. Für einen Augenblick öffnete ich meinen Bademantel, unter dem ich nackt war. Noch in der Türe versprach er: „Du warten, du heute kriegen." Was soll das? Warum warten? Ich kapierte nicht und war stocksauer. Er hatte aber nicht zuviel versprochen. Nach einer Weile, ich war gerade im Begriff alleine zu gehen, ging er zum Angriff über und holte alle Versäumnisse auf einmal nach, bis ich um Gnade bat. Ich bekam eine volle Ladung Viagra ab, was mir zu dem Zeitpunkt noch nicht bewusst war. Das Thema Viagra war mir total neu, ebenso, mit welcher Selbstverständlichkeit in der Türkei damit umgegangen wird. Es passte nicht zu der ansonsten puritanischen Kultur, oder doch? Hier scheint es die Mehrzahl der Männer nötig zu haben, anders ist die Vielfalt und das Überangebot in den Apotheken kaum zu erklären. So geht das nicht, sagte ich mir, erst lässt er dich auf dem Trockenen sitzen und dann ist er nicht mehr zu bremsen.

Ich wurde einfach nicht damit fertig, dass ich mit einem Mann gehe, der offensichtlich Potenzschwierigkeiten hatte. Das will ich nicht. Was mir zusätzlich fehlte waren Nähe, liebevolle Gesten, Aufmerksamkeiten, ein Kompliment, Zärtlichkeiten – nicht die Spur davon. „Du gütiger Himmel, was hatte der

Mann Sorgen." Er schob sich eine Magentablette und was weiß ich nicht alles rein, litt ständig unter Magen-Krämpfen. Ich wollte nicht mehr länger zuschauen und fragte: „Was hast du nur verbrochen, dass du so büßen musst?"

Nach dieser Woche war ich bedient, vor allem von meiner Dummheit. Wieder einmal fragte ich mich: „Anna, warum tust du dir das an? Schäm dich und hör auf damit!" Ich lief auf den Balkon und sah vor dem nahen Berg, wie auf ein Zeichen, zwei ineinander verschlungene Regenbogen in kristallklaren Farben. Beinahe war ich froh, dass die Woche vorüber war, wohl wissend, dass zu Hause alles vergessen sein würde. Just jetzt dieses Zeichen der Liebe, das auf meinem Ausruf hin auch er bestaunte. Karim blieb noch die restliche Nacht und wir hatten verabredet, dass er mit Hans Freundin frühstücken solle, deren Flieger erst gegen Mittag ging. Mit Hans stieg ich in den Bus zum Flughafen und da saß auch schon der Single-Mann. Karim stand in der Nacht, es war 4.00 Uhr früh, unendlich traurig und verlassen wirkend vor dem Bus und starrte mich regungslos an, bis sich der Bus in Bewegung setzte.

Wir tranken im Flughafen-Restaurant noch einen Kaffee und flogen zusammen zurück. Die beiden munterten mich auf. Hans sagte, so eine Liebe habe er noch nie erlebt, „ihr beide seid das glücklichste Paar der Welt, beneidenswert." Nun, irgendwie stimmte das auch, ohne Worte bildeten wir eine perfekte Einheit, die jedermann bewunderte. Unsere Verbindung war Schizophren harmonisch. Langsam wurde ich wieder ich, eine selbstbewusste deutsche Frau und kein türkisches Anhängsel. Meine Schwester erwartete mich am Flughafen und rühmte überschwänglich meine blitzenden Augen. „Der Mann tut dir richtig gut, wie jung du aussiehst, jedes Mal jünger, wenn du von ihm kommst." Mag ja sein, dachte ich, aber wenn du die Wahrheit kennen würdest, was dann, von dir erhält kein Mensch etwas, noch nicht einmal das Schwarze unter den Nägeln.

Kaum zu Hause, vermisste ich den Bastard und verfluchte mich dafür. Du musst dich ablenken und auf die Dinge konzentrieren, die für dich wichtig sind, hämmerte ich mir ein, vor Verzweiflung Lokum kauend, dass Karim mir vor meiner Abreise in den Koffer steckte. „Turkish Delight“ ist tatsächlich eine Versuchung für Frauen in einsamen Nächten, die jetzt wieder vor mir lagen. Wusste er auch das, war alles Berechnung? Der Mann blieb mir ein Rätsel mit seiner undurchsichtigen, osmanisch- und westlichen Strategie.

Noch immer nicht hatte ich mich daran gewöhnt, langsam zu machen. Stress war angesagt, Zeit meines Lebens, und den Rhythmus behielt ich bei. Alle Ablenkung nützte nichts, er rief nicht an, das machte mich fertig. Wieder dieser Machtkampf, wer es wohl länger aushielt. Diesmal wollte ich nicht nachgeben und den Anfang machen, schließlich hatte er doch Geld genug zum Anrufen. Mit Logik kam ich nicht weiter, also befragte ich das Orakel, das sagte: „Der Mann liebt sie wirklich und wahrhaftig aus ganzem Herzen, aber er kann nicht wie er will und sie auch nicht.“ Half mir das jetzt weiter? In Zukunft wollte ich darauf verzichten.

An der Stelle kann ich es ja verraten, es macht immer noch Spass, ab und zu nichts sagende Antworten zu erfragen.

9. Kapitel – Abano, März 2006

Seit einigen Jahren pflegte ich im Frühjahr, zunächst mit meinem Mann, dieses Mal mit meinem Sohn, eine regenerierende Woche einzulegen. Anfang März ist es, nach unserem langen Winter in Deutschland, schon wunderbar warm in einem bekannten Kurort in Veneto. Das vertraute 4-Sterne-Hotel mit dem ganz speziellen italienischen Flair wird familiär - beinahe privat - geführt, man kann sich ganz zu Hause fühlen.

Zusammen mit meinem Sohn, der eine Woche Resturlaub nutzte, überließen wir uns den erfahrenen Händen eines Masseurs. Das dort mögliche Wellness-Programm, Stichwort „Fango", gezielter Gebrauch einiger Fitness-Geräte, brachte uns bald wieder in Schwung, das unübertroffene italienische Ambiente tat sein übriges. Die allabendlich differierenden Unterhaltungen, die Ausflüge in die Euganäischen Hügel, in die nahe Stadt Padua ließen die Woche, wie immer, kurzweilig werden. Neu eingekleidet – italienische Mode ist Spitze – fuhren wir, generalüberholt und zufrieden, zurück. Wie gut mir Italien bekam. Seit meinem ersten Besuch, in einer Jugendgruppe mit 15 Jahren, fühle ich mich dort zu Hause.

Zu denken gaben mir lediglich die diversen nächtlichen Anrufe Karims, der schier in Panik war, als er hörte, dass ich mich in Italien, wie er meinte, gefährlichem Pflaster, aufhielt. Wenn er wüsste, wie wahr! Es sollte noch schlimmer für ihn kommen. Es musste mir gelingen, ihn zu vergessen. Meine Schwierigkeiten damit, teilte ich meinem Sohn mit. Der gab mir, zuverlässig wie immer, einen prägnant wertvollen Tipp: „Ma, was kann dir schon passieren, genieße so lange es geht?"

Richtig. Diese Beziehung entwickelte sich aber mehr und mehr zu einem Geld-Problem. Fazit: Ich muss sie so schnell wie möglich beenden, wollte ich heil aus der Geschichte heraus kommen. Also, nächste Reise ohne ihn.

10. Kapitel – Marokko-Rundreise, Mai/Juni 2006

Eine Woche große Rundreise Marokko war angesagt. 50% Berber, 50% Araber, da gab es hoffentlich was zu erfahren. Um es vorweg zu nehmen, das schönste an der Reise war mein freier Platz hinter dem Chauffeur. Er hieß Hassan, ein bescheidener Berber mittleren Alters, der täglich von mir eine kleine Aufmerksamkeit erfuhr. Sobald ich in den Bus stieg, rief ich „Hassan, ellja“, und überreichte ihm meine Mitbringsel vom Ausflug, die er freudig und verschämt entgegen nahm. Außerdem sind da noch die sehr geräumigen Single-Rooms in den Hotels zu erwähnen, die teilweise größer waren, als die der Paare und nur bei diesem Veranstalter erhältlich. Auf der Reise lernte ich, was „Kismet“ bedeutet, das, oft aus Karims Mund gesprochen, noch nachklang; ebenfalls „Insallah“ und „Masallah“ sowie „Sukran“ und „Affman“. Die Reihenfolge der Reise ist nebensächlich, nicht so die Erlebnisse.

Wir starteten in Agadir, fuhren über den Anti-Atlas nach Zagora, in den Süden, den ich unbedingt sehen wollte. Ich nahm an einer Wüstensafari teil, geriet in einen Wüstensturm und war heilfroh, nicht eine Woche vorher hier gewesen zu sein, wo eine wahre Sintflut das Gebiet heimsuchte, in der einige Menschen ihr Leben in den Fluten und viele Berber ihr zu Hause verloren. Ein Sand-Dünen-Führer informierte mich über dieses Unheil, das ihre Existenz bedrohte und, man ahnt es, mit 100 Euro gemildert werden könne.

Über Mohnfelder, Dörfer mit unzähligen Störchen auf den Kirchtürmen, durch Zedernwälder, passierten wie das Skigebiet „Ifane“, auch die Schweiz Marokkos genannt, wo wohlhabende Marokkaner, wovon es immer mehr gab, Urlaub machten.

Weiter ging es über Canyons, Palmen-, Orangen- und Zypressen-Hainen in Richtung Fez, mit seinem unvergesslichen Souk, den bekannten Gerbereien, Webereien. Eine besonders schöne Seidendecke musste mit als Geschenk für die Schwiegertochter. Die Innenstadt war beeindruckend, die Historie auf Schritt und Tritt zu spüren. Hier nahmen wir, in einem reichlich mosaikverzierten, ehemaligen Palast, unser Mittagessen ein. Als ich auf die Toilette ging, wollte mir der Besitzer sein schönstes Zimmer zeigen. Ich lehnte dankend ab, nahm nur seine Visitenkarte. In Agadir schrieb ich die erste Karte an Karim, in Fez die zweite und in jeder darauf folgenden großen Stadt eine weitere. Was würde er denken, wenn er diese in Händen hielt? Er hatte keine Ahnung von meinem jetzigen Trip. In meinen Augen war dies eine Informationsreise, zum besseren Verständnis der islamisch geprägten Welt. Das könnte ich wohl keinem Türken verständlich machen und so unterließ ich den Versuch. Außerdem sollte ja Ende sein, aber so Karten, ganz unverbindlich…

Die Stadt Rabat beeindruckte mich schon von weitem durch seine Lage. Mit seinem „Taj Mahal Mohammeds“ der Kuppel aus Gold und Mahagoni, seiner Kasbah mit Riads, den maurischen, weiß-blauen Häusern, boten sie eine Augenweide. Hier wollte ich noch gerne bleiben. Sie lockte mit seinem Königspalast. Ein junger König, kaum älter als mein Sohn mit seiner noch jüngeren Frau, lebten, richtig gehört, lebten und nicht residierten, hier. Inkognito, ließ ich mich belehren, fuhr der König im eigenen Wagen durch sein Land. Ihm und seiner ebenfalls westlich gebildeten Frau hat Marokko seinen rasanten Wandel zu verdanken. Als zwingende Aufgabe stand für das Königspaar die Rückführung der Landbevölkerung aus den Städten an. Warum sollte das hier nicht gelingen? Soweit ich bisher gesehen habe, kann das, gezielt angegangen, durchaus eine Bereicherung für die Bevölkerung sein. Kommerz in den Großstädten ist nicht alles, ich wünschte dem Regime das Gelingen. Es wäre ein Präzedenzfall für so viele Länder mit gleichen Schwierigkeiten. Die Welt wartet auf ein gelungenes Vorbild der Jugend.

Casablanca ist nicht weiter erwähnenswert, eine Hafen-Stadt mit allen namhaften Welt-Firmen. Es gibt drei große Häfen in der Welt, tönte der Geschichtsprofessor: Alessandria, Durban und Casablanca. Nun, wenigstens zwei davon habe ich gesehen. Außerdem besuchten wir dort die größte Moschee der Welt mit einem 200 Meter Turm.

Hier ereignete sich ein Zwischenfall. Auf dem riesigen, Marmor ebenem Moscheegelände, liefen wir Touristen, himmelwärts blickend, angesichts des Monuments, unterbrochen durch eine einzige Stufe vor einem Brunnen. Diese Stufe hatte ein Tourist, die Kamera in der Hand, nicht gesehen und stolperte dagegen. Dabei fiel er, die Kamera instinktiv zu deren Rettung hochhebend, so unglücklich auf den Marmorboden, dass er, vor Schmerzen stöhnend, reglos liegen blieb. Es dauerte ½ Stunde, in der ich ihn betreute, bis die Ambulanz kam und ihn mitnahm. Seine Frau war Hilfe holen. Am Ende der Reise sah ich den Mann zufällig in meinem Hotel, zusammen mit seiner Frau. Er war frisch operiert, hatte sich komplizierte Brüche zugezogen und war voll des Lobes über seine 1. Klasse-Behandlung im Privathospital. Die Betreuung durch die Reiseleitung, die unkonventionelle Abwicklung aller Angelegenheiten, Operation per Fax-Genehmigung sowie den Rückflug hierher müssten seinesgleichen suchen. Er beteuerte, dass es ihm schon wieder ganz gut gehe. Unglaublich, wenn man dachte, dass der Mann vor einigen Tagen halb tot da lag.

Dieser Vorfall veranlasste mich, meine Versicherungs-Police einer genaueren Kontrolle zu unterziehen. Man weiß ja nie! Wir fuhren weiter, entlang der Atlantikküste, zur schönen Fischer-Stadt Safi mit seiner berühmten Marineschule. Marokko hat nicht nur Datteln zu bieten, hier wachsen die besten Tomaten, Paprika, Gurken etc. und das Meer gibt Austern und Fische wie Merluzzo und Seezunge von besonderem Geschmack.

Herrlich angerichtet, in einem feinen Strandrestaurant serviert, möchte man die Zeit anhalten und verweilen. Aber es lockte Essaoira mit einer Antiquitäten bestückten Medina, der wohl keiner widerstehen kann. Einem spanischen Architekten ist eine eindrucksvolle, intime, orientalische Anlage gelungen mit Restaurant, dort genoss ich, unter Palmen sitzend, die am besten zubereitete Fischplatte meines Lebens mit einem anschließenden Dessert „Mazedonia" aus frischen Früchten. Als Abendprogramm standen alt überlieferte Reiterspiele an, ein historisches Spektakel, untermalt von Tanzgruppen, a la Disney-Land, mit abschließendem Feuerwerk. Ausgerechnet in Marokko lernte ich was Saphi = Osmane bedeutet, dass es eine Eliteeinheit der Sultane war, die mit Pfeil und Bogen freihändig zu reiten verstanden und sie lange Zeit als Machthaber im Diwan/Topkapipalast in Istanbul residierten.

Heute sollte unser letztes Highlight auf dem Programm stehen „Marrakesch, die rote Stadt". Die Souks mit ihrer farbenprächtigen Herba, eine Welt der Sinne, in die ich regelrecht eintauchte. In einem Antikgeschäft erstand ich unter anderem einen handgearbeiteten, einer Moschee nachempfundenen Anhänger mit Kette, die ich Karim zum Geschenk machen wollte; ernsthaft, vermisste ich ihn so sehr? Dann zog es mich hinaus, auf den Platz der Gaukler. Hier suchte ich fieberhaft nach einer Wahrsagerin, die ich sensitiv unter einer schwarzen Burka versteckt fand, aus der nur ihre pechschwarz funkelnden Augen leuchteten. Schnell waren wir uns über ihren Preis einig. Anhand der Karten, in einem Gemisch aus verschiedenen Sprachen machte sie mir verständlich, was ich wissen wollte. Ihre Aussage deckte sich voll mit der hiesiger Wahrsager; ihre Person werde ich aber, im Gegensatz dazu, nie vergessen.

Die Rundreise neigte sich dem Ende entgegen. Der Reiseleiter, auch Geschichtsprofessor, hatte ganze Arbeit geleistet und mich glücklich gemacht, da ich viel über den Islam dazu gelernt hatte. Ein entsprechendes Trinkgeld war ihm sicher. Als Dank empfing ich von ihm ein Croissant, dem islamischen Halbmond nachempfunden, wie er abschließend erklärte.

Es folgte ein Bade-Wochen-Aufenthalt in Agadir. Da ich die Stadt erkunden wollte, engagierte ich kurzerhand einen Security-Mann, der vor dem Hotel Dienst tat und in seiner Freizeit mein Bodyguard durch Agadir war. Eine Erfahrung, auf die ich nicht verzichten möchte, vollkommen harmlos, dafür äußerst professionell. Sehr bemüht, mir den Aufenthalt so abwechslungsreich wie möglich zu gestalten.

Als ich tagsüber alleine im Souk war, den ich tags zuvor in der Reise-Gruppe besucht hatte, lud mich ein deutsch sprechender Kaufmann, der mich wieder erkannte, zum Tee ein. Ein Pulk schwarz verschleierter Frauen ging vorbei, und der Mann vertraute mir ein Geheimnis an. „Was denkst du über diese Frauen?“ fragte er mich. „Diese Frauen kommen allwöchentlich mit dem Bus aus den umliegenden Dörfern. Noch am Bus übergeben sie ihre Einkaufsliste einem Boy, der die Besorgungen erledigt und damit rechtzeitig zur Abfahrt wieder da sein wird zur Übergabe. Während ihrer so gewonnenen Freizeit treffen sie sich mit ihren Liebhabern, die schon auf sie warten. Du sollst wissen, dass kaum eine dieser Frauen aus Liebe geheiratet hat, sondern allesamt verheiratet wurden. Die Männer gehen sowieso alle fremd, aber die Frauen auch, wenn sich die Gelegenheit bietet. Beinahe jede hat ihren Herzensmann, den sie unter strengster Geheimhaltung trifft. Die Strafen bei Entdeckung sind drastisch und dir doch bekannt", fügte er hinzu. Wie unbedarft ich war, nein, das erstaunte mich. Sofort nach meiner Rückkehr besorgte ich mir Bücher, die ich nacheinander verschlang und die mir, zu meiner großen Verwunderung, seine Aussage bestätigten. Offenbar hatte der Islam noch einiges zu ergründen, wurde immer spannender, ich wollte dranbleiben, mehr wissen.

11. Kapitel – Marmaris, Anfang Juli 2006

Zu Hause, auf das Handy blickend, gab es unzählige unbeantwortete Anrufe und SMS während meiner Abwesenheit. „Das werde ich Morgen erledigen, erst mal Ruhe." Doch gleich am ersten Abend war Karim dran, ungeduldig mehrfach klingelnd, um sich für die erste Karte zu bedanken, die bereits eingetroffen war. „Du gut?, alles o. k.?" Als ich bejahte, fiel ihm, beinahe durchs Telefon hörbar, ein Stein vom Herzen. „Ich Angst, du nix sagen, wo gehen", gab er zum Besten. Nun, das war meine Absicht, mein Kleiner, hoffentlich lernst du aus dieser Lektion, sagte aber: „Anna nix sitzen in Hause, wie deine erste Frau, Anna deutsche Frau." Er schluckte die Kröte. "Aber du gut? Ich will dich sehen", setzte er hinzu. „Du vergessen mich, aber Karim nix vergessen, ich lieben dich!" War das nicht süß? Bisschen schuldig fühlte ich mich schon. Hatte er nicht oft genug betont, dass er seit Jahren keine andere Frau mehr hatte, außer seiner Frau, und jetzt mich.

Na gut, er hat es wieder mal geschafft, was soll's. Die Sterne signalisierten „eine großartige Periode für die Liebe". Jetzt musste ich mir wieder was einfallen lassen zur Wiedergutmachung, wozu ich nicht lange brauchte. Mit einem Klick buchte ich für Anfang Juli einen 4-Sterne-Club in der Nähe von Marmaris für mich alleine. Kurze Info an ihn und eine SMS-Antwort: „Ich kommen."

Ein Minibus brachte mich von Dalaman zum Hotel, das in Reichweite seines Heimatdorfes lag, wovon ich keine Ahnung hatte, da nur Offerte wichtig war. Der Chauffeur, ein wahnsinnig gut aussehender Mann um die 50 Jahre, machte erste Annäherungsversuche, war enttäuscht, dass ich nicht in seinem Club war, aber egal, er würde mich auch von meinem

Club abholen kommen. Meine Bedenken, ob der von mir gewählte Club nicht gut wäre, zerstreute er. Später erfuhr ich, dass er im Magic Life arbeitete, das natürlich eine Extra-Klasse darstellte. Sofort bekam er die Info von mir, dass ich mit meinem hiesigen Freund Urlaub machen will, was er bedauerte.

Karim kam zwei Stunden nach meiner Ankunft freudestrahlend und mit einer Glatze. Dafür zierte sein Gesicht ein runder Bart. Er war braungebrannt und sah höllisch gut aus, ich verbat mir aber irgendeine Bemerkung. „Entschuldigung ich spät kommen, aber ich Mutter noch in die Stadt gefahren." Sie hatte beide Knie operieren lassen und musste zur Nachsorgeuntersuchung mit seinem Auto gebracht werden. Wer will schon wissen, was wirklich passiert ist? Er hatte die zeitintensive Pflege übernommen und war heilfroh, diese schwere Zeit hinter sich zu lassen.

Ich hatte nicht für ihn gebucht und nur sehr schwer mit dem Chefmanager, einem Juden, wie Karim sofort erkannte, einen akzeptablen Preis vereinbaren können. Warum kann er nicht auf mich warten? Das ist doch das mindeste, schließlich reise ich von weit an; ich war entsprechend sauer. Skorpione, wusste ich, kommen immer verspätet, und er war eine Ausgeburt derer. Sein Sonnenscheingesicht, unser Wiedersehen, tat seine Wirkung, auch er war vor Sehnsucht und Sorge um mich fast umgekommen, und so verbrachten wir den Rest des Tages im Bett.

Abends, nach dem Abendessen im terrassenförmig angelegten Club, stellte ich mitgebrachte Kerzen auf den Balkon, der ungeheuer romantisch, eingebettet in tropische Sträucher, unter Kiefernbäumen, mit Blick zum Meer, lag. Die obligatorische Flasche Whiskey wurde geöffnet, dazu Cola aus der Minibar als ich sagte: „Augen zu." Er folgte erwartungsvoll meiner Bitte und als er die Augen wieder öffnen durfte, lag vor ihm eine lange, in Rosenpapier verpackte Schachtel. „aufmachen", forderte ich ihn auf. Er sah aber nur auf Rosenblätter, die aus meinem Garten stammten und noch betörend dufteten. „Umkippen", forderte ich ihn auf, und er kippte den Inhalt um. Zwischen den Rosenblättern lugte ein handgearbeiteter Dolch hervor. Er nahm ihn in die Hand, begutachtete ihn und fragte: „Wie hast du ihn durch den Zoll gekriegt?" Das war gar nicht so einfach, bestätigte ich. Bei der Kontrolle sagte ich einfach, dass dies ein Dolch aus Marokko sei, für meinen Freund in der Türkei, und so ist er jetzt hier. Er war beeindruckt. „Du nix töten mit Dolch, wenn mich töten, nur mit eine Schuss und Revolver, du versprechen", bat ich ihn ganz ernsthaft. „Keine Angst, ich dich nicht töten", antwortete er lächelnd, aber ich war mir da nicht so sicher, schließlich kannte er mich noch nicht gut genug, um das beurteilen zu können.

„Noch eine Überraschung", sagte ich, indem ich ein kleines Etui hervorholte. „aufmachen?" fragte er, und ich bejahte. Er hielt die Kette mit Anhänger in der Hand, sah sie lange an und bedankte sich überschwänglich, während er sie um seinen Hals legte. Sie war wie gemacht für ihn und passte perfekt zu seiner Statur, noch besser zum neuerdings fehlenden schwarz-grau melierten Haar. Nach einem weiteren Glas Whisky kam Überraschung Nummer drei. Ein Kuvert mit 1.500 Euro, wofür er sich ebenfalls bedankte.

Zu keiner Zeit war er peinlich berührt. Er konnte Geschenke in Empfang nehmen, wie es mir noch nie gelang, fast war ich ein wenig eifersüchtig, auf diese Eigenschaft. Wir blieben noch lange draußen, an Schlaf war nicht zu denken, und so erzählte er, ungeheuer männlich, beeindruckend für einen abgebrannten Türken, der keine Zeit zu vergeuden hatte, von seiner schweren Zeit ohne mich und seinen nahen Zukunftsplänen – kostspielige Pläne. Ein Plan unterschied sich von den anderen.

Mein Lieber hatte seine Phase der religiösen Findung hinter sich. Er fragte mich, was ich von seiner Idee, eine katholische Kirche in seinem Dorf zu bauen, halte. Natürlich finanziert durch Spenden. Ich lachte ihn aus „du und Kirche, überlasse das lieber denen, die dafür geeignet sind, mein kleiner Mafiosi. Eher geht ein Kamel durch ein Nadelöhr, als das du Läuterung findest." Er hatte das ernsthaft in Erwägung gezogen, da Ausländer mit einer entsprechenden Organisation ziemlich viel Geld eintrieben, via Internet und staatlicher Förderung. Er musste Kontakt haben, zumindest Insiderwissen, um dieser Idee zu verfallen. Natürlich hatte auch ich schon meinen Job „du Internet machen." „Vergiss es, das sind doch alles Betrüger, wie du selbst sagst." Damit war dieser Plan gestorben. Von Ali erfuhr ich später, die Bedeutung der religiösen Phase eines Moslems. Karim war mit seinen 45 Jahren im passenden Alter.

Nach einer Nacht voller Liebe, „deine Akku leer, ich Batterie voll machen", gingen wir den neuen Tag mit einem ausgiebigen Frühstück an. Auf dem Weg zum Restaurant, der über steile Treppen führte, nahm er mich erst- und letztmalig in den Arm, wie seine eigene Frau. Es war überwältigend; was für ein Mann, welch Intensität! In diesen paar Sekunden gelang es ihm, unsere Beziehung zu kitten. „Du will, wir spazieren fahren, vielleicht hier." Er deutete auf die umliegenden Berge. Ich war einverstanden und so fuhren wir los.

An einer Straßenteilung war ein Schild angebracht „Amazonas“. „Wir fahren?“ fragte er und ich nickte. Jetzt ging es ins Landesinnere, das hieß ungeteerte Serpentinen ohne Wegbeschreibung. Immer weiter hinein in die Berge, die kein Ende nehmen wollten. Die Gegend schien menschenleer, kein Auto begegnete uns. Wir hatten keine Ahnung, wo wir uns befanden. „Hier ich wollte immer fahren, aber nie.“ Na toll, das habe ich schon gemerkt. Nach einer Weile kam eine Wegzweigung. Ein Schild wies tatsächlich den Schriftzug Amazonas auf. „Hier in der Gegend, es gibt Robinson-Club.“

Da hat er also auch schon gewildert, fuhr es mir durch den Kopf. Wir fuhren durch freies Feld in Richtung Meer, das er ziemlich weit unten vermutete. An einer Bucht hielt er an. Wir schwammen uns den Dreck der staubigen Strasse weg und staunten über das Wunder der Natur, das vor unseren Augen lag. Nicht einmal hier, wo wir ganz alleine waren, kam es ihm in den Sinn, mich ein einziges Mal in den Arm zu nehmen, obwohl er, wie ich, sehr glücklich war. Was war er nur für ein extremer, kaltschnäuziger Mensch? War seine Entgleisung heute Morgen genug? Eine mehrstündige Fahrt durch die Berge lag noch vor uns, in der er immer schneller wurde, wie mir schien. Er fuhr draufgängerisch, machte aber während der ganzen Tour nicht einen Fahrfehler. Er war eben Karim, ein Abenteurer, der mit seinen Herausforderungen wächst. „Mit deine neue Auto nicht möglich“, sagte er am Ende der Fahrt, auf der Schnellstrasse zurück, und lachte dabei herzhaft. Ich aber dachte an seine abgefahrenen Reifen und daran, dass sie jeden Moment hätten platzen können. „Dieses Risiko musst du eingehen, willst du mit einem Mann wie ihn sein.“ Und als hätte er meine Gedanken gelesen, sagte er: „Du Angst, aber du nix sagen, du mutige Frau.“ Er hatte mich also getestet, überlegte ich.

Spät abends erreichten wir unser Hotel und waren beide froh, heil dort angekommen zu sein. Für den Folgetag wollte er eine große Tour am Meer entlang machen. Danke, mein Bedarf war gedeckt, ich wollte ausspannen und schwimmend das Meer genießen. Abends lud er mich nach Marmaris ein. Wir gingen am Hafen spazieren und er kannte beinahe jeden Skipper. Einladung auf Einladung war die Folge, die er, stolz auf mich deutend, ablehnte. Er hatte es auf ein kleines Boot abgesehen. Herzliche Umarmung, Vorstellung. Ich durfte Platz nehmen neben dem Eigner des Bootes, der sein früherer Koch war. Ja, auch er hatte es zu einem Boot gebracht, bescheiden noch, aber das war immerhin ein Anfang.

Ermöglicht hatte dies seine englische Freundin, eine extrem erfolgreiche Lady in einem Beruf, der eine absolute Männerdomäne darstellt. Sie war selbständige LKW-Fahrerin. Die Lady war etwas dicklich, blond, groß und hatte offensichtlich ein kleines Alkoholproblem. Nichts für Karim, der auf „sehr schlanke Frauen" großen Wert legt, auch zu schlampig. „Wie kann der Koch mit so einer Frau zusammen sein, die passen doch gar nicht zueinander" fragte ich ihn später, „mir egal", war seine knappe Antwort. Er wusste, worum es hier ging. Der Koch war jünger, hatte Familie und 2 Kinder, die er niemals verlassen würde, da sie ihm heilig waren, so seine Aussage. Die Engländerin war involviert, hoffte aber auf aussichtslose Änderung.

Nach langem Palaver fuhren wir zurück, um unsere zweite Nacht noch mehr zu genießen, da wir doch ein ganz anderes Paar darstellten. „Wir Richtung Datca fahren?" Er wollte kein Frühstück, wie üblich. Diese Essenszeiten im Hotel waren ihm ein Gräuel. Lass uns doch wenigstens einen Kaffee trinken, bat ich, du weißt, ich brauche morgens mindestens 2 Tassen Kaffee, um wach zu werden. „Ich hier warten, du alleine gehen“, sagte er, bereits am Auto zur Abfahrt bereit. Was bildete er sich ein, der mindeste Anstand der Begleitung war doch zu erwarten. Viel später kam ich dahinter, dass dies seine Handy-Stunde war, von der ich nichts mitkriegen sollte. Was für eine Küste, nach jeder Biegung ein noch überwältigenderes Bild. Wie ich ihn beneidete, hier zu leben, dieses Land seine Heimat nennen zu dürfen. „Du lebst im Paradies, niemals darfst du es gegen das Gefängnis Deutschland aufgeben.“

Ab und an liebäugelte er mit der Idee, wieder nach Deutschland zurückzukehren, auf Begehr seiner Frau, die angeblich der Meinung war, dass auch er von Sozialhilfe leben könne, wie andere Türken in ihrem Umfeld. Er kannte genau die hiesigen Umstände und Schwierigkeiten bezüglich Arbeit, wollte aber der Kinder wegen bei ihnen und ihnen ein guter Vater sein. „Meine Kinder jetzt ganz oben auf meiner Liste, andere uninteressant“, trieb es ihn mächtig um. Beim letzten Abschied habe ihm sein geliebter Sohn herzzerreißend nachgeschaut; den Blick könne er nie vergessen. Schon zum zweiten Mal hörte ich: „Auch möglich, wieder heiraten, nur wen? In dem Zusammenhang die Aussicht, wieder in Deutschland zu wohnen; auch hier ließ er offen, bei oder mit wem. Er erwartete ein Statement von mir, da ich aber zu dem Thema schwieg, war er enttäuscht. Er wusste doch, dass ich nie wieder heiraten werde.

Wieder fuhr er eine im Bau befindliche Strasse, ungeteert und voll rotem Staub, kilometerlang an Klippen entlang. Wir gelangten an die erste Werft. Er zeigte mir ein Boot, das im Rohbau befindlich war. Ich durfte Pläne studieren, mir wurden die unterschiedlichen Bauweisen erklärt. Für ihn gab es nur die alte, griechische Konstruktion. So liebevoll möchte ich auch einmal von dir betrachtet und gestreichelt werden, gestand ich mir, als er sich gar nicht mehr trennen wollte von einem unvollendeten Modell.

Karim hatte unweit unseres Clubs selbst einige Boote gebaut, sein Eigen genannt, jedoch wieder verloren oder zurückgegeben. Die ganze Wahrheit wird auch in diesem Fall sein Geheimnis bleiben. Ihn so darben zu sehen, erschütterte mich gewaltig, dies war zweifellos seine Passion.

Noch eine andere Werft wurde besucht, dort war er ebenfalls bekannt und er machte mich weiter kundig, weihte mich sorgfältig in die Fertigkeiten des Schiffbaus hierzulande ein. Totaler Neuling war ich nicht auf dem Gebiet. Schließlich gab es auch eine Werft in Ortona, Italien. Reiche Amerikaner ließen sich ihre Yachten bauen, die mein Mann und ich besichtigten, ehe sie zu ihrem Bestimmungsort über den Ozean aufbrachen.

Auch mit dem dortigen Kapitäns-Ausbilder waren wir befreundet und wohnten der Abschlussfeier mit Dokumentsübergabe bei. Ein bisschen hatte ich immer bedauert, dass mein Mann kein eigenes Boot wollte. Aber hier und jetzt? Gedankenspiele – alles möglich – noch dazu zu den Preisen, halb geschenkt gegenüber Europa.

Karim fuhr diese Saison nicht mehr. Der Bruder hatte sich unfair verhalten, Geld von der Agentur geholt aber Liegeplatzgebühren nicht gezahlt, nötige Reparaturarbeiten nicht eingeleitet. Karim hatte allein und für nichts gearbeitet, der Bruder kassiert. Dies und vieles mehr haben ihn veranlasst, jetzt selbst nichts mehr zu tun, mal sehen wie weit der Bruder dann kommt. Ich konnte das alles nicht verstehen, schließlich habe ich gelernt, dass es für jedes Problem eine Lösung gibt.

Aber das war Türkei, hier ticken die Uhren anders. Auf dem Nachhauseweg besuchten wir seinen langjährigen Freund, der ein Restaurant an einer zauberhaften Bucht hatte. Alle Welt kannte ihn, den früheren Musiker, der ein positiver Mensch war. Seine Geschäfte liefen sicher gut. Nach den Vorspeisen war ich bereits satt, da kamen aber noch der bestellte Fisch vom Grill, Salate und das ganze Programm. Herrlich, diese Welt, so soll Urlaub sein. Die beiden Männer schwelgten in Nostalgie und freuten sich ihres Lebens. Endlich ein Tag, wo mein Karim richtig glücklich war. Vor unseren Augen ankerten zahlreiche Boote oder legten ab, von guten und weniger guten Skippern gelenkt, denen beide Herren bereitwillig halfen.

Diesem herrlichen Tag sollten weitere erlebnisreiche folgen, in denen er mir das Gebiet seiner Heimat näher brachte. Zunächst aber war Zoff angesagt. Schon wieder sollte ich alleine frühstücken. Er wollte kurz in sein Dorf fahren, wichtige Dinge erledigen und in spätestens zwei Stunden zurück sein. Ich rechnete kurz nach und dachte, das schaffst du nie, stimmte seinem drängenden Wunsch geknickt zu.

Ich lag alleine am Strand. Zwei junge türkische Mütter mit je einem Kleinkind, rauchend und Cocktails trinkend, lagen vor mir. Sie ließen die Kinder, für meine Begriffe relativ gefährlich, im Meer spielen. Ich flüchtete in selbiges und schwamm darin meinen Stress ab, erklomm eine große Gummi-Insel, ließ mich von dort ins Meer plumpsen und verausgabte mich völlig.

Schon von weitem sah ich, wie Karim mich suchte; sollte er ruhig, nach über einer Stunde Verspätung. „Warum sagst du nicht gleich, dass du in drei Stunden zurück bist?“ Er hatte mich angerufen, wohl wissend, dass mein Handy auf dem Zimmer im Koffer lag, aber er war wieder fein aus der Affäre. Dann mahnte er mich, leise zu sprechen, da die beiden Mütter schon ein Auge auf ihn geworfen hatten, und er seine Vorrangstellung gefährdet sah. Irgendein Handwerker, Kurde, hätte bezahlt werden müssen und das Treffen mit ihm gestaltete sich als schwierig, da aus einer anderen Stadt mit dem Bus kommend. Ich verstand nicht, warum er diese Dinge immer in unserer kurz bemessenen, kostbaren Zeit erledigen musste und zettelte einen handfesten Streit an, indem ich meinen Frust abließ. Da könne ich ja besser alleine Urlaub machen, dann hätte ich mehr davon. Es reichte mir, gerne würde ich auf ihn verzichten; erst zu spät kommen, dann alleine wegfahren. Ich würde ihm seine Zeit nicht stehlen, es wäre besser, wenn er unverzüglich abreisen würde, nach Hause.

Besonders erbost war ich, dass er, so nah an seinem Ort, keine Anstalten machte, mir diesen zu zeigen. „Ja“, lenkte er ein, „möglich, aber nur nachts, Nachbarn dürfen nicht sehen.“ Ich verzichtete, war deswegen aber schwer gekränkt und entschlossen, schlussendliche Konsequenzen ziehen. Schon zu Hause sagte ich mir, wenn er dich diesmal nicht mitnimmt in sein Haus, ist es aus. Dabei war es doch so nah! Einen Moment lang wollte er wirklich gehen, aber er blieb. Egal was er machte, ich blieb unversöhnlich. Die Fußball-Weltmeisterschaft lief auf einer Großleinwand der Freiterrasse, neben der Bar. Ich sagte: „Italien wird Sieger, wenn der Mond gelb leuchtet.“ Noch war er durch Wolken verdeckt, aber zum Schluss klappte es, er strahlte melonengelb und ich auch. Alle waren in bester Urlaubsstimmung, er aber legte sich alleine auf eine Liege an den Pool. „Du will, du schauen, ich hier bleiben.“ Ich hätte ihn umbringen können.

Wie hatte ich diese Machtspiele satt; er konnte mich kreuzweise. Da nur ich einen Schlüssel zum Zimmer hatte, kam er kurz vor Ende des Spieles mit einem Drink vorbei. Er hatte Glück, dass er nicht in seinem Gesicht landete. Dann merkte ich, dass er beim Anblick einer rassigen Türkin, mit Po-langen pechschwarzen Haaren, erstaunt war. Er sagte: „Schau, diese Frau, genau wie meine Frau, ich denken, sie ist.“ Das wurde ja immer lustiger; die Frau hatte zwei kleine Kinder und stöckelte sehr selbstbewusst durch die Menge, indem sie, nach Aufmerksamkeit heischend, ihre Kinder voran dirigierte. Sie war jung und schön und dies war ihre Plattform, die sie ausreizte. „Ich sicher, die von gleiche Dorf, wie meine Frau kommen“ Na toll. Sein schmachtender Blick sagte alles, es reichte. Er hatte es nicht leicht, die verbliebenen Tage und wäre er abgehauen, wie von mir forciert, hätte ich mir einiges erspart.

Wie sehr vermisste ich die heitere, gelöste Atmosphäre, die mein Mann schon beim Frühstück verbreitete. Mit Karim gab es nur weiter anstehende Probleme zu erörtern, gefolgt von Depressionen, melancholischen Stimmungen, ob seiner Ausweglosigkeit, die nur ich in der Lage wäre, positiv zu beeinflussen. Die Lösung hieß immer nur Geld. Der Druck durch ihn wurde zunehmend unerträglicher, je mehr ich mich dagegen auflehnte, erhöhte er ihn. Sein tieftrauriges Gesicht, seine Elends-Geschichten, ließen mich letztendlich meine Bedenken beiseite schieben. Das war ganz harter Tobak, dem ich da ausgesetzt war. Sofort hatte ich auch wieder eine Entschuldigung für mich parat: Mein türkischer Reisebürobesitzer bedauerte zutiefst das Ende unserer Beziehung, das ich ihm beim letzten Besuch voraussagte, „schöne Liebe zu Ende, schade, ein bisschen Hilfe für meinen Landsmann doch möglich, oder?“ Er wusste also auch, worum es hier ging.

Meine Freundin, die nicht wusste, dass ich Geld in die Beziehung steckte, „aber Anna, wie kannst du den Mann aufgeben, du liebst ihn doch, gut er hat Kinder, aber er ist doch geschieden und wer ist heute schon ohne Anhang?“ Meine Schwester, meine Mutter, alle sahen, wie ich auflebte durch ihn; keiner kannte die Realität. Ich aber wollte und konnte auch nicht mehr geben, um nicht noch den Rest an Würde zu verlieren. Mein Mann warnte mich ständig „alles, Anna, aber keinen Türken“; jetzt wusste ich, was er damit gemeint hatte.

Zum Abschied setzte er sich wirkungsvoll auf eine Mauer, forderte mich auf, in seine Augen zu schauen, und ein wahres Sternenmeer leuchtete mir funkelnd entgegen; es verfehlte seine Wirkung. Macht und Ohnmacht spielten sich bei mir auf einer anderen Ebene ab. Karim blieb, erstaunlicher Weise, bis zu meiner Abholung mit dem gleichen Chauffeur. Als er meinen Koffer verstauen wollte, nahm der Chauffeur ihm diesen aus der Hand, lächelte mich an und sagte, dass er sich freue, mich wieder zu sehen, hoffentlich war mein Urlaub schön. Ich stellte ihm Karim als meinen Freund vor. Die beiden kannten sich von früher, als Karim hier seine Boote baute. Unvermittelt standen sich zwei Platzhirsche gegenüber. Was für ein spürbares aufeinanderprallen geballter Erlebnisse – vielleicht sogar gemeinsamer?

Mit seiner alten Schrottschleuder fuhr er dem Bus voran, so dass ich ihn sehen, vor allem aber, nie vergessen sollte. Es ging bergauf und da überholte ihn der Bus; während der langsamen Überholung blickten wir uns durch die Fensterscheiben an und er blitzte mit seinen Augen. Dann war Karim wieder vor uns, bis er, die Warnblinkanlage einschaltend, in Richtung seines Dorfes abbog. Hier las ich zum ersten Mal seinen Ortsnamen und war erschrocken, ob der kurzen Distanz. Diese Prozedere sollte ich noch öfter erleben, bei anschließenden Urlauben. Ach ja, woher er die Schrottlaube hatte? Weihnachten war er damit, voll gepackt, zurückgefahren von Deutschland in die Türkei; es wäre ohnehin sein Auto gewesen. Er habe es vom Schrottplatz geholt, selbst soweit flott gemacht, dass es durch den TÜV ging, worauf er mächtig stolz war. Überflüssig zu erwähnen, dass er es liebte. Als er in die Türkei ging, überließ er es seiner Frau, die aber jetzt mit einem anderen fährt, das beim Schwager gemeldet ist, wegen der Sozialhilfe. Mit abgefahrenen Reifen durch winterliche Straßen von Deutschland über Österreich nach Italien. Danach griechische Pässe, wo er nur knapp, auf eisglatter Strasse, einem Unfall entging. Was sollte ich mich noch wundern über seine Machenschaften. Der Chauffeur sah mich an und sagte: „Der Mann Spitze, Kompliment." Alle waren immer für ihn, das war ungerecht. Diesen Konkurrenten hatte er jedenfalls weggeräumt, reife Leistung.

Mein Flug ging planmäßig, er rief nicht mehr an; ich hatte die Nase gestrichen voll von ihm.

12. Kapitel – Ende Juli 2006, bei mir zu Hause

Am Flughafen in Deutschland angelangt, eine SMS von ihm. „Ich vermisse dich, Schatzi dringend melden.“ „Gibt es denn keinen anderen Text, immer wieder diese abgedroschenen Wörter, verwendet er dafür eine Vorlage und an wen verschickt er die außer mir noch?“ Wiedergutmachungsversuche seinerseits, es täte ihm leid, dass mir unser Urlaub nicht gefallen hätte. Er käme bald und bügle das wieder aus. Ich glaubte das nicht, doch er fuhr tatsächlich 11 Tage später von Marmaris, mit diesem Schrottauto, nach Thessaloniki, verkaufte es in der Nähe des Flughafens für 200 Euro, kaufte sich vom Erlös ein Ticket und war Ende Juli bei mir, um mir das stolz zu verkünden.

Sein endgültiger Entschluss, seinen Bruder hängen zu lassen und diese Saison nicht mit dem Boot zu fahren, da es sowieso nichts einbrächte, stand definitiv fest, war in die Tat umgesetzt, so hatte er Zeit. Seine Verfassung war die eines Siegers. Er kam mit einem neuen Fotoapparat, von wem hatte er den? Er konnte nicht damit umgehen. Vielleicht eine Griechin mitgenommen nach Thessaloniki? Irgendwas war an dieser Reise nicht astrein. Warum war er 11 Tage nach unserem Zusammensein wieder hier? Seine Verfassung glich einerseits dem eines Tausendsassas andererseits sprach er ziemlich rasch und unverfroren über seinen persönlichen Bankrott, der unüberschaubar war. Wir verfassten eine lange Liste seiner Verbindlichkeiten und ich kam auf eine Summe von über 125.000 Euro, sein verpfändetes Haus inbegriffen. Es war sicher nur die Spitze des Eisbergs. Diese Liste drückte ich ihm in die Hand mit einigen Leerzeilen zur Ergänzung, damit er den Überblick nicht verliert. Er schaute sie an und fragte, ob er sie über seinen Kühlschrank hängen soll. Die allerdringlichsten Zahlungen stünden umgehend an, vermutlich ist er von den Gläubigern zu Hause abgehauen, die ihn massiv bedrohten, wie er mir gestand. Er könne nur noch mit dem Gewehr in Reichweite schlafen, wenn überhaupt. Sogar vor seiner Familie, die im August da war, hätten sie nicht Halt gemacht, wie er mir später, im September, gestand.

Noch hatte ich Geld und ich gab ihm 10.500 Euro zur Tilgung der wichtigsten Schulden. Diese Woche hatte sich gelohnt für ihn. Er flog sofort zurück, da der 6-wöchige Familienurlaub mit Frau und Kinder in seinem Haus am Meer anstand. Die hatten aber nichts davon und mussten schon selbst für ihr Auskommen sorgen. Schließlich zahlte Deutschland Sozialhilfe - und ein sehr alter, allein stehender Nachbar der Frau, den Karim unter Kontrolle hatte, soll heißen, mit dem er freundschaftliche Beziehungen pflegte - die überteuerten Flugtickets für seine Familie, da zu spät geordert.

Kein Geld? Kein Problem, muss man eben suchen und finden, irgendwo steckt es schon. Ich stellte ihn diesbezüglich zur Rede: „Du nimmst das Geld alter Leute, die vielleicht selbst kaum was haben." Er antwortete: „Was soll der alte Mann mit Geld, der ganz alt, besser mir geben." Er machte jetzt jedenfalls Ferien mit der Familie und das in der Hochsaison. Dieses Ziel hatte er erreicht und Geld genug für ein neues Auto. Also Handy aus, Funkstille. Jetzt war seine Familie dran. Zwei Mal wäre er mit seiner Frau aus gewesen, Hochzeiten im Dorf. Den Kindern hat er schwimmen gelernt. Die Frau wäre mit dem Kleinkind zu Hause geblieben, wo sie nachweislich in sechs Wochen keinen Finger gerührt hat, wie ich mich später vergewissern konnte. Ach, der Kleine war ja ein so süßer Treibauf! Mama und Papa waren verrückt nach ihm. Sie hat sich die Besuche der Schwiegermutter verbeten, was ihn sehr in Bedrängnis brachte.

13. Kapitel – August 2006 in Ortona

Ich fuhr mit dem Zug und meinem Enkel für 4 Wochen nach Ortona zu meinen Verwandten. Es war das letzte Mal, dass mein Schwager, hocherfreut über unseren Besuch, meine Familie zu Gesicht bekam. August in Ortona war unschlagbar. Eine Woche später kam mein Sohn mit dem Rest seiner Familie im Auto nach. Wir verlebten zusammen einen herrlichen Badeurlaub. Abends ließen wir den Tag bei unzähligen künstlerischen Angeboten der „Bell Art" ausklingen. Die Flaniermeile „Orientale", mit Blick auf das Meer, ist ein großer Anziehungsmagnet für nah und fern. Dolce Vita auf den Straßen, in den Bars und Eisdielen nach höchstem West-Standard; Luxus pur auf jeder Ebene. Nichts trübte die für Einheimische so wichtige Hochsaisonstimmung. Oder doch?

Da nahten eines Nachmittags, vom Strand aus sichtbar, einige schwarze Wolken über den Bergen. Das nahende Sommergewitter entwickelte sich so rasant, dass wir es nicht mehr rechtzeitig nach Hause schafften. Ein heftiger Hagelschauer mit Ei-großen Hagelkörnern legte den Verkehr lahm und zertrümmerte gnadenlos die ungeschützten Autos. Wir fürchteten, dass unsere Fenster dem Bombardement nicht standhalten können, aber wir saßen im VW-Bus, der gerade seine Bewährungsprobe bestand. Nach 5 Minuten war der Spuk vorbei, der nur einen schmalen Küstenstreifen erfasste. Mit Allradantrieb fuhren wir, durch 10 cm hohes Eis auf den Strassen, die restlichen 500 Meter nach Hause. Anderentags sahen wir die demolierten Autos am Strand. „Siehst du Ma", lacht mein Sohn, auf einen Totalschaden deutend. „Dieses Auto hat heuer den 1. Preis als Europas bestes Auto erhalten." Nicht sehr überzeugend, so unsere einhellige Meinung.

Von meiner Enkelin animiert, schickte ich einmal Urlaubsgrüße per SMS an Karim; keine Antwort. Ende August fuhren wir, allesamt braungebrannt und gut erholt, im Auto glücklich zurück nach Deutschland. Der Hund wurde geholt, er war zwischenzeitlich gut von der anderen Oma versorgt worden, und mein Sohn mit Familie wollte noch eine Woche Urlaub in ihrem Haus in Oberaudorf dran hängen. Ich kam nicht mit, hatte ich doch bereits wieder andere Pläne.

14. Kapitel – 2 Bootsurlaube Anfang bis Mitte Sept. 2006, Marmaris/Fethye – Marmaris/Rhodos

Für Anfang September hatte ich kurzerhand zwei Gegenden ausgesucht, die ich mit dem Boot erkunden wollte – alleine. Karim wusste, aufgrund seines Anrufes, dass ich am 4. September ankam, aber nur, dass ich bei TUI gebucht habe, mehr verriet ich nicht.

„Ich dich finden, kein Problem für mich, ich alle kennen.“ Ich war mittags auf dem Boot, musste aber wieder auf ein anderes, mit anderer Agentur, wechseln. Karim hatte sich bereits die Passagierlisten durchgesehen und mich dadurch nicht gefunden. Es war 23.45 Uhr, sein neunter Anruf an diesem Abend, und der Kapitän fragte, warum ich denn nicht antwortete. Also nahm ich ab und wir trafen uns im Cafe Anatolia. Er hatte ein weißes, nicht neues, aber optisch besseres Auto, fand keinen Parkplatz, im Auto sitzend bat er mich zu warten, da er weiter weg parken müsse.

Als er auf mich zukam, erschrak ich zutiefst. Lange Löckchenhaare, wie ein Schaf, umrahmten sein Gesicht, das mir fremd war. Seine Gangart war schwerfällig, die eines anatolischen Lakaien, er war dick, und ich erkannte ihn kaum wieder. Duckmäuserisch kam er auf mich zu und wollte mich umarmen. Ich aber streckte ihm, mit weitem Abstand, meinen Arm zur Begrüßung aus. Uns trennten Welten, er war mir fremd geworden. Ich fragte sehr forsch: „Was hast du mir zu sagen?“ Antwort: „Meine Frau ist heute Abend weg.“ Es hörte sich an wie „meine Liebe hat mich verlassen.“ Ich: „Warum hast du nicht auf meine SMS geantwortet?“ „So lange meine Frau da ist, ich Telefon zu machen.“ Daraufhin sagte ich: „Jeder lebt sein Leben wie er will und für dich zählt nur deine Familie

und das ist gut so, also fertig und tschüss." Er drängte auf ein paar klärende Worte und zeigte auf das Cafe. Ich aber setzte mich an die Reling. Er kotzte mich an und ich wurde sehr laut. Ringsum war Hochbetrieb und er hatte Sorge, dass die Polizei auf uns zukommen könnte. Endlich sprach ich aus, was ich dachte und sagte, dass das Meer nicht groß genug wäre, um meinen Ekel vor ihm aufzunehmen, dass er mich hintergangen, belogen und betrogen hätte. Von Ortona hatte ich ein Geschenk für ihn mitgebracht. Es war ein schönes Portemonnaie, da wo Geld liegen sollte, befand sich ein roter Zettel mit der Aufschrift, „ich habe auch kein Geld mehr, dank dir."
„Bitte hier keinen Aufstand", bat er mich. „Gehen wir doch auf das Boot vom Koch", es lag hundert Meter vor uns. Ich sagte, dass dieser Mann seine englische Freundin betrügt und Geld nie ein Trennungsgrund für uns werden würde, dafür würde ich sorgen.

Ich stand auf und wir gingen die wenigen Schritte zum Boot. Dort gab es ein freudiges Wiedersehen, Raki und Schafskäse wurden aufgetischt, die Karim, auf einen Wink zum Koch hin, orderte. Karim saß mir gegenüber am Tisch zur Strasse. Der Koch übernahm die Unterhaltung, die mich umstimmen sollte, sah zwei Engländerinnen vorbei gehen, witterte einen Daily-Trip, vielleicht kannte er sie auch, und lief zu ihnen auf die Strasse. Karim spielte schweigend mit meiner Gebetskette und war gedanklich weit weg. Wie Provokant! Ich nahm den Schafskäse vom Teller und schmiss ihn über den Tisch in sein Gesicht. Er drehte sich in letzter Sekunde schützend zur Seite und alles landete auf seinem T-Shirt. In gleicher Sekunde lief ich davon, Nebengässchen benutzend, damit er mir nicht folgen konnte. Ganz am Ende der Bootsschlange, mit Sichtweite zu dem Club, indem wir im Juli waren, bestieg ich mein Boot. Wie konnte ich nur so ausrasten, das war nicht mein Niveau.

Ich fühlte Wut und Enttäuschung, hasste mich wegen meiner Dummheit. Wieder war da diese Ohnmacht, mit der ich nicht umgehen konnte. Er machte langsam aber sicher einen bösen, hassenden Menschen aus mir.

Der Kapitän hatte auf mich gewartet und fragte, ob ich meinen Begleiter getroffen hätte. Ich zeigte ihm ein Bild von uns beiden. Er beruhigte mich, gab mir einen schönen Schlafplatz und sagte kurze Zeit später: „Da drüben steht er und sucht dich." Ich wollte ihn nicht mehr sehen, ging, vollkommen ausgelaugt, in meine Kabine. Später erfuhr ich, dass er bis 4.30 Uhr, in der Hoffnung, dass ich wiederkäme, beim Koch gewartet hatte, um dann heimzufahren.

Die erste Fahrt ging nach Kaunus. Dort stiegen wir auf ein kleines Boot um und fuhren durch Schilf, ähnlich wie am Gökova-Golf, nur gab es hier Totempfähle, vor 2500 Jahren in Stein gemeißelt. Wir besichtigten ein Amphitheater und die umliegenden Ausgrabungen. Inmitten des Schilfes war ein Restaurant auf Holzpfählen ins Wasser gebaut und bei diesem Anblick kamen mir die Tränen, es rührte mich ein unvergessenes Erlebnis mit Karim in ähnlicher Kulisse.

Alleine schlenderte ich durch den romantischen kleinen Ort; hielt ihn in Bildern fest. Wieder auf dem Boot erwartete uns ein Abendessen, wie für mich gemacht. Oja, d. h. Omelett auf tunesische Art. Mit Schafskäse und Fleisch gefüllte Fladen, Salate, dazu trank ich zwei Glas Wein, in dem Fall, eines zu viel.

Es war die Nacht vor Vollmond - unsere Nacht! Leise tönte verträumte Musik von Leonhard Cohen an Deck, wo ich mein Schlaflager richtete. Wir liegen in einer Bucht, die auch Karim ein Jahr zuvor angesteuert hatte. Denke natürlich unaufhörlich an ihn, aber den von damals. Den von heute möchte ich nicht mehr. Warum nur ist alles Schöne so vergänglich? Habe ich nicht auch ein Zipfelchen vom Glück verdient. Plötzlich keimt Hoffnung in mir auf, das noch einmal zu erleben. Was er wohl denkt? Er kann weder seine erste noch seine zweite Frau halten, ging es mir durch den Kopf, bevor ich einschlief. Den nächsten Tag fuhren wir über Buchten, eine schöner als die andere, und erreichten „Batic Hammam" mit Opferstätte, antike Reste der Vergangenheit. Ich war abgelenkt.

Alsbald sahen wir schon von weitem Fethiye. Dort machte ich mich auf die Suche nach einem neuen Bikini und Short; ohne Erfolg.

Die Truppe an Bord war Spitze, drei junge Paare und ein junger Mann, Torsten, mit seiner Mutter. Allabendlich, wenn er sich schlafen legte, sagte er zu uns: „John-Boy sagt euch gute Nacht, John-Boy hat euch alle lieb." An einsamen Buchten entlang fuhren wir langsam zurück; lebten Bootsurlaub, jeder auf seine Art. Die Küche war exzellent: Bohnen, Reis, Karotten, Melonen, Salate; ich konnte essen, ohne ein Gramm zuzunehmen. Letztes Frühstück, davor immer schwimmen, Traum-Wetter. Mein Handy blieb die ganze Zeit still. Offensichtlich hatte er nichts verloren oder gar vermisst, habe ihm genug gegeben, dachte ich verbittert. Sicher hatte seine Frau jetzt Priorität, ich war ausgemustert, fand nie statt. Wer weiß, was er ihr alles versprochen hat, im letzten Urlaub. Eine Frau an Bord fragt mich, warum ich alleine bin. Ich sagte, dass ich meinen Freund verabschiedet hätte. „Du bist ein Loser", gab sie zur Antwort und traf mich damit frontal. Ich stellte richtig, dass ich Schluss gemacht hätte, sie aber sagte: „und jetzt bist du allein und glücklich?"

Wir fahren direkt auf Marmaris zu. Plötzlich denke ich: Alles ist offen, alles ist möglich, er ist hier; doch ich habe verloren, mein Traum ist geplatzt. Gegen 15.00 Uhr rufe ich ihn an. „Hallo Schatzi, wie geht deine Reise? Ich kommen oder nix kommen?“ Ich antworte „nix kommen.“ „Aber du sagen ich kommen, ich Marmaris kommen.“ Ich wieder: „nix kommen.“ Gegen 18.00 Uhr laufen wir ein. Ich rufe ihn an und sage: „22.00 Uhr Cafe Anatolia.“ 22.05 Uhr Anruf von ihm, er sucht Parkplatz, hat Angst, dass ich wieder schimpfe, weil zu spät. Als er kurz darauf auf mich zugeht, war er wieder der Karim, den ich kannte. Wir trinken Fanta und er fragt: „Gehen?“

Er führt mich zu seinem Neuerwerb, den in aller Eile erstandenem Auto, für unseren bevorstehenden Trip. Es scheint, zumindest optisch, in Ordnung zu sein; für türkische Verhältnisse passabel. Die total kaputten Reifen sah ich in der Dunkelheit nicht. Ich frage ihn, warum er das Auto nicht schon früher gekauft hat. „Meine Frau nix sehen, ich für uns kaufen.“ „Was will, was machen jetzt?“ Ich sage zu ihm: „Du hast noch eine letzte Chance.“ Er versteht sofort und macht drei Vorschläge, wovon ich einen annehmen sollte. „Nein, du musst selbst herausfinden, was ich will.“ Er überlegt lange, fährt los, in Richtung seines Dorfes.

Über eine ungeteerte Dorfstrasse gelangen wir zu seinem Haus. Dort macht er Halt. Schwere Eisentüre, Fliegengitter. „Komm rein!“, forderte er mich auf, es ist genau 24.00 Uhr. Stolz zeigt er mir seine neue, eigens angepasste Küche in grässlichen Fliederfarben, ohne die seine Frau im August nicht gekommen wäre. „Sie hat angemalt, ihre Farben“, erwiderte er auf meinen, ins Gesicht geschriebenen Schock. „Und du?“ gab ich zu bedenken, „dir auch gefällt?“ „Mir egal“, sagte er. Dann sein Schlafzimmer. Auf den Betten stapelten sich Körbe voller zu entsorgender Wäsche, oder was? Daneben Unmengen von blauen Plastiksäcken. Ich hatte keine Ahnung, dass Türken keine Schränke haben und ihr Hab und Gut in Säcken verstauen.

Zwischen Küche und Schlafzimmer war eine Dusche vorgesehen. Aus der Wand ragte jedoch nur ein Schlauch. Man spritze sich damit kalt ab. Solar- und Sanitäreinrichtung sollten folgen, fehlen aber noch heute. Immerhin eine Toilette, aber kein Toilettenpapierhalter, auch kein Papier, da Moslems sich waschen. Mich trifft der Schlag. Aber da hatte ich noch nicht das Kinderzimmer gesehen, in dem drei Betten standen. Der Kleine schlief noch bei ihnen im Schlafzimmer, ließ ich mir sagen. Er selbst hätte weitgehend mit seinem großen Sohn auf der Terrasse geschlafen, da angenehmere Temperatur. Dann das Wohnzimmer. Eine uralte Ledergarnitur in Lila, davor ein kleiner, ca. 40 Jahre alter Tisch, der dringend nach Abschleifen und Lack schrie. Ein alter Wohnzimmerschrank allerbilligster Ikea-Ausführung. Diese Möbel hatte er im Jahr 2000 per LKW von Deutschland hierher bringen lassen. Unfassbar! An einer langen weißen Mauer, lehnte sein Gewehr. Das komplette Haus in einem fürchterlichen Zustand, wo er doch so stolz war, auf seine abgeschlossenen Renovierungsarbeiten. Ich fragte: „Karim, deine Frau war sechs Wochen hier und hat nichts gemacht?“ „Stimmt“, sagte er, „sie immer hier sitzen mit kleine Kind spielen.“ Mehr musste ich nicht wissen. Diese Frau liebte ihn nicht einen Deut, soviel war klar. Er ging mit mir auf seine große Terrasse, auch hier Gerümpel. Dahinter, im Garten, lag das ausgebaute Interieur von seinem Boot, durch Plastik-Planen vor Regen geschützt, so auch die riesige Gefriertruhe. Im anderen Teil des Gartens eine Voliere, in der sich Tauben, Steinhühner, Enten und was weiß ich nicht alles, tummelte. Es war Nacht und so konnte ich kaum was sehen von den schönen Mandarinen-, Granatapfel-, Kiwi-, und anderen Obst-Bäumen.

Es war mein erstes türkisches Privathaus, das ich sah; es übertraf meine Vorstellungen. Wir gehen ins Wohnzimmer und er bietet mir Wasser an aus zwei Gallonen. Eine ist gefroren, die andere trinkbar, ich darf wählen. Er holt ein Glas und gießt mir ein. Wie immer, spricht er nicht. Was sind das plötzlich für Laute? Es ist die Zeit der Esel, Katzen, Hunde, Hühner, die nächtlich, um die gleiche Zeit, ihr Konzert beginnen, da um diese Zeit die Wildschweine von den Bergen in die Felder einfallen, um Mais, Melonen und alles angepflanzte, zu fressen; lasse ich mich aufklären.

Die Anspannung der vergangenen Woche, jetzt das, für mich das alles ein bisschen viel auf einmal, ich krache buchstäblich zusammen. Ein Schleier fällt von meinen Augen und ich stammele fassungslos: „ich habe den falschen Mann geliebt." Er legt mich auf seine Beine und ich schlafe bei lautem Eselsgeschrei und Hühnergegacker ein. Um 4.00 Uhr läutet der Wecker, wir haben Sex, oder eher einen Quicky, für den er sich aufrichtig bedankt, und fahren im Dunkeln zurück nach Marmaris. An einem Waldstück hält er an und ich sehe schemenhaft, wie er ins Unterholz geht, um dort was zu holen. Ich frage, was das ist, was er zu seinen Füßen deponiert hat. „Ein Gewehr", sagt er. Tags zuvor wären so viele Kontrollen wegen Terrorismus gewesen, dass er es hier versteckt hielt. „Jetzt, nachts keine Kontrolle", gibt er zu verstehen. Ich frage unerschrocken: „Jetzt ich dran?" Und es war mir sehr ernst damit. Er legt mir die Hand aufs Knie und sagt lachend, „nein Schatzi, keine Angsch, und meint Angst!" Und sofort darauf: „Jetzt ich habe Hunger, wir Suppe essen?" Ich stimme zu. So war unser Verhältnis, immer am Rand des Abgrunds, besser nicht zu beschreiben.

Er findet ein Lokal, das 24-Stunden geöffnet hat. Es ist 5.00 Uhr früh, und das Lokal sehr stark besucht, alles Einheimische, teilweise mit sehr teuren Autos, auch mit deutschen Kennzeichen. Er isst mit großem Appetit, gibt reichlich Zitrone in die Suppe. Warum fragt er nie nach meinem Italien-Urlaub oder der vergangenen Woche? Er ist etwas ‚durch den Wind geschossen' und will mich, seine Schatzi, nicht verlieren, lässt er hören. Er fährt mich zu meinem neuen Boot, hebt mich, auf die nachts aufgezogene Brücke, und fährt, nicht ohne sein Versprechen, nach Datca zu kommen, wieder nach Hause. Auch auf diesem Boot klappt nicht alles und wir fahren einen Tag später ab, ich erfahre es zu spät, für ein weiteres Treffen mit ihm. Wieder ein Tag und eine Nacht verloren. Mein Sturkopf musste arg büssen. Abends gegen 22.00 Uhr sage ich ihm gute Nacht, teile ihm mein Debakel mit. Er ist traurig, will sofort kommen, ich verneine, es ist zu spät.

Anderentags geht es nach einem Willkommens-Frühstück endlich ab nach Rhodos. Schade, er wollte so gerne mit, Rhodos liebte er, und das neue Boot wäre ideal dafür gewesen. Große Kabine und Luxus für 300 Euro, die ich nicht bereit war, zu zahlen. In Kleinigkeiten bin ich knauserig, außerdem wollte ich meine Reise wie vorgesehen alleine absolvieren und er sollte darben. Falsche Entscheidung! Die Altstadt von Rhodos gleicht Ortona in Italien. Konische Bauten, wie ich sie liebe. Straßen aus einer Epoche, die Sehnsucht weckt. Einzig die Moscheen gibt es dort nicht, aber hier. Orthodoxe Priester laufen durch die Strassen, die mit großen Kopfsteinen ausgelegt sind und an längst vergessene Zeiten erinnern. In einem Schaufenster sehe ich Karims griechisches T-Shirt. Ich gehe in den Laden und eine freundliche Griechin meines Alters fragt verwundert, woher ich ihre Sachen kenne. Ich erzähle kurz von meinem türkischen Kapitän und kaufe gleich mehrere in verschiedenen

Farben, da sie sicher einmalig waren und ich sie anderswo noch nie gesehen hatte. Außerdem einen handgewebten Badeteppich mit Meerestieren eingesponnen, eine Schiffslupe, Kette und diverses Kleinod. Die Frau sagte, dass ihre Familie schon seit zwei Generationen den Laden führe, aber bald vor der Pleite stehe, wegen der explodierenden Preise seit Euro-Einführung. Ich tröstete sie, dass Deutschland und Italien das bereits hinter sich hätten und auch die Griechen es schaffen würden. Sie gab mir noch von sich aus Rabatt und wir waren für einen Moment Freunde geworden. Gerne erinnere ich mich an sie.

Auf der Strasse spricht mich eine Italienerin in Italienisch an, weil sie in mir eine Landsmännin vermutete. Sie stellt sich vor, ist 65 Jahre, sehr elegant, sieht locker 20 Jahre jünger aus, und warnt mich: „Wenn du alleine reist, gehe mit Niemand in sein Haus und bringe auch Niemand zu dir, gebe niemals deine Adresse. Speziell wenn die Männer ahnen, dass du Geld hast, bist du verloren. Es gibt so viele, überall, die nur daran interessiert sind, und dir das blaue vom Himmel lügen." Sie lud mich in ihr Haus ein, das unweit von hier wäre. Mir war sofort klar, dass mir diese Frau ein Wink des Schicksals, sprich Schnuffi, geschickt hatte.

Ich war leider in Zeitnot, musste noch Alkohol besorgen für den Koch, den ich ihm beim letzten Besuch versprach. Ganz knapp vor Auslauf erreichte ich das Boot, das uns zu einer Einsiedelei eines griechischen Mönchs brachte. Weiter ging es zur Insel Simie. Auf einem Titelblatt einer Illustrierten am Flughafen sah ich die Schauspielerin Michaela May, die, mit einem Blumenkranz im Haar, kürzlich hier zum zweiten Mal geheiratet hatte. Die Küste ähnelt der von Amalfie in Italien, ist aber griechisch-orthodox und einfach traumhaft. Ein schöneres Fleckchen Erde ist schwer zu finden, da die Idylle perfekt ist. Abends ging ich mit einigen anderen Bootsmitgliedern auf eine Anhöhe, um die beleuchtete Abendkulisse von der Terrasse eines Lokales aus, bei einem Glas Wein, zu genießen. Zu zweit, mit Karim - wie ich ihn wieder vermisste!

Heute geht es nach Datca. Wir dürfen nicht lange bleiben, die üblichen Schwierigkeiten mit der Anlegestelle. In einem kleinen Kaffee am Pier esse ich griechischen Yoghurt mit Honig und Nüssen. Schnell kaufe ich noch Gewürze ein und eile zurück zum Boot. Wir fahren zu einer einsamen Bucht, davor zwei Restaurants, die jedoch nachts geschlossen haben. Wir sind ganz alleine hier, irgendwie unheimlich. Das Firmament über mir, aus ‚tausend und einer Nacht' überwältigt mich, der Mond spricht zu mir. Ich weine, fühle mich unendlich einsam, verlassen und verloren. In die Stille ruft mein Mann ganz klar zweimal meinen Namen: „Anna, Anna!" Ich erschrecke, habe Angst zu halluzinieren. Dann rufe ich Karim an. Sofort merkt er, dass was nicht stimmt mit mir und bittet mich inständig, bis Morgen auf ihn zu warten. Er würde mich von Bozburun abholen, das wir ja beide schon besucht hatten. Er kannte sich wohl aus mit solchen Stimmungen, nicht auszuschließen, dass er sie selbst erlebt hat. Für mich war diese Erfahrung in der dunklen Nacht auf dem Meer neu. Erst nach einer neuerlichen Mahnung „Schatzi, du aufpassen!" Legte er mit einem Kuss auf. Er wusste immer wo ich gerade war, da er die Route ja selbst oft gefahren ist.

Nach dem Frühstück telefoniert Murat, der Kapitän, mit Karim, um ihm genau zu sagen, wann wir wo eintreffen würden. Heute herrscht Revolte an Bord. Die anderen Touristen wollten nicht nur immer einsame Buchten, sondern abends auch mal ausgehen. Hatten sie gestern, in dieser Bucht, auch einen Koller? Ich packe für die restlichen drei Tage eine Tasche und lasse den

Koffer an Bord. Gegen Nachmittag erreichen wir den verabredeten Platz. Ich stehe am Bug und halte Ausschau nach Karim, sehe eine Moschee und vermute ihn dort. Er steht direkt daneben, geht langsam auf die andere Hafen-Seite, wohl wissend, dass wir rückwärts dort einparken müssen. Schnell springe ich von Bord. Er ist ebenso glücklich wie ich, die ich ihn frage, ob ich die restlichen Tage mit ihm verbringen könne. Er nickt und blitzt mich voller Liebe an. So hole ich die Tasche, er trägt sie zum Auto und wir fahren los und schauen uns zunächst Bozburun an.

Danach fahren wir zum Restaurant seines Freundes, der sich freut, uns so schnell wieder zu sehen. Wir essen Fisch, essen Eis, trinken Kaffee und beide erzählen sich die letzten Neuigkeiten. Es wird Abend und ich frage, Karim, „wo schlafen wir denn?“ „Schlafen kein Problem“, sagt er und fährt in Richtung seines Dorfes. Natürlich denke ich, zu ihm. Aber er fährt durch, in den nächsten Ort, und da lese ich auf einem Orts-Schild einen Namen, den ich 1 Jahr lang im Internet immer wieder aufrief, weil mir der Ort so gefiel. Dort gab es zwei Pensionen, die ich virtuell oft durchgegangen bin.

Wir sind bei Ibrahim gelandet und ich glaubte meinen Augen nicht zu trauen, wie konnte er meinen Traum finden, das war unmöglich! Karim rief laut einen Namen, aber da war niemand. Dann telefonierte er und es kam ein Mann, den mir Karim als Verwandten und Besitzer dieser Pensionen vorstellte. Der Mann lud mich in perfektem Deutsch ein, das einzig freie Appartement anzuschauen, das nur durch eine unvorhergesehene Absage heute frei geworden wäre. Morgen könnten wir ein anderes beziehen. Es war nachts um 1.00 Uhr und die Zimmer geräumig. Ich hatte von Deutschland mehrere Tüten Nescafé Cappuccino für die Boots-Tour dabei. Karim kochte

Wasser und wir machten es uns gemütlich, aßen dazu seine Lieblings-Kekse und waren beide hochzufrieden.

Dieses Mal war er sehr zärtlich. Friedlich und liebevoll schliefen wir, wie ein altes Ehepaar, ein. Anderentags gingen wir an den Strand, besuchten auf meinen Wunsch hin ein Immobilengeschäft, das ich vom Internet her kannte. Ich fragte nach Wohnungen hier und der Makler gab mir in Deutsch Auskunft. Deutsche würden eine Wohnung mit 80 qm, direkt am Meer verkaufen, da sie aus Altersgründen wieder in die Heimat zurückgingen; 65.000 Euro, so ihre Preis-Vorstellung. Karim schüttelte den Kopf. Trotzdem freute es mich, das alleine angegangen zu haben. Er hatte im gleichen Ort sein Boot bei einem Makler offeriert, „wenn ich kaufen, dann dort“, dieser ist seriöser, guter Mann, entschied er. Wir schlenderten durch den bezaubernden Ort und ich sagte, dass ich mir vorstellen könne, hier zu leben. Viel später gestand er mir, dass er 2004 hier mit seiner Frau ein Haus gemietet hatte, direkt am Fluss zum Meer, aber nicht halten konnte.

Am Palmenstrand entlang gingen wir essen, nicht bevor er mich gefragt hatte, ob es gefällt. Ein Freund, ein Koloss von einem Mann, sein Dorf-Nachbar und einziger enger Vertrauter, mit seinen drei Kindern, kam vorbei, sie waren schwimmen. Er stellte ihn mir vor, bat ihn, sich zu uns zu setzen; er blieb aber nicht lange. Die servierten Portionen waren für eine Kompanie gedacht und von mir nicht zu schaffen. „Hier nicht gut, Wasser nicht sauber, Erdbeben etc.“ Er machte mir während des Essens den Ort buchstäblich madig. Es war eindeutig, dass ich hier nichts verloren hatte.

Danach zeigte er mir noch die schöne Gegend am Fluss, die mich immer mehr begeisterte. An einem romantischen Lokal am Golf macht er Halt. Wir sitzen auf Holz-Stühlen an einem schief gezimmerten Tisch auf schiefen Holz-Stühlen im flachen Wasser, um uns Enten, die aus dem Schilf kommen, auch Schildkröten gab es. Wir trinken Raki, Wein und essen Melone mit Schafskäse. Leise Schmusemusik untermalt die Romantik der Natur. Das ist sein zu Hause, warum nur ging seine Frau freiwillig aus diesem Paradies zurück nach Deutschland; wegen Geld? Sie hatte doch zwei Hände, mit denen sie ihr eigenes Paradies gestalten konnte für die Familie. Gab es was Lohnenderes? „Ja du, du sicher arbeiten und bleiben, meine Frau keine Lust“, meinte Karim. Niemand würde mich hier wegbringen, dachte ich bei unserem Aufbruch in die Pension. Jetzt war ein noch schöneres Appartement frei und wir zogen um. Genau so eine Wohnung wie diese hier am Meer will ich, sagte ich überglücklich. Von nebenan erklang Gitarrenmusik und wieder einmal war der Himmel voller Geigen. Wir liebten uns wie am ersten Tag. Karim hatte Brot, Nüsse, Trauben und Wasser gekauft, die er jetzt auspackte und ästhetisch anrichtete, was er nie unterließ. Zu trinken gab es anschließend Whisky und Cola. Wir gingen noch auf einen kurzen Plausch zum Besitzer mit seiner Frau, die unter einer Pergola saßen und unterhielten uns angeregt bei einem Cay. Der Besitzer war Türke, seit 30 Jahren in Wien, Lehrer, und hatte sich mit seiner türkischen Frau den Besitz aufgebaut. Er hatte auch noch ein traumhaft schönes Haus, unweit der Pensionen, musste aber kommende Woche nach Wien zurück, da Saisonende. Sein Sohn hätte die Geschäfte übernommen, der mache das per Internet, was offensichtlich funktioniere, gab er konsterniert zu, wie er an mir feststellen konnte. Eine rauschende Liebesnacht sollte diesen Tag beenden.

Nach dem Frühstück, es ist schon 11.00 Uhr, fahren wir in Richtung „Englisch Hafen“ und machen im dortigen Restaurant Pause. Sein Freund bringt Orangensaft und türkischen Kaffee, ich werde ihm vorgestellt. Mir fällt auf, dass sein bester und einziger Freund und auch dieser Mann, ehrliche, aufrichtige Männer sind, im Gegensatz zu ihm. Sie sind höflich, kurz angebunden; distanzieren sich aber sofort von mir.

Über Schottersteine und Klippen fahren wir zu einer einsamen Bucht. Dort nehmen wir ein Bad, machen Mani- und Pediküre und anschließend ein Picknick, bestehend aus Brot, Trauben und Nüssen sowie Halva, das wir mit Wein runterspülen. Karim liebt diese Gegend um den englischen Hafen und schwärmt ständig von einem eigenen Haus hier mit mir. Er erzählt mir von einem alten Schriftsteller, der hier als Einsiedler lebte, mit einer deutschen Lehrerin verheiratet war, jetzt in Istanbul lebe, und ihm 1985 in Bodrum ein Buch geschenkt habe, das er mir sehr naiv und mühsam beschreibt. Auch ich hatte ihm ein Buch in türkischer Sprache geschenkt von Paulo Coelho „der Alchimist", von dem er begeistert war. „Siehst du, dein Gold hier in deiner Heimat, nie weggehen", ermahnte ich ihn.

Der Nachmittag verging wie im Flug. Wir müssen zurück nach Marmaris. Die Dame von der Agentur sagt, dass ich morgen um 7.00 Uhr abgeholt werde zum Flughafen, sie grüßt Karim, beide kennen sich. Vom Boot hole ich den auf Rhodos gekauften Alkohol und wir bringen ihn zum Koch. „Warum hast du für ihn Alkohol gekauft?", fragte er mich, der davon nichts mitgekriegt hatte. „Das ist dein Freund und meine Sache, du auch nicht alles wissen, was Anna machen", sagte ich keck. Der Koch freute sich, sprang fröhlich gelaunt herum, und ich wurde von der Engländerin bezahlt, die mir ihr Drama mit ihm schilderte; heute mir bekannte Beziehungskrisen mit Türken.

Wir gehen noch Adidas-Schuhe holen, die ich vor einer Woche orderte und aus Izmir geliefert wurden. Außerdem kauften wir noch ein paar alte türkische Filme auf DVD und die neueste türkische Pop-Musik auf CD. Jetzt hatten wir aber Hunger. Er fand ein sehr gutes, einheimisches Restaurant, wo wir mit viel Appetit speisten. Danach folgte unsere letzte Nacht – Surprise!

Wir umfahren Marmaris. Terroristen, natürlich Kurden, wie er sagt, haben letzte Nacht einen Soldaten verletzt, sind in den Wald abgehauen und wurden jetzt gesucht. Deshalb blieben auch wir nicht vor den vielen Polizeikontrollen verschont.

Karim will mit mir Tanzen gehen. Ich kann es nicht fassen. Unseren Club passierend, in dem wir im Juli waren, „do you remember?" fragend fuhr er durch den Wald ans Meer. Ohne Zusammenhang äußert er eine Bitte: „Ich habe meiner Frau gesagt, als sie nach dir fragte, du bist eine Frau von blaue Boot Reise. Falls sie bei dir anruft, sage bitte das gleiche." Immer diese Lügen. „Warum soll ich das sagen, bin ich eine x-beliebige ‚blaue Boot Reise Frau' für dich?", fragte ich zurück. „Du immer alles falsch verstehen, ich nicht will, du Ärger." Ich hatte ja keinen Schimmer von der Wahrheit. Vor lauter Wut erzählte ich ihm, dass ich in jungen Jahren an einem Tag neun Liebhaber gehabt hätte, alles Italiener und Franzosen. Er war geschockt, ob meiner ausführlichen Beschreibung, die mir mühelos einfiel. Hinterfragte wo das gewesen wäre und ich erfand „Cóte d' Azur". Lüge, nichts als Lüge, aber wo wir schon dabei waren, wollte auch ich meinen Teil dazu beitragen. Es machte ihn an, er will die Sitze nach hinten klappen, was erst unter Einsatz von roher Gewalt gelingt. Schimpfend bemerkt er den schlechten Zustand des Autos, ein Fehlkauf, wie sich auch im hohen Benzinverbrauch herausstellt.

Wir lieben uns wie Teenager im Auto, hören die Musik vom Hotel, indem wir tanzen wollen, und schlafen beide ein.

Ein lautes Klopfen an die Windschutzscheibe lässt uns hochschrecken. Zwei Polizisten wollen unsere Pässe kontrollieren, einer bleibt in Sichtweite vor dem Auto, in dem wir uns umständlich anziehen. Sie kommen zurück, sagen dass alles o.k. ist, wir aber hier weg müssten. Karim und ich können uns kaum halten vor Lachen, während er versucht, das Auto, mit einem Reifen bereits im Meer versunken, über Wurzeln fahrend, aus dem dunklen Wald zu lenken. Eine Meisterleistung seinerseits, die ihm Respekt zollte. Die Musik war verstummt, es ist 2.00 Uhr nachts und er muss noch 25 Kilometer zurück zu meinem Boot. Dort verabschiedet er sich, wie üblich, rasch und emotionslos, um mit 1000 Euro reicher nach Hause zu fahren. Ich packe, dusche und schlafe bis 6.30 Uhr, bevor ich abgeholt werde; zurück nach Deutschland.

15. Kapitel – Deutschland, 4 Wochen im Oktober 2006

Anfang Oktober hole ich ihn, informiert durch eine SMS, vom Flughafen ab, mit zwei Koffern in der Hand. In einem seine persönlichen Sachen, der andere voll mit Granatäpfeln, von denen er mir auch einige gibt. „Viel schwer Schatzi, aber ich nix Übergepäck zahlen bei Frau." Ich konnte mir gut vorstellen, mit welchem Blick er die angeschaut hatte.

Monate später, erfahre ich in einer öffentlichen Lesung eines israelischen Schriftstellers folgende Rezitation: Granatäpfel = Liebe/Glück, Tränen, Trennung. Ich ahnte die drohende Verbindung, schickte ihm dies als SMS, aber er verstand nicht. Er hatte mir außerdem eine Stange Zigaretten mitgebracht und eine Kette mit Armreif in Türkies. Dann zeigte er mir das Armband für seine Tochter und ich erblasste vor Neid (jetzt, durch ihn, kenne ich auch dieses Gefühl) und Schönheit; das war echte Liebe.

Er musste schnellstens zu seiner schwer kranken Tochter, die im Krankenhaus liegt – angeblich Herzprobleme. Eine 16-jährige mit Herzproblemen? Nach vier Stunden Aufenthalt in meiner Wohnung und einer unglaublich undurchsichtigen Geschichte, geht es ab zum nächst gelegenen Bahnhof seiner Heimatstadt. „Ich melde mich wieder, ich anrufen." Funkstille. Drei Wochen später sein Anruf vom Bahnhof aus: „Ich kommen." Er braucht für eine Stunde Autofahrt 5 Stunden, 20 Minuten mit dem Zug. Er hält wieder Märchenstunde, anders sind seine Schilderungen nicht zu bezeichnen. Die Frau hätte ihm, nach heftigen Auseinandersetzungen, wohl letztendlich die Türe gewiesen mit den Worten: Noch ein Maul könne sie nicht stopfen. Ich gab ihm meine Zweifel an seiner Darstellung kund, blickte nicht durch; an der Geschichte passte gar nichts. Daraufhin wurde er wortkarg, und blieb es die ganze Woche über. Der ganze Mann ein Jammertal, trotz wunderschönem Herbst. Alle Abwechslung, die ich ihm bot, Radfahren, Grillen auf der Terrasse, indische Restaurant-Besuche, und Ausflüge in unser schönes Hinterland, brachten keinen Stimmungswechsel.

Vielleicht half ein Besuch bei meinen Freunden, ehemaligen Nachbarn. Tatsächlich, die Leute nahmen ihn, entgegen meiner Erwartung, herzlich auf, sie waren geradezu begeistert von ihm, nicht ohne seine strahlend weißen Zähne bewundernd zu bemerken. Seit Jahrzehnten Camper, kannten sie ganz Griechenland und genug einsame Buchten, die auch sie so sehr liebten. Er bedauerte sehr, dass mir das zu einsam wäre und ich Städte bevorzugen würde. Er ließ auch keine Chance verstreichen, mich blöd dastehen zu lassen. Die beiden passten wunderbar in seinen Strategieplan. Nach südländischer Bewirtung war er voll des Lobes. Mir reichte es, hatte er doch auch hier verstanden, sich einzuschleimen, mit seiner introvertierten Art.

Er drängte auf baldige Rückkehr und so kaufte ich, er war wie immer abgebrannt, per Internet das Ticket. Die Condor verlangte für sein Übergepäck 50 Euro extra; er hatte zu viel eingekauft und doch nicht alles, was er eigentlich mitnehmen wollte, so bezahlte ich auch das. Welch ein Glück für ihn, dass ich mitkam zum Einchecken. „Schatzi, ohne Auto ganz schlecht, besser mit Auto, du selber sehen." Er hatte mir bis zur letzten Minute schnell noch die Sommer- in Winterreifen gewechselt und sagte doch tatsächlich scherzend, das wäre jetzt sein Arbeitslohn. Natürlich hatte er daneben noch 1000 Euro als Überlebenshilfe für die Türkei im Gepäck; irgendwie war es dem Schwerenöter wieder gelungen, mich zu überzeugen, dass er ohne meine Hilfe aufgeschmissen war.

16. Kapitel – Januar 2007, Deutschland

Am 17.01.2007 erhalte ich seinen Anruf. Er ist seit zweitem Weihnachtstag bei seiner deutschen Familie, baut Haus aus. Tolle Nachricht! Er hatte mich zwischendurch zweimal angerufen; einmal am 29.11. und dann am 25.12.2006, kurz vor seinem Abflug nach Deutschland, aber nicht weiter informiert.

Noch in gleicher Nacht, kurz vor Mitternacht, kommt er zu mir. Ich liege fiebrig mit Grippe im Bett. Er erzählt, dass er endlich sein Boot verkaufen will, weil er Geld braucht, um Hypothek zurückzuzahlen. Die Frau hätte in ein anderes Haus gemusst, weil der Staat, wegen Gesetzesänderung, nicht mehr für die bisherige hohe Miete aufkommen wolle. Er schufte wie ein Pferd, renoviere komplett ein altes Haus, in das sie umziehen werden, hatte alleine den Umzug zu bewältigen und keine Zeit für mich. Seine Frau würde ihm nicht einmal Essen bringen, auch nicht vorbeischauen, um nach dem Rechten sehen. Er müsse im kalten Haus schlafen, wie ein Penner. Der mit Holz zu befeuernde Kachelofen wäre noch nicht fertig, aber bald. „Bei dir schön warm“, sagte er, einen heißen Tee schlürfend. Den Rest der Geschichte nehme ich nicht mehr auf, da uninteressiert.

Er sieht, dass es mir schlecht geht und verspricht, Anfang Februar zu kommen, da er Visum brauche. Gewissensbisse vermisse ich bei ihm, er ist ausschließlich mit seinen Problemen beschäftigt. Aber er macht mir ein außerordentliches Angebot: Mitten im Winter, auf eis- und schneeglatten Strassen, soll ich mit ihm über Bari nach Griechenland in die Türkei zurückfahren. Glaubte er ernsthaft, dass ich mir das antun würde? Hatte ich ihm nicht von meiner letzten winterlichen Reise mit 80 km Stau über den Brenner erzählt, dessen Überleben ich einzig den genialen Fahrkünsten meines Schnuffis zu verdanken hatte, der, das hatte ich noch nicht erwähnt, am gleichen Tag wie Michael Schuhmacher geboren war, deshalb seine Affinität zur Formel 1. Um 5.30 Uhr ist Karim bereit zum Aufbruch, gekleidet in einen Anzug aus Kamelhaaren, den ich später in Anatolien eingehend kennen lernen sollte und indem er wohl die ganze Winterzeit arbeitete und schlief, darunter lange Unterhosen. An der Türe dreht er sich noch einmal um, öffnet seine Hose und will mit mir Schlafen. „Das kratzige Ding ziehst du aus!", forderte ich. Leichter gesagt als getan, das Teil hatte viele Knöpfe und hinterließ Spuren, dass es hinterher wie in einem Stall aussah; besser, er hätte es angelassen, das Gebotene war die Umstände nicht wert. Besser kein als schlechter Sex. Der Meinung war nur ich, er hatte sich in der verspiegelten Schrankwand dabei beobachtet und fand sich wohl gut. Der Mann war voller Überraschungen, wie sich beim nächsten Treffen wieder zeigte.

Meine Schwester lud mich zu einem Spaziergang mit dem Hund ein, der Auslauf brauchte. Gerade lamentierte ich darüber, dass sich Karim nie telefonisch meldete und ich somit in ständiger Warteposition leben müsse, was mir zum Hals raushinge. Wir bogen soeben um das Haus, in Richtung See, als ich ihn im letzten Augenblick hinter der Frontscheibe seines geliehenen Autos erkannte. Ich glaubte, nicht richtig zu sehen, winkte, und da erkannte mich auch Karim, der uns zuvor ebenfalls nicht bemerkt hatte. Er parkte an der gegenüberliegenden Kreuzung, und kam uns im „John Wayne Schritt" und „Poker Face" entgegen. „Da hast du aber Glück gehabt, normal wollten wir hinten herum gehen", sagte ich grob. Er entgegnete lächelnd: „Normal ich bei deine Garten parken, heute ich denken, nein, hier besser, ich wissen, du hier." Ich bot ihm an, mitzugehen, aber meine Schwester wehrte ab, schlug vor, mit ihm nach Hause zu gehen.

Er kam gerade vom Konsulat, hatte einen neuen Pass mit digitaler Kennzeichnung und berichtete von seinem Erlebnis mit dem Konsul, der aus Ankara kommend, aus seinem Dorf stammte und ihn zum Essen einlud. Aha, daher die gute Stimmung, so einen Dussel hatte er in all seinen heiklen Angelegenheiten. „Warum hast du mich nicht angerufen?“ „Ich Überraschung lieben“, sagte er, überheblich grinsend. Ich kam mir kontrolliert vor und sagte ihm das auch. Da erfand er schnell eine Ausrede, die ihn entschuldigte. Ich war es leid, diese Warterei wegen nichts. Er fuhr, auf die Uhr deutend, „schon zu spät Schatzi“, zurück zu seiner Frau. „Geh mit Gott, aber geh“, dachte ich, warum war er gekommen? Vor seiner Rückreise kam er wieder unangemeldet, erreichte mich nicht, und verblieb eine Stunde im Haus meiner Schwester, die ihn mit Kaffee und Kuchen versorgte, mich unentwegt versuchte, telefonisch zu erreichen. Ich holte ihn dort ab, war sauer, und begrüße ihn per Handschlag mit „Hosgeldiniz, Efendim“. Er stand da, in seinem abgenutzten Anzug und Sommerschuhen.

Mir war nicht nach Einladung. Auf dem Weg zu mir schleuderte ich ihm entgegen, dass es vor ihm einen Kurden gegeben habe und er nicht der erste Mann in meinem Bett war. Das passte zwar nicht, aber bei ihm passte noch mehr nicht. Er verlor kein Wort über seine lange Zeit mit der Familie, auf Fragen antwortete er provokativ „weiß nicht.“ Wieder entschuldigte er sich kurz darauf und fuhr zu seiner Familie zurück. Was suchte er bei mir, warum zum Teufel blieb er nicht einfach bei seiner Familie und ließ mich in Frieden; wollte er Geld? Pech gehabt.

17. Kapitel – Westtürkei-Rundreise, Februar 2007

Aus purem Trotz und ehrlich, weil ich mehr über sein Land wissen wollte, buchte ich Mitte Februar eine Rundreise „West-Türkei“, beginnend von Istanbul über die bekannten Highlights wie Ephesus, Kusadasi, Pergamon, Troja, Canakkale - das ich bald wieder sehen würde - Pamukkale über die Berge Muglas nach Antalya. Nicht übel, die Reise. Vor allem ein Reiseteilnehmer, Holländer, wurde zu meinem angenehmen, unaufdringlichen Schatten. Immer zugegen, wenn man ihn brauchte, mich erheiternd mit seinem lieb klingendem Deutsch, ein Eigenbrödler, aber in diesem Fall genau der richtige für mich. Allerdings saß während der Reise ein amerikanisches Ehepaar vor mir, das sich als Jesus verehrendes Sektenmitglied herausstellte. Zum Abschied nahmen sie mich und den Holländer während eines geschickt arrangierten Spaziergangs durch einen mediterranen Garten in die Zange, schenkten uns beim Abendessen einige Bücher und versuchten mit Nachdruck uns die Vorteile ihrer Gemeinschaft schmackhaft zu machen. Woraufhin ich erklärte, als katholische Christin genug über Jesus zu wissen und mein holländischer Nachbar sie mit der Nachricht schockierte, dass er seit Jahren zum Islam übergetreten wäre. Sie aber blieben freundlich und hinterließen ihre Adressen mit E-Mail, falls wir je nach Georgia kämen, wären wir stets herzlich willkommen auf ihrer großen Farm.

Während die meisten der übrigen Gäste abreisten, hatte ich noch eine Woche im Titanic-Hotel in Lara, gebucht. Das Hotel war total belegt von Hand- und Fußballern aus aller Herren Länder, die dort ihr Training absolvierten. Eine Gruppe war besonders auffallend, sie war, man glaubt es nicht, aus der deutschen Heimatstadt von Karim. Gut, dass er nicht dabei war, das hätte ins Auge gehen können, zumal sich unter den

Mannschaftsmitgliedern auch Türken befanden. Ich hatte von allen Seiten her Anschluss und Einladungen ohne Ende, was ich aber nicht wollte.

So fuhr ich alleine mit dem Dolmus nach Antalya auf den Basar, ging zum Hafen, zum Friseur und war so richtig zufrieden mit mir und meinem Programm. Im Dolmus sprach mich ein Mann in gutem Deutsch an, dem ich jedoch keine Aufmerksamkeit schenkte. Zurück ins Hotel, schrie jemand „Hallo, jetzt erst von Antalya zurück?“ Es war der Mann, der mit seinem Freund, den er mir kurz vorstellte, vor seiner Boutique bei einem Cay saß. Er fragte: „Zeig doch mal her, was du gekauft hast? Er lobte vier Jeans, die fünfte wäre ein Fall für den Umtausch. Gerne würde er das übernehmen für mich, aber diese Marke führe er nicht. „Bei mir nur Stammpublikum“, sagte er und tatsächlich kamen jede Menge Touristen bei ihm einkaufen, die ihn herzlich begrüßten und die er beim Namen nannte. „Warum warst du so abweisend, ich habe dir doch gesagt, dass ich vor Titanic einen Laden habe.“ Ehrlich, ich konnte mich nicht erinnern, war vermutlich nicht auf Sendung.

Mehmet war jahrelang Disc-Jockey in der größten Disco Antalyas und wirkte total müde und ausgebrannt. Nach einigem Plaudern und einem unvergessenen Granatapfeltee, serviert von seinem Freund, ging ich zurück ins Hotel, wo mir bereits Damen im Abendkleid entgegen kamen. Ich war geschafft und blieb auf dem Zimmer. Tags darauf wurde ich von allen Seiten angesprochen, man hatte mich letzte Nacht vermisst.

Angespornt durch die vielen Sportler brachte ich mich in dieser Woche richtig fit durch lange Strandläufe, Gymnastik, Schwimmen und Massagen. Die Sonne verhalf mir zu leicht gebräunter Haut, ein schöner Nebeneffekt. So benutzte ich kaum den Lift in den 7. Stock, sondern bevorzugte die Treppen. Eines Morgens war ich ziemlich knapp dran zum Frühstück und jemand hielt mir den Lift auf, als ich gerade zu den Stufen laufen wollte. „Merci“ sagte ich gutgelaunt und „Günaydin, nasisiniz?“ Erst da bemerkte ich den Mann, der im korrekten Anzug mit Krawatte da stand. Er bedankte sich höflich und ich verschwand im Restaurant. Bei Yoghurt angelangt, meinem absoluten Favoritenessen in der Türkei, räusperte sich hinter mir ein Mann. In gebrochenem Deutsch bat er mich, Platz nehmen zu dürfen. Nun, ja, bitte! Er stellte sich vor und ich erkannte den Mann aus dem Lift. Er hieß Süyleman, kam aus Anatolien, und war hier auf einem 1-wöchigen Seminar für den Vertrieb von Landmaschinen. Mir war noch gar nicht aufgefallen, dass vor dem Hotel Traktoren ausgestellt waren, die er mir umgehend zeigen wollte, sofern ich etwas Zeit hätte. Höflichkeitshalber sagte ich zu und ich erfuhr alles über den neuen koreanischen Markt, der mit seinen Neuheiten an Maschinen in die Türkei drängte. Er verabschiedete sich entschuldigend, da die Seminarteilnahme Pflicht sei und er schon zu spät wäre. Mir war das nur recht und ich verschwendete keinen weiteren Gedanken mehr an ihn.

Mein Programm für den Tag war ebenfalls knalldicht und ich musste mich sputen, wollte ich noch alles schaffen. Abends war Show mit anschließender Live-Musik. Alle Aufforderungen zum Tanz lehnte ich ab, auf meinen Fuß deutend, der aber völlig intakt war. Ein lieber Kegelvereinsbruder aus dem Westerwald sank vor mir auf die Knie und bat mich, ihm die Gnade eines Tanzes zu gewähren. Beschämt, ob der Blicke der Männer ringsum, schlug ich seine Bitte ab. So tanze er für mich alleine auf der Bühne, wie er sich ausdrückte, und das war nicht schlecht. Später, an der Bar oben, befand ich mich in einer netten Clique unterhaltsamer Sportler, als mir der Barmann einen Drink überreichte, indem er auf Süyleman deutete. Der prostete mir zu und machte Anstalten, zu ihm zu gehen. Ich kam seiner Aufforderung nach, sprach ein paar belanglose Höflichkeiten und ging wieder an meinen Platz. Es wurde eine lange Nacht, in der viele Witze erzählt wurden und entsprechende Stimmung herrschte, da die Clique abreiste.

Schön, diese Woche. Morgens vom Restaurant-Manager mit einer Rose erwartet und bis in den Abend Einladungen in Empfang nehmend oder auch nicht. Karim hatte einige Male versucht, mich zu erreichen, zeigte mein Handy an, aber er sollte auch mal warten. Am anderen Morgen, beim Frühstück: „Wo bist du?“, „ich bin in Antalya.“ Ich wollte mir meine gute Stimmung von ihm nicht vermiesen lassen und fasste das Gespräch ziemlich kurz. Soll er doch schmollen, warum hat er sich auch nicht gekümmert, geschieht ihm ganz recht. Süyleman kam zum Mittagessen, stellte mir seinen Ingenieur vor und bat, Platz zu nehmen. Anschließend zeigte er mir sein volles Tagesprogramm und lud mich ein, seinen Arbeitsbereich anzuschauen. Zu meinem Erstaunen waren im großen Konferenzraum die neuen Traktoren untergebracht, an denen sich die Ingenieure zu schaffen machten. Ehe ich mich versah, stand ich mit ihm im Spalier an der Referenten-Theke zu einem Abschlussfoto der Veranstaltung. Abends wartete er bereits auf mich, als ich das Restaurant betrat. Höflich, aber begierig, wollte er mehr wissen von mir. Alleine? Warum hier? Seine Tochter rief an und erkundigte sich nach seinem Befinden. Freudestrahlend erzählte er ihr von seiner neuen Bekanntschaft und erklärte mir, dass er zuletzt acht Jahre mit einer deutschen Frau liiert gewesen wäre, nach ein paar gescheiterten Ehen. Allesamt ziemlich tragisch, da seine große Liebe darunter war, die verstorben wäre. Ich wollte das nicht wissen, es ging mich nichts an. Also sagte ich: „Der Grund meines Hier seins ist nicht zu erklären, denn eigentlich will ich immer nur nach Elbistan."

Er bat mich, in Ehre, für einen Augenblick auf sein Zimmer zu kommen, da er mir was zu zeigen hätte. Dort kramte er seinen Pass heraus, seine Adresse, Visitenkarte und sagte: „Ich werde Ihnen Elbistan zeigen, das ist meine Heimat." Das fand ich verrückt genug, um es in Erwägung zu ziehen. Natürlich wollte er wissen, wo ich logiere, nicht ahnend, dass mein Zimmer schräg gegenüber seinem lag. Hotel-Zimmer sind Top Secret für Alleinreisende wie mich, so erfuhr er auch nichts davon.

Voll bepackt mit Unterlagen wurde er anderentags von Verwandten aus Antalya, denen er mich vorstellte, zu seiner Rückreise nach Marash abgeholt. Während eines kleinen Rundgangs in der Gartenanlage des Hotels besprach er die Modalitäten für ein weiteres Treffen. Flughafen Adana oder Kayserie boten sich dafür an, beides für ihn kein Problem zur Abholung, die er fest zusagte und umwarb. Da ich für diesen Mann nicht die Spur einer Gefahr für mich entdecken konnte, dachte ich: Abenteuer Elbistan, warum nicht?

18. Kapital – Anfang April 2007, Elbistan

Süyleman telefonierte täglich mit mir und fragte, wann ich käme. So buchte ich ziemlich spontan, laut meinem türkischen Reisebürobesitzer, die einzig vernünftige Möglichkeit, über Istanbul nach Adana, bei türkisch Airline, wo man das Gepäck durchchecken kann. Süyleman erwartete mich mit einem Mandarinenstrauch, der sehr intensiv duftete. Ein schönerer Hochzeits-Strauß ist undenkbar. Wir fahren durch schweres Gewitter, halten bei „Miss Ayran", und trinken eben diesen. Er fährt unentwegt weiter, durch Städte mit überschwemmten Strassen, immer mehr in die Berge, wo es blitzt und donnert und die Welt unterzugehen scheint.

Nach einigen Stunden macht er Halt und wir kehren in ein preisgekröntes Lokal für Lamm-Spieße ein. Als erstes fiel mir auf, dass hier die Portionen genau vier Mal so groß sind, wie an der Ägäis. „Keine Angst, Anna, hier kannst du essen, ohne zuzunehmen, hier haben wir andere Luft." Auch das Essen war besser und so aß ich alles auf. Nach 5 Stunden über Serpentinen und 1000 Höhenmeter weiter oben, kamen wir in seiner Stadt an. Er fuhr von der Hauptstrasse ab einen Feldweg entlang, gleich wie bei Karim, dachte ich. Dann in eine Einfahrt und wir waren da. Sein Hund Milo begrüßte Süyleman stürmisch und ich wurde ihm vorgestellt. Dann gingen wir ins Haus. Was soll ich sagen, es war wohl mehr eine Garage oder ähnliches. Das Zimmer war etwa 20 qm groß, der Boden bestand aus blanker Erde und darauf lagen Bast-Teppiche. Hier war doch die Hochburg guter Teppiche, warum denn Bast, wunderte ich mich? Zwei Betten: Ein Hochbett und eine ausgeklappte Couch, ein alter Elektro-Heizstrahler, ein paar Regale und, ach ja, nicht vergessen, zwei kleine, kaputte Fensterscheiben, in denen Pappe steckte. Er hatte frisch gekalkt, extra für mich, ist aber nicht fertig geworden, was für normale türkische Verhältnisse spricht.

Vor Aufregung musste ich Pipi machen, was sich schwierig gestaltete. Erstens gab es kein Licht draußen, dann war das Hofklo ca. 100 Meter entfernt, zudem bewacht von Milo. „Wenn du nur Pipi musst, kannst du hinter dem Auto machen“, sagte er freundlich. Erleichtert kam ich in den warmen Wigwam zurück. Anna, wo bist du gelandet? Kann das wahr sein? Wir waschen uns im Nebenzimmer, wo die Küche untergebracht, jedoch penibel sauber, im unmittelbaren Anschluss zugleich Geräteschuppen war, in der alles, angefangen vom Proviant bis zu Gartengeräten, gelagert wurde. Auch hier kleine, kaputte Fensterscheiben. „Die Nachbarkinder“, gab er zu bedenken. „Seit zwei Jahre Roma da.“ Alles klar. Er zeigt mir, wie sich eine türkische Frau wäscht. Dazu gibt er mir ein Gefäß mit Wasser, das er leicht erwärmt hat, und ich darf es, über mein bestes Teil laufend, in der Hocke mit Seife waschen. Gewöhnungsbedürftig, diese nicht leichte Übung. Das Wasser fließt direkt auf das Erdreich und versickert dort. Nach dem Zähneputzen sind wir fertig fürs Bett. „Du wirst das schon überstehen“, denke ich und „wie gut, dass ich so gelenkig bin.“ Das wollte Süyleman jetzt testen. Er kam zu mir ins Bett und wir hatten hervorragenden Sex, küssen tabu. Dann verschwand er in sein Hochbett und wünschte mir zufrieden eine gute Nacht.

Ich werde geweckt, durch das trällern eines Liedes. „Anna, wo bist du? Anna beste Frau von allen!“ Er hatte Frühstück gemacht: Eier, Schafskäse, Oliven mit Feigen, Tee, Brot, Kaffee; lecker! Danach führt er mich in sein Reich, das aus 10.000 qm Land bestand. Etwa in der Mitte gab es eine Behausung, hierher sollte ein Wanderarbeiter mit seiner Frau kommen. Es ist dort so üblich, dass diese Leute das Land in Schuss halten, Bepflanzen, eben die landwirtschaftlichen Arbeiten übernehmen, bei Minimal-Lohn, aber freier Kost und Logie. Meistens sind es Leute aus den Bergen, dieselben, die als Erntehelfer in der Pampa arbeiten.

Hinter seinem Grundstück schneebedeckte Berge, der gleiche Blick, wie aus Schnuffis Wohnung in Ortona. Außerdem grasen schwarz-weiße Kühe auf den Wiesen. Milo läuft mit uns, er mochte mich sofort. Süyleman muss kurz in seine Firma, ich bleibe alleine hier. Zwei Männer im Lastwagen kommen, fahren in die Einfahrt und rufen etwas. Ich kann ihre Sprache nicht, auch sind sie mir unheimlich. Ich gehe ins Haus und verriegele die Türe mit einem sperrigen Eisenteil, da Abschließen alleine nicht genug hier, wie mir Süyleman gestern Abend zeigte. „Hier alle Leute Klauen und alles kaputt machen.“ Milo verteidigt sein Revier laut bellend und beschützt mich. Endlich kommt er mit seinem Ingenieur zurück.

Zusammen fahren wir jetzt in die Firma; er zeigt mir sein Büro, das er selbstverständlich mit anderen teilt. Ich kann schwer vom Unterschied zu meinem Büro reden, es sind schlichtweg zwei Welten, die man nicht vergleichen kann. „Sehr interessant“, sage ich zu ihm und er freut sich, stellt mir seinen Chef und Kollegen vor, alle sehr freundlich. Wir fahren Essen, das er bestellt. Es gibt Reis, Huhn, Auberginen, Ayran, Tee, Wasser. So gut wie in Anatolien habe noch nie gegessen, und immer unvorstellbare Portionen zu einem Spottpreis.

Wir fahren auf ein Feld am Bahngleis und haben Sex bei Gewitter. Vermutlich habe ich im hohen Gras mein Handy verloren, jedenfalls war es von da an nicht mehr auffindbar. Er versuchte es zu finden, indem er meine Nummer anrief, leider war gestern der Akku fast leer und so konnte diese Aktion nicht funktionieren. Wir fuhren zurück, der erwartete Arbeiter war noch nicht da, er sollte auch auf unser schönes Haus aufpassen, während unserer Abwesenheit. Süyleman war besorgt, nahm es aber letztendlich mit türkischer Gelassenheit. Wir verbrachten einen schönen Abend bei Whisky und Cola, den er im Haus hatte, und er machte mich zwei Mal sehr, sehr glücklich, ohne Kuss oder in die Augen zu schauen.

Am anderen Morgen hatte er 60. Geburtstag. Ich hatte einen schönen Geburtstagstisch mit Geschenk und Karte vorbereitet, was ihn überraschte und erfreute. Er fährt um 11.00 Uhr in die Firma, weil just heute, zwei Monate zu spät, sein Traktor aus Istanbul kommt, den er abnehmen muss. Anschließend fahren wir nach Gaziantep. Unterwegs kehren wir ein, essen, jeder für sich, eine Wagenrad große türkische Pizza, dazu Salat, einen eigenen Teller voll Petersilie und viel Zitrone sowie die obligatorischen Peperoni. Dazu trinken wir 2 Liter Ayran und Wasser. Wo ich das hin verfrachte - keine Ahnung. Wir schlendern die erstaunlich gepflegten Gartenanlagen im Altstadtpark entlang zur Altstadt. In einem Kaufhaus kauft er sich ein Hemd; er ist extrem schick gekleidet, hat erlesenen Geschmack. Danach sucht er einen Hamam, leider keiner da für Frauen und Männer gemeinsam.

In einem der herrlich dekorierten Kaffeehäuser lädt er mich zu Baklava und türkischen Kaffee ein. Es dauert lange, bis der Ober serviert, und nun sehe ich warum. Das riesige Tablett ist voll mit köstlichstem, Honig triefenden Versuchungen aus Pistazien und Nüssen. Unsere Hosen sind am Platzen, als wir diesen Ort der Verführung verlassen. Die Altstadt ist der Platz, wo Handwerkszunft noch heute weiter vererbt wird, ähnlich wie die Souks in Marokko. Wir sind viel gelaufen und müde; außerdem ist es schon Abend, und so fahren wir zurück ins Wigwam.

Am nächsten Tag brechen wir nach Marash auf, wobei wir das schöne Haus unbeaufsichtigt zurück lassen. Der zugesagte Mann war weder aufgetaucht, noch hat er sich telefonisch gemeldet „Insallah". Zunächst geht es, auch hier, über neue Strassen an Dörfern vorbei, mit größtenteils neuen Häusern. Nicht armselige Häuser, nein, schöne, große Landhaus-Villen mit Solaranlagen auf den Dächern. Auf den Feldern sehen wir Trupps von Wanderarbeitern, die in Zelten schlafen. Wir halten im Zentrum von Marash, das 133.000 Einwohner hat, wie mir das Stadtschild kundtut. Er geht alleine in die Wohnung seiner geschiedenen Frau mit Tochter, die er ihr gekauft hatte. Dafür wäscht sie ihm, kommt manchmal nach dem Rechten sehen, will aber nicht auf dem Land wohnen, da beide Töchter hier arbeiten und sie sich fürchtet, in seinem Haus.

Ich gehe derweil in den einladenden Park, der der Moschee angegliedert ist. Es ist heiß um die Mittagszeit. Niemand nimmt Notiz von mir und da ich 1 Stunde Zeit habe, schaue ich in die nahe liegenden Schaufenster der Mainstreet. Modernste italienische Mode, Möbel, Schmuck, ich fasse es nicht. Würden Sie in Anatolien nagelneue breite Strassen, neue Autohäuser aller namhaften Weltmarken, schöne exklusive Häuser, Top Life Stile erwarten? Daneben gibt es natürlich das wahre Leben, von dem ich schon einen kleinen Einblick genommen hatte, und nicht zu vergessen, die Antike, die überall gegenwärtig ist. Eine tolle Mischung, fast wie in Ortona, auch Landschaftlich, dachte ich immer häufiger.

Er kommt zurück. Helle Baumwollhose, frisch gebügeltes, tolles Hemd, Wildlederblazer und farblich passende Sommerschuhe. Ist das die richtige Kleidung für unseren Trip? Es geht weiter an Wäldern vorbei, voll von Militär. Wir fahren mitten durch einen Basis-Stützpunkt mit getarnten Panzern. Warum dürfen wir da durch? „Die Schüsse, die du gestern gehört hast, kamen von hier, sie schießen bis hinein, in die schneebedeckten Berge", wird mir erklärt und er deutet dabei in weiter Distanz auf die hohen Berge.

Wir kommen an einen See mit sauberem, smaragdgrünem Wasser, der Alikale heißt und 50 km vor Göksun liegt, wo mein Reisebürobesitzer geboren wurde. Ich soll hier grüßen von ihm und winkte in die Gegend. Weiter geht es über einen Kanal und großem Stauwerk. Wir halten an einer historischen Brücke. Monumente erinnern an einen bestialischen Krieg. Eine tiefe, enge Schlucht beschloss das Schicksal der Armenier auf der einen und der Türken auf der anderen Seite. Die Toten hatte man auf den Berg gelegt. Eine gnadenlose Zeit. Dieser Krieg, in dem auch Kurden beteiligt waren, ist in dem Buch von Peter Prange „Der letzte Harem" sehr gut beschrieben. „Das war euer KZ", dachte ich. Über unendlich weites Canyon-Land, das mich stark an Amerika erinnerte, fuhren wir mit Pausen, in denen wir frisches Quellwasser tranken, das hier reichlich aus den Bergen floss, weiter zum Mittagessen. Dürüm-Kebab für eine Kompanie, aber wir schafften es.

Die nächste Stadt hieß Ilicar. Süyleman mietete für uns beide alleine einen Hamam; es war Zeit für ein Bad. Die Besonderheit war aber das schwere Wasser, das ihn fast zu Tode schwitzen ließ. Wir setzen uns danach in eine Wiese, die Sonne lachte, ringsum schneebedeckte Berge, und essen Obst. Es wird Zeit für ein Quartier. Ein deutsch sprechender Türke mit seiner zweiten Frau zeigt uns eine neue Pension mit Dusche etc. Wir essen bei ihm, die letzte Mahlzeit hätte im Normalfall für vier

Wochen gereicht. Bei der Zubereitung von „Huhn in Salz mit Auberginen, Tomaten, Paprika, im Steinofen gebacken“ dürfen wir zusehen. Dazu sitzen wir in einer Bäckerei auf einer Holzbank. Der Bäcker, ein junger Mann, der anderentags heiratete, und sehr verliebt war, meinte es besonders gut mit uns. Wenn es noch eine Steigerung zu den vorangegangen Essen gäbe, dann lag sie jetzt vor uns. Dieses Essen wäre ausreichend gewesen für seine komplette Hochzeitsgesellschaft. Da die anderen beiden mitessen, die großen Appetit haben, schaffen wir auch das.

Danach sitzen wir noch gemütlich zu einem Plausch, mit dem komischen Paar und trinken eine Flasche Whisky zusammen. Die beiden sind sehr verliebt und Süyleman glaubt nicht, dass das seine Frau ist. Ich lache. Nach einer friedvollen Nacht werden wir von der Sonne, die direkt auf unsere Betten scheint, geweckt. Es ist warm, als wir an einem Bergsee halten. „Der Platz von Ali Baba“, sagt Süyleman und erzählt mit die Legende dazu. Ob es auf unserer Erde noch einen zweiten, unberührten Platz der Natur gibt, wie diesen? Ich wage es zu bezweifeln. Wir kommen an die Magaralar-Schlucht, die 1630 m hoch liegt. Fahren weiter über riesige Täler, eine Landschaft wie in Utah, Indianerland. Kein Wunder, dass die Amerikaner interessiert sind an Anatolien, nicht nur wegen der strategischen Lage. Wir kommen an die Therme Afsin, ich mache Bilder vom dortigen Palast und sehen eine Beerdigung.

Zügig geht es immer weiter bergauf bis ich das Schild lese: „Elbistan, 71.400 Einwohner“. Sollte ich wirklich angekommen sein? „Ali, ich bin in deiner Stadt, ich bin in Elbistan“, jubelt es in mir, während ich von der Spitze des Berges auf die unter mir liegende Stadt blicke. Langsam geht’s bergab, direkt in das Basar-Leben hinein. Ich wusste nicht, dass Elbistan eine so große Stadt ist, dachte an ein Dorf von 500 Einwohnern. Ali lebte nicht direkt in Elbistan; deshalb. Die Stadt durchzog der Shyhan-Fluss. Das Naturschutzgebiet ist für Touristen erschlossen. Wir gehen spazieren; ein Traum. Süyleman fragt: „Hast du gesehen Elbistan, können wir weiterfahren?" Warum hatte er es so eilig? „Ich weiß, du bist nicht wegen mir gekommen, nur wegen Elbistan." Türkische Eifersucht! Warum hat er mich nie gefragt, warum ich hierher wollte?

Unbefragt fuhren wir weiter nach Icmeler, einem Kurort für Leute mit Gallen- oder Nierenstein-Problemen. Hierher fuhr Süyleman zur Kur. Ich hatte keine Steine-Probleme. Mein Problem war viel profaner. Auf Reisen war es immer das gleiche mit mir, ich konnte nicht auf Toilette. Das sagte ich jetzt Süyleman und der versprach Abschaffung. Wir tranken je 6 Glas Wasser in kleinen Schlucken und gingen auf dem Dorfplatz. Hier sitzen nur Männer. Es gibt keine freie Sitzgelegenheit. Da kommt ein alter Mann und bietet mir einen Stuhl an. Der Mann war gekleidet mit einem Anzug aus Kamelhaaren; dem Anzug von Karim. Ich deutete darauf und machte ihm freundlich ein Kompliment. Daraufhin wollte er sofort einen für mich holen und mir schenken, wie mir Süyleman übersetzte. Wie sollte ich dieses schwere Ding transportieren? Ich lehnte, aufrichtig bedauernd, ab. Wenn Ali ihn getragen hätte, aber Karim aus der Ägäis? Irgendwie kam hier in Anatolien alles zusammen: Amerika, Marokko, Griechenland. Was fehlte, war das Meer. Dafür gab es hier überall Wasser, so klar und rein, wie Gott es schuf. „Hoshcacal" verabschiedete ich mich vom alten Mann, was soviel heißt wie „Auf wiedersehen, langes Leben, alles Gute." Nicht weit weg war ein Hotel mit einer Veranda aus Holz. Eine Frau in langen Röcken und Schürze stand davor und begutachtete uns. Auf unser Begehr hin, zeigte sie uns, eine

Treppe hochgehend, ein Zimmer. Es war nicht einfach, in diesem Gebiet, unverheiratet ein Zimmer zu erhalten; eigentlich unmöglich. Der Raum war mit vielen wertvollen Teppichen ausgelegt. In der Mitte ein Kanonenofen, rechts und links an der Wand, die getrennten Hochbetten. An den Wänden Bilder eines Mannes. Danach gefragt, wer das sei, entgegnete die Besitzerin, das sei ihr verstorbener Mann. Ein schöner Mann und noch so jung, vermutlich im PKK-Krieg gestorben. Auch sie kam mir vor, wie eine PKK-Kriegerin. Süyleman kannte die Frau, die sehr reich war. Sie mochte mich auf Anhieb, ich sie auch, für mich hatte sie etwas Mystisches. Es war ihr Schlafzimmer, das sie uns gegeben hatte, verriet sie meinem Begleiter.

Wir gingen noch auf einen Abendspaziergang. Hier in den Bergen wurde es nachts bitter kalt. So orderte Süyleman Befeuerung des Kachelofens an, für unsere Rückkehr. Noch ein Mal je 10 Gläser Trink-Kur, für deren Wirkung ich betete. In den Büschen auf einem Berg hatten wir animalischen Sex. Fast erfroren, kamen wir in die warme Stube zurück, wo wir, zwangsläufig getrennt, unter vielen Decken und Kissen begraben, bald einschliefen. Nach einem Frühstück wollte Süyleman bezahlen. Die Frau aber sagte, ich solle hier einige Tage alleine Kur machen und er mich später wieder abholen. Diese Frau werde ich, ebenso wie die marokkanische Wahrsagerin, nie vergessen; ein Geheimnis ummantelte beide.

Weiter geht es nach Nurhak in das Restaurant Sarmasik, das mit der türkischen Goldmedaille ausgezeichnet wurde für „Huhn in Pfanne“. Der Besitzer höchstpersönlich bereitete es uns zu, dazu Salat und Efes-Bier.

Das Restaurant liegt etwas abseits, so fuhren wir zurück zum Dorf, das es wert war, besichtigt zu werden. Ausnahmslos alte

Leute hier, die jungen arbeiteten im Ausland, viele davon in Deutschland, um das hier zu finanzieren, andere wiederum waren bereits wieder zurückgekehrt, um ihr Rentnerdasein im neuen Haus zu genießen. Viel Rente hatte keiner, aber für hiesige Verhältnisse reichte es allemal. Jahrhunderte alte, typische Häuser neben postmodernen, überdimensionalen Villen, bemerkenswerter Reichtum. Direkt anschließend der Bau einer neuen Strasse, ist wohl für die neuen Autos gedacht, die sich hier viele leisten. Am Straßenrand werden in ganz Anatolien frisches Obst und Nüsse angeboten. Jeden Tag kaufte Süyleman eine andere Auswahl, die wir an Ort und Stelle wuschen, in Tüten verstauten und während der Fahrt nebenbei vernaschten. Heute z. B. machten wir Mandel- und Aprikosen-Picknick.

Überhaupt war unser Zusammensein erstaunlich vertraut und von Anfang an harmonisch. Ein Super-Kumpel, mit dem ich mich wortlos verstand. Er hielt immer im richtigen Moment, indem ich dachte, dass es dafür Zeit wäre. Wir legten Pinkel- und Zigarettenpausen ein, schauten uns besonders lohnenswerte Objekte an. Er hatte eine schöne Stimme, sang gerne während der Fahrt und konnte zudem gut pfeifen. Die Ähnlichkeit mit Alfredo, meinem Masseur in Abano, war verblüffend. Positive Menschen machen glücklich. Soeben sind wir 25 km über Schotter und Schlamm nach Pasarcöck, einer Kreis-Stadt mit total neuen Häusern gelangt. Ist das Anatolien oder die Toskana? Einfach herrlich hier. Auf einer Anhöhe, an einem See, verschwinde ich hinter einem Hügel; das Wunder der Erleichterung ist geschehen. Ich fühle mich wie neu geboren. Nicht lange, da galt es, das nächste Essen zu verdauen.

Langsam fahren wir zurück nach Hause, wo wir, bellend vor Freude, von Milo begrüßt werden. Es wird eine Erzählnacht,

Süyleman hat heute Sprechstunde, vertraut mir vieles an, wovon ich nichts aufnehme. Es ist mir schlichtweg egal. Wenn er mich küssen will, weiche ich aus. Nicht mal ein Küsschen mit geschlossenen Lippen ist erlaubt, der arme Kerl! Er versteht aber unausgesprochen, hat genug Erfahrung mit Frauen. Dafür lobt er unseren Sex, der hervorragend klappt. Nehmen was man kriegt, hieß die Devise und er bediente mich und sich. Sein Handy klingelte heute fast so oft wie bei Karim. Bedrückt rückte er schließlich mit der Sprache raus. Es täte ihm furchtbar leid, aber, wie ich mich selbst überzeugen konnte, ist jetzt auf den Feldern viel los. Den Job hätte er erst seit einem Jahr und es wäre jetzt, im Frühjahr, Hochsaison, für den Verkauf von Traktoren. Kurz und gut, der Chef machte Druck. Wie mich das an Istanbul erinnerte! „Du hast mich für vier Wochen eingeladen, obwohl du das wusstest, warum hast du mir nicht vorher gesagt, dass dies ein schlechter Zeitraum ist?" Er hatte Angst, dass ich mich dann ganz verabschiede von ihm, die üblichen Floskeln.

Es ging also nach Gaziantep zur Türkish Airlines, die ich alleine fand. Entgegen den Aussagen meines Reisebürobesitzers in Deutschland, konnte ich sehr wohl umbuchen, sowohl die Stadt als auch den Termin. Mit 60 Euro Aufpreis sollte ich also von Gaziantep über Istanbul nach München zurück fliegen. Besseren Service finden Sie in keiner westlichen Metropole, sehr anerkennenswert. Jetzt aber nichts wie weg und rauf, auf die Burg, oder in türkisch Kalesi. So ziemlich alle Machthaber der vergangenen Epochen hatten sie eingenommen, umgebaut, mit der Anzahl der Türme ihre Macht demonstriert. Mir machte es Spaß, aus den verschiedenen Öffnungen für Späher die Moscheen zu zählen. Ganz raffiniert, diese Überwachungstaktik war perfekt. „Cenet – Cenem" oder türkisch: „Himmel – Hölle" lagen nah beieinander auf dem Weg zur

Moschee, je nachdem, wer hin ging oder fernblieb, niemand entging dieser Kontrolle und der Strafe. Unten angekommen, gingen wir noch ins Museum. Danach auf den Basar – was für ein Treiben! Hier kaufte mir Süyleman Erik, kleine, grüne Ringlos oder Pflaumen, die sauer und gut für die Verdauung sind. Jetzt war er nicht mehr zu halten und lief der Nase nach, bis wir zu einem original Kebab-Leber Verkäufer gelangten. Mit großem Appetit verschlang er eine gehörige Portion; mir reichte der Anblick. Ich bevorzugte ein Honig triefendes, frisch gebackenes Gebilde, das Kross, wie ein in Butterschmalz frittierter Krapfen schmeckte, nur süßer. Ich tauschte etwas Geld um - das erste und letzte. Bisher hatte er alles bezahlt. Im antiken Stadtteil erstand ich zwei handgefertigte Buchständer mit Perlmutteinlagen, die heute die neue Wohnung Alis zieren, der sie bei Erhalt mit Tränen in den Augen küsste.

Es war Zeit zum Aufbruch und so fuhren wir in der Rushhour, die sich hier durch nichts von anderen Groß-Städten unterscheidet, nach Hause. Süyleman kochte Suppe aus frischen Frühlingszwiebeln und einer speziellen Getreideart, wie Hirse, er gibt Tomaten dazu und sie schmeckt einfach hervorragend. Wir essen dazu frisches Weißbrot mit Oliven und einem ganzen Berg von unserem Basareinkauf; dazu gibt es frischen Tee. Den Rest erhält Milo, der sehr zufrieden wirkt. Er erledigt den Abwasch. Todmüde schlafen wir danach ein. Früh geht es am nächsten Tag los. Entlang eines zauberhaften, mit Schlingpflanzen bewachsenen, Flusses, eingerahmt durch Schilf, geht es zu Süylemans Freund, der im weiten Tal auf dem Lande lebt.

Erntehelfer sind zu Hunderten auf den Feldern, derzeit werden Knoblauch und Zwiebeln, später im Jahr, Baumwolle und Zuckerrohr geerntet. Es gibt jedes Gemüse. Ein Schlaraffenland, wenn man mal die damit verbundene Arbeit ausklammert. An seinem Haus, besser gesagt, einer Farm, angekommen, läutet Süyleman an einer Klingel, die an einer Schnur befestigt ist; für jedes Stockwerk gibt es eine separate Klingel. Wie romantisch, denke ich. Ali erscheint. Er ist ein jugendlicher Typ, etwa 50 Jahre und Erfinder eines neuen Kraftstoffes. Wir werden zu türkischen Kaffee eingeladen, es gibt hier immer ein paar Frauen, denen man Bewirtung delegieren kann. Ali steht kurz vor dem Durchbruch zum Erfolg, hat in Aachen studiert, spricht leidlich gut deutsch und ist mit einem ehemaligen Professor meiner Firma bekannt. Ich kenne seine Thematik und er ist begeistert, ein Opfer gefunden zu haben. Gleich zeigt er mir seine Erfindung am Modell, Schwierigkeiten machen ihm das fehlende EU-Patent, das er aber heute hat. Dieser Mann ist nicht nur ein Erfinder sondern ein Besessener, hat immer neue Ideen, vergleichbar mit Edison und Konsorten. Leider fehlt im der Sponsor für seine Erfindungen. Ich wünsche mir nichts sehnlicher für ihn als die Vermarktung seiner Erfindung, nach der die jetzige Industrie in nahezu jeder Umweltdebatte schreit und angewiesen ist darauf. Da liegt ein Talent brach, eine Goldgrube der Zukunft, die nach gebührender Anerkennung sucht.

Bis jetzt hat er alles selbst finanziert und bereits eine sechsstellige Summe investiert. Er wartet auf Refinanzierung, da am Ende seiner Möglichkeiten. Wir gehen durch sein Land an bäuerlichen Arbeitern vorbei, wovon jeder ein dunkles Jackett trägt. Undenkbar bei uns. Wir verabschieden uns; ich bin betrübt über sein Schicksal. Der Türkei fehlt an jeder Ecke der westliche Anschluss; wir haben es da einfacher. Auf einer superbreiten, neuen Autobahn, links und rechts, soweit das Auge reicht, weites, rote-Erde-Land (Amerika). Pistazien, Oliven, Nüsse werden, frisch geerntet feilgeboten. In Birecik essen wir zu Mittag „Huhn am Spieß“, davor Suppe, die es immer gratis gibt, ebenso den Salat, und Nachtisch, meist Milchreis mit Zimt, dazu 2 Liter Ayran. Er bezahlt 10 YTL. Ein Viertel der Portion kostet in der Ägäis 3 bis 4 Mal soviel, schmeckt aber nicht so gut.

Mit vollem Bauch besteigen wir eine Kalesi, wo normalerweise nur Bergziegen gehen. Zudem gibt es keinen Halt, die Sache ist sehr gefährlich. „Du hast gute Schuhe“, ruft mir Süyleman von oben zu. Mit Allahs Hilfe, komme auch ich oben an. Wir hören Hochzeitsmusik im Tal und gehen den regulären Weg runter. Das ist noch mal gut gegangen. Der nächste Stopp ist eine Rarität. Im Kalkfels nistet hier der Kelaynak-Vogel. Es gibt nur noch wenige Hundert davon auf der Welt. Sie sehen aus wie persische Pfauenvögel, gehören aber zu der Gattung Ibis. Hier unterstehen sie dem Natur- und Umweltschutz. Das Terrain durchschlängelt ein Fluss, der zum Aufenthalt einlädt.

Süyleman gibt dem Aufseher eine Spende und wir erhalten schöne Postkarten vom Ibis in Hochglanzformat. Wir fahren weiter und kommen an einen selten schönen Basar. Hier kaufen wir Erdbeeren, Äpfel und Orangen; alles wird sofort vertilgt während der Fahrt.

An Bord herrscht Superstimmung. Süyleman hat bei einem Drehorgel-Mann am Fluss eine CD erstanden, auf der eine Frau mit wundervoll klingender, trauriger Stimme Mohammed verehrt. Sie will sterben für ihn, und beim Zuhören will man es ihr gleichtun. Diese Türken! Süyleman ist Kurde, Alevit, wie Ali, und bemängelt seit Beginn der Reise den Bau der vielen neuen Moscheen, die Erdogan wirklich in jedes 5-Häuser Nest setzen ließ. Trotzdem, das Lied war Heimat. „Suruc – 44.000 Einwohner“ lesen wir – ein Ort der Atatürk-Verehrung mit mächtigem Monument. Wir halten uns nicht länger auf, da Urfa, eine Stadt mit 386.000 Einwohnern, anvisiert wird.

Erst jedoch geht es querfeldein nach Harran, der ersten islamischen Universitätsstadt der Welt, sie besteht heute noch aus Lehmhütten, ist zu besichtigen, und war u. a. lange Zeit Zentrum der Astronomie und Alchemie. Abraham zog von hier weiter nach Kanaan. Es ist schwierig von hier aus eine Bleibe für die Nacht zu finden, da keine Wegbeschreibung. Die Leute sind nur schwer zu verstehen, sprechen einen anderen Dialekt, jedenfalls tut sich Süyleman schwer. Als wir schon aufgeben wollen, kommt ein Mofa-Fahrer in unvorstellbarer Montur auf uns zu. An einem Fuß hat er einen Flip-Flop an, der andere ist nackt. Dafür ist er in viele Tücher gewickelt bis zum Kopf. Ich lache. Der Mann ist noch nicht mal alt. Er deutet in eine Richtung und wir bedanken uns. Es ist schon Nacht als wir im Bazda-Motel ankommen, dem einzigen hier, weit und breit. Es ist bienenkorbähnlich gebaut, ähnlich wie die Trullis in Apulien. An der Rezeption müssen wir klingeln. Niemand erwartet hier so spät noch einen Gast. Die Türe mit der Goldaufschrift General Manager öffnet sich und hervor kommt der aus dem Schlaf gerissene Manager in Hauspantoffeln. Er will uns kein Zimmer geben. Hier herrscht noch Ordnung und Sitte. Ich aber zeige ihm forsch meinen Pass und begehre die Suite. Da diese mehr kostet, und er augenscheinlich wieder in sein Bett will, ist der Mann einverstanden und zeigt uns die großen Zimmer, in denen man sich wie eine Biene fühlt. Fernseher mit Receiver gibt es auch, geht aber nicht. Ein „Experte“ wird gerufen.

Wir gehen derweil über die Strasse in ein uriges Lokal, indem wir zu Abend essen: Bohnensuppe und Köfte mit Salat. Zurück ist der Experte immer noch da, schafft es nicht, das Ding flott zu kriegen, wird entlassen, da wir schlafen wollen. Am nächsten Tag Besichtigungsprogramm der heiligen Stätte. Am Halem- Mausoleum frage ich Süyleman, wer denn hier begraben läge. Die Erklärung: „Ist einer geboren, einer ist tot; liegt da.“ „Aha, so ist das“, lache ich still in mich hinein. Ich darf mir einen Schleier ausborgen und eine Höhle besichtigen, in der ein Heiliger, welcher? aus der Bibel gelebt hat. Steht alles am Eingang auf Arabisch. Dumm, wer es nicht lesen kann. Nun sind wir am Teich, wo nach Überlieferung, Fische in Brot verwandelt wurden, jetzt jedenfalls viele Karpfen verehrt und gefüttert werden. Imame schleusen ihre Anhänger durch die heilige Stätte. Bis heute bin ich die einzige Touristin auf dieser Reise. Doch da oben auf dem Berg gibt es ein Restaurant, indem, ganz verloren, zwei Belgier sitzen; sie blieben die einzige Ausnahme. Urfa, so stelle ich fest, ist eine Reise wert, mag in den Reiseführern stehen was will.

Eine SMS kommt für Süyleman. Einer seiner drei Freunde hat sich erschossen. Dem Mann ging es materiell am besten von allen. Er hatte sich einen neuen Opel gekauft, neue Landmaschinen, wollte neues Haus bauen. Er hatte eine liebe Frau und zwei kleine Kinder.

Alle erwarteten dass Süyleman zu den Trauerfeierlichkeiten kommen würde, was er zusagte. Nachdem sich der erste Schock gelegt hatte, fuhren wir durch fruchtbare Ebene weiter zur syrischen Grenze. In Akcakale kaufen wir Tee, Tabak für meinen Sohn als Gastgeschenk und gehen Suppe essen. Wir sprechen mit Grenzsoldaten. Es ist möglich, ein Tagesvisum zu erhalten und mit Mietauto Safarga, die syrische Grenzstadt zu besichtigen. Viele tun das, weil in Syrien die Preise einen Bruchteil der türkischen Preise bedeuten. Es herrscht also reger Handel an dieser Grenze. Die Strasse ist voll von Autos, die mit dem Schlauch aus Benzin-Kanistern betankt werden.

Ein alter, verwirrter Mann läuft einfach durch die Grenze. Die jungen Soldaten halten ihn auf. Er hat keine Papiere fängt aber auf arabisch fürchterlich zu schimpfen an, dass er schon seit jeher täglich seine Verwandten auf der anderen Seite der Grenze besuche. Er brauche keine Papiere, habe noch nie welche gehabt und gehe jetzt. Das verstehe sogar ich, fange an zu lachen und gestikulieren, dass sie ihn doch nicht erschießen können und passieren lassen sollen. Da sind die Soldaten überfordert und lassen ihn ziehen.

Als wir vom Essen kamen, war der Mann von seinem Spaziergang wieder zurück. Wir müssen auch zurück, auf der Autobahn geht es nach Hause. Unterwegs kehren wir noch einmal ein. Es gibt riesige Fleisch-Spieße mit Reis, Salat, Kaffee und Tee, zum Abschluss Zucker-Reis. Süyleman fährt zur Witwe kondolieren. Als er wieder kommt, erzählt er von dem tragischen Selbstmord. Der Mann habe sich von der gesamten Familie verabschiedet, gebadet und sei im Schlafanzug und Pantoffel auf den Friedhof gegangen um sich selbst mit dem Gewehr zu erschießen, was laut Polizeibericht nicht einfach war und der Klärung bedurfte.

Anderentags reise ich ab. Eine schöne Reise mit frühzeitigem Ende und tragischem Ausgang. Zum Abschied unserer 2000 Kilometer langen Excursion macht mir Süyleman ein Kompliment: „Anna, du warst großartig, du bist die Beste. Eigentlich machst du alles gleich wie ein Mann, bist aber doch ganz Frau. Mit keiner türkischen Frau hätte ich die Fahrt so problemlos machen können, die jammern schon nach ein paar Kilometern. Ich danke dir dafür. Nächstes Mal fahren wir durch Syrien“, versprach er. Ich hatte erwähnt, dass dieses Land auf meinem Plan stünde. Ich bedankte mich auch für seine großzügige Einladung und verschwand im Flughafengebäude.

19. Kapitel – Ende April/Anfang Mai 2007 in Deutschland

Wieder daheim. Die Waage zeigt: Kein Gramm zugenommen. Das Telefon läutet – Karim ist dran. „Hallo Schatzi, wo bist du, was machst du?“ „Ich war in Anatolien.“ „Aber da gefährlich, Schatzi, da jetzt Krieg. Mit wem du fahren, mit Reisegruppe?“ „Nein, privat“, meine knappe Antwort. „Aber du mit Bus fahren oder Auto?“ „Mit Auto“; jetzt hat er wohl kapiert. „Aber wo du gehen?“ „Ich war überall.“ „Aber wie fliegen, warum du nix kommen zu mir, ich hundert Mal telefonieren, du deine Handy zugemacht.“ „Nein, verloren“, sage ich und „ich bin über Istanbul geflogen.“ „Aha, deine Handy gestohlen“, sagt er. „Ich denken, du Türkei, ich sicher, du kommen, warum nix kommen?“ „Komm doch du!“ „Ja, aber ich ….“

Ich bestelle Ticket für ihn, gebe per SMS Buchungs-Nummer durch und schon ist er da. Er sollte sich wundern. Vorher hatte ich unseren gemeinsamen Freund Hans aus Kemer-Tagen vom Flughafen angerufen, ihn gebeten, mit mir Karim zu begrüßen. Er kam in der Mittagspause und wir holten ihn ab. Karim war erstaunt, wusste nicht, was da gespielt wird. Hans lud ihn ein in das neue Airport-Renommier-Restaurant. Dort gab es Kofferbombenanschlag-Alarm und entsprechende Durchsuchungen. Wir schafften dennoch die Absperrung. Die beiden Herren unterhielten sich. Dann zeigte uns Hans seinen neuen Sport-Audi und ließ mich mal Probesitzen. Ein tolles Auto, auch für eine kleine Frau geeignet, stellte ich fest, Karim schluckte. Er fuhr voran, um uns seinen Arbeitsplatz zu zeigen. An der Biegung verabschiedete er sich hupend. Jetzt war mein Schatz wieder sicher. Ganz hat er der Sache nicht getraut. „Ich auch Überraschung lieben“, sagte ich frivol. Jetzt waren wir wieder quitt. Er kramte sein Handy hervor und zeigte mir eine SMS. „Alles Gute zu deinem Geburtstag“ stand da. „Ja Schatzi, ich SMS schicken, aber du Handy verloren.“ „Ist ja schon gut, heute werden wir feiern“, sagte ich friedlich.

Diese Woche blieb er nur bei mir. Seine Familie wusste nichts davon. Sah er seine Felle davon schwimmen? Wir gingen zu meinem Lieblings-Italiener, um Fisch zu speisen und nach einer Flasche Merlot folgte eine „missing you“ Nacht. Gut, mit dem anderen hatte ich Sex, aber lieben konnte ich nur ihn. Karim sprach aus, was ich dachte und erwähnte den anderen fortan nie mehr mit einem Wort. Die ersten 3 Tage verbringen wir fast ausschließlich im Bett.

Er schläft viel, hatte enormen Nachholbedarf, woher auch immer. Dann aber war er fit. Bei herrlichem Frühlings-Wetter, fuhren wir Fahrrad, gingen in den Stadtwald und die Fluss-Auen entlang. Besuchten meine frühere Arbeitskollegin mit Mann, der früher mal in der Türkei gearbeitet hatte und meine Freundin Dagmar, die er noch nicht kannte.

Als ich eines Tages den Briefkasten öffne und einige Briefe entnehme, entgeht ihm nicht, dass diese von verschiedenen Banken sind. „In meine Briefkasten nie Post von Bank, du immer Brief von Bank kriegen“, sagt er. „Wenn du 40 Jahre in Deutschland gearbeitet hättest, hättest du das auch“, entgegnete ich widerwillig. Wir fuhren ins Kaffeehaus, um auf der Terrasse die besten Torten der Welt zu vertilgen. Karim ist sehr, sehr lieb, ruhig und ausgeglichen. Er spricht davon nach Holland auszureisen oder nach Dänemark zu gehen. Was war das für eine neue Masche? Auch auf einem Schiff anzuheuern oder mit mir auszuwandern zieht er in Erwägung. Diese und ähnliche Gedanken ließen ihn wohl nie in Ruhe. Jetzt liebäugelt er mit einen Pick-up oder Jeep. Außerdem könne er für eine Einmalzahlung von 13.000 US-$ mit 47 Jahren in Rente gehen, was nur ihm zustünde, dank seiner Vorsorge aus besseren Tagen. Ein Traktor für sein Land wäre auch von Nöten. Die Palette seiner Wünsche waren die eines Kindes zu Weihnachten – unerfüllbar. Aber ich sollte wohl nur auswählen, nehme ich an. Das alles erzählt er nebenbei, während er auf der Terrasse grillt. Eingekauft hatte ich alleine, er hatte ‚keine Lust' dazu. Anders war es beim Praktiker. Am besten wäre es, den ganzen Laden in sein Dorf zu verlegen, er brauchte so ziemlich alles, beschränkte sich auf transportierbares, und bedauerte das fehlende Auto, das so praktisch war. Nun, du hast dich auch nicht um mich geschert, dachte ich, und soviel ist mir die Woche auch wieder nicht wert; ich wollte standhaft bleiben. Ein bisschen tat er mir aber doch leid. So erzählte ich von der neuen Vespa, die ich meinem Sohn geschenkt habe und die ihn wider Erwarten sehr glücklich machte, obwohl er früher auch nur Motorrad gefahren wäre. Auch für ihn wäre doch ein Moped nicht schlecht, bei den heutigen Benzinpreisen. Früher habe er Motorrad gefahren, überlegte er. Ich aber fuhr mit ihm zu unseren Motorradhändlern, damit er mal eine Übersicht bekommt. Die Preise schockierten ihn, aber die Idee nahm Gestalt an. Ich erzählte von den vielen neuen asiatischen Mopeds, die ich in Anatolien gesehen hätte. Die gäbe es auch in seiner Gegend, eine regelrechte Überschwemmung könne auch er wahrnehmen.

O. k. Im Verlauf dieser Woche, in der wieder frisches Extra-Geld rein kam, war es ihm gelungen, meinen in 6 Jahren mühsam ersparten Sparvertrag in Höhe von 2.000 Euro sein Eigen nennen zu dürfen. Allerdings machte er einen bedeutsamen Fehler. Er sagte: „deine Geld auch meine Geld." So nicht, mein Lieber, der Schuss ging nach hinten los! Wir schauten uns abends eine DVD an „Carmen", von Carlos Saura. Er verstand.

Mein Sohn kommt zu Besuch. Offensichtlich will er meinen Galan unter die Lupe nehmen. Das trifft sich gut, sage ich. Schon lange will ich im Garten eine zweite Trennwand, an der Wein ranken soll, in Verlängerung einer bereits bestehenden. Meine beiden Männer kaufen sie schnell ein und bauen sie auch gleich ein. Welch ein Vergnügen, den beiden beim Setzen der Pfähle zuzuschauen; einer klüger als der andere. In Wahrheit sind beide praktisch versiert und nehmen nur ungern den Rat des anderen an. Das Ergebnis war zufrieden stellend. Mein Sohn fragte mich, ob ich mitfahren würde, er wolle noch auf den Friedhof. Das kam natürlich nicht von ungefähr und sollte Karim zeigen, wer hier wichtig ist. Wir fuhren beide mit. Wieder betete mein Liebhaber für meinen Ex-Mann und goss die Blumen auf dem türkischen Nachbargrab. Jetzt schaute mein Sohn betroffen drein. „Ma, der scheint ja ganz in Ordnung zu sein", sagte er mir zum Abschied. Da fing ich schon wieder an, meine diesbezüglichen Zweifel zu äußern. Mein Sohn aber meinte, das ist ganz einfach Ma: „Entweder oder." Ich lachte befreit, ob seiner treffend knappen Aussage; er brachte immer alles in maximal 3 Worten auf den Punkt. Ich brauchte und liebte ihn. Ganz besonders in diesem Fall. So eine Woche ist schneller vorbei, als man denkt, und es hieß wieder ein Mal „schade". Wenigstens fragte ich mich beim Abschied am Flughafen nicht mehr, ob und wann wir uns wieder sehen werden.

20. Kapitel – Anfang Juni 2007 in Kemer

Bin kurz entschlossen mit meinem Enkel in den Ferien nach Kemer. Machen Ausflug nach Myra, wo der heilige Nikolaus geboren wurde und Kekova, der versunkenen Stadt im Meer. Mein Enkel ist „erster Sieger“, hat er doch einen wunderbaren Freund gefunden. Einen Realschul-Lehrer, der sich als Glücksfall entpuppt. Sofort erkennt er die pubertären Schwierigkeiten von Lukas. Wir fahren zusammen nach Antalya. Der Mann hatte sich mit einer Internet-Bekanntschaft hier, in diesem Hotel, verabredet, was sich als Irrtum herausstellte. Die Frau lag oben ohne am Strand und ging mit String und hauchdünnen, durchsichtigen Kleidchen und Highheels vom Buffet an den Obern vorbei zum Tisch. Er distanzierte sich nach und nach und hatte dadurch viel Zeit, die meinem Enkel zu gute kam. Diese Woche war ausschließlich für Lukas, der sich nur schwer von seinen neu gewonnen Freunden trennen konnte.

So machte er die Bekanntschaft eines zarten Mädchens. Sie hatte Krebs und war gekennzeichnet durch ein paar flaumige blonde Haare, die ihren ansonsten kahlen Kopf zierten, nach der Chemo. Bewundernd blickte sie auf den braun gebrannten, kraftstrotzenden, sportlichen Lukas, der in etwa ihrem Alter war und himmelte ihn verträumt an. Einen anderen Jungen, mit allein erziehender Mutter hier, und nicht so begütert wie er, lud er zu einer Fahrt auf einem der neuartigen Fun-Geräte, das von einem Motorboot gezogen wurde, auf das offene Meer ein. Seine dritte Bekanntschaft, ebenfalls ein etwa gleichaltriger Junge, gestand ihm zum Abschied, krebserkrankt zu sein.

Diese Erfahrungen ließen Lukas nicht kalt und seine eigene, privilegierte Lage in einem anderen Licht sehen. Papa holte uns am Flughafen ab und war erstaunt, ob der positiven Verwandlung seines Sohnes. Ich erklärte, dass das maßgeblichen diesem Herrn zu verdanken sei und stellte ihm kurz „den Lehrer“ vor, von dem wir uns jetzt verabschiedeten.

Mit einer neuen Wasserpfeife im Gepäck kam Lukas freudestrahlend ins Elternhaus zurück, sofort umringt von seinen Geschwistern, für die er, nebst Eltern, je ein Geschenk mitbrachte.

Oma-sein ist schön; aber nicht nur.

21. Kapitel – Juni/Juli/August 2007 in Deutschland

Am 11.06.07 mittags ein Anruf. „Ich kommen Schatzi, ich jetzt Autobahn raus, zu dir kommen." Du meine Güte, was war jetzt los? Das sollte ich gleich erfahren.

Der Mann, der da am Gartentor steht, ist nicht mein Karim. Er trägt Papiere unter dem Arm, geht nicht in die Wohnung, nimmt stattdessen auf dem Stuhl auf der Terrasse platz und wirft die Unterlagen angewidert auf den Tisch. Er ist seit einer Woche hier, wohnt angeblich beim Schwager. Aus den Papieren ersehe ich, er ist dort seit letztem Oktober gemeldet. Das wusste ich nicht und hinterfrage. „Ich Adresse brauchen in Deutschland, wegen Post, immer Briefe kommen." Er zeigt auf den Stapel Papiere. Nun will er Nägel mit Köpfe machen; ich sehe, er ist am Ende. „Ich dich fragen": „Ich bleiben für immer oder nicht. Jetzt ich will machen, was du sagen." Ich rate ab, aus den hundertfach genannten Gründen der Existenzfrage. „Die fetten Jahre in Deutschland sind längst Vergangenheit, wann kapierst du das endlich?" Wir ordnen sorgfältig die Unterlagen, es ist auch ein Vollstreckungsbefehlt wegen Unterhaltszahlung an seinen ältesten Sohn dabei. Dazu noch aufgelaufene Summen für die Unterhaltszahlungen der anderen Kinder. „Die Landratsamt-Frau immer fragen, wo ich wohnen, was geht ihr an?" „Du bist hier gemeldet und zahlst nicht für deine Frau und Kinder, sondern der deutsche Staat, also geht sie das schon was an, wo du dich rumtreibst", sage ich. Das schaut nicht gut aus. Er hat jetzt zumindest einen Überblick in die Angelegenheiten gebracht, die ich in eine verschließbare Klarsichtmappe stecke und fährt damit im geliehenen Auto zurück. Was habe ich da für Neuheiten gesehen. Vermutlich hatte seine Frau ihn verklagt, oder das Jugendamt ihn verdonnert.

Drei Tage später wieder ein Anruf: „Ich jetzt dort arbeiten und eigene Wohnung suchen.“ Denkt wohl, bei mir Unterschlupf zu finden, da nicht weit weg von mir – aber Fehlanzeige. Er muss Raten bezahlen, und lebt mit Sicherheit in einem unvorstellbaren Chaos, von dem ich nichts wissen will. Langsam dämmert mir, was seine Frau meint, wenn sie seine Familie als schlechte Familie bezeichnet. Ein erneuter Anruf sagt mir, dass er in seiner früheren Arbeitsstätte kurzfristig arbeiten könne. Warum tut er das? Er hat doch immer nur von einem Leben in der Türkei gesprochen, woher der plötzliche Wandel? Was läuft da alles hinter meinem Rücken?

Ich werde krank. Muss drei Wochen ins hiesige Krankenhaus. Eine schmerzhafte Woche vergeht, bis durch Zufall eine Ärztin herausfindet, dass ich falsch liege. Eine Nerven-Wasser-Untersuchung bestätigt den Verdacht auf Borreliose. In meinem Fall hervorgerufen durch die Eier, die Zecken unter der Haut ablegen und meine Gelenke und Nerven angegriffen haben, was höllisch weh tut. Vermutlich zugezogen beim Gras mähen auf dem Friedhof. Neun Tabletten täglich, diverse Therapien, wenig Hoffnung. Es ist 1 Monat vergangen, seit Karims letzten Besuch; keine Ahnung, was er macht. Meine Schwester ruft an. Er ist jetzt bei ihr und sie fährt mit ihrem Auto vor, zu mir ins Krankenhaus, er hinterher. Ich sage, erst in 1 ½ Stunden Zeit zu haben, da just jetzt 2 Therapiestunden angesetzt sind. Er wartet in der Cafeteria. Als ich mit dem Lift ins Zimmer fahren will, sehe ich ihn. Ich bitte ihn, im Foyer Platz zu nehmen. Setze mich im weißen Bademantel auf einen Stuhl und deute auf den rechts daneben, dazwischen ein Tisch. Ich will nichts mehr wissen von ihm und seinen Machenschaften, leide ich doch sowohl körperlich als auch seelisch. Er sah, dass es mir schlecht ging, machte mir aber Mut indem er sagte „du noch Kraft Schatzi, du noch gut.“ Ich sagte: „willst du warten, bis du mich im Rollstuhl fahren kannst?“ Ihm blieb nichts, als zu gehen. Ich begleitete ihn noch bis zum Auto, dann drehte ich mich um und er fuhr ab. Ich hatte ihn kaum ansehen können, geschweige denn mich anfassen lassen. Mir war schlichtweg nach Kotzen.

Ich gehe noch die paar Schritte vom Parkplatz zum Friedhof, an das Grab meines Mannes und klage ihm mein Leid. Trotzdem war es ihm und seinem Besuch zu verdanken, dass es mit mir wieder bergauf ging. Es war seine Energie, die ich brauchte. Eine Woche nach meiner Entlassung ruft Karim an, als ich gerade in der Post bin. Ich verstehe nichts, habe keine Kraft und antworte nur mit „ja, ja, ja.“ Ende Juli wieder Anruf. „Komme 5. August oder evtl. schon 4. August. Es geht also doch mit Voranmeldung, hat er was dazu gelernt.

Er kommt am 4. August um 16.30 Uhr voller Dreck und Speck, total abgehetzt aber überglücklich. Liebe, Liebe, Liebe, was macht sie mit uns! Das Tal der Tränen – vergessen!

Es ist unser zweiter Jahrestag des Kennenlernens. Wir feiern ihn gebührend unter einem riesigen Strauss von Gladiolen in allen Farben. Galata-Saray-Farbe, die Farbe seines Fußball-Clubs ist auch dabei, neben seiner Lieblingsfarbe „Barolorot“. Auf einem silbernen Tablett gibt es kleine Kuchen mit Kerze, Champagner in Kristallgläsern, kleine, liebevolle Geschenke. „Schatzi, ich nicht denken, unsere Tag heute, aber Herz sagen, muss heute kommen.“ Spielte doch alles keine Rolle, er war da! „Ich will den Tag zum Anlass nehmen, etwas in unserer Beziehung zu ändern.“ Er hört gespannt zu. „Von heute ab werde ich dir kein Geld mehr geben, sonst sind wir in Kürze beide Pleite.“ „Lass mich machen, wie ich es seit jeher mache und kann. Sehe mich nur als deine Versicherung. Du musst ab heute alleine für dein Leben aufkommen. Falls du ins Gefängnis kommst, hole ich dich raus." Ich weiß nicht warum, aber von Anfang an dachte ich, dass ich den Mann eines Tages im Gefängnis besuchen werde. Karim nickte die neuen Bedingungen regungslos ab. Er hatte Frau und Kinder ganz früh am Morgen nach Friedrichshafen zum Flughafen gebracht, die über Antalya in sein Dorf fahren müssen, da in der Hochsaison keine direkte Verbindung mehr möglich war. Sie sind die Ferien wieder bei ihm, in der Türkei. Er macht bayerische Brotzeit, trinkt Bier und geht endlich in sein geliebtes Bad, aus dem er, nach einer langen Weile, zivilisiert wieder heraus kommt. Danach feiern wir bei Whisky mit Cola und Nüssen auf der Terrasse weiter. Wir lassen unser erstes Zusammensein Revue passieren. Es ist heiß, er hat sich in die Liege gelegt und schläft darin ein. Wieder war er angekommen, in Abrahams Schoss. In der Nacht wache ich auf, spüre spielende Hände an meinen Brüsten. Jetzt war er fit. Wir schlafen lange und wachen eng umschlungen auf. Das war neu. Er wäre nicht Karim, käme da nicht gleich wieder eine bittere Pille nachgeschoben. Angeblich hatte er sein Handy vergessen und müsse deshalb noch einmal zurück. Wer soll das glauben? Abends ist er wieder da, wir gehen in einen griechischen Biergarten und essen vorzüglich; die Stimmung ist getrübt. Er beichtet mir, dass er Morgen TÜV machen muss, Schilder holen, aber den darauf folgenden Tag wieder kommen würde. Wieder hatte er ein altes Auto gekauft und repariert, das er aber nicht rechtzeitig fertig brachte. Zum Trost kam jetzt ein Knaller: „Schatzi, du mit fahren. Besser, du Italien gehen, Urlaub machen. Meer gut für deine Gesundheit, du wieder ganz gesund werden." Warum nicht?

Ich rief meine Schwägerin an, avisierte mein baldiges Eintreffen. Schnell noch auf den Friedhof, Gianni fragen. Er sagt mir wörtlich und in Italienisch: „Meine Kleine, fahre nach Ortona, jetzt bringt dich der Türke, weil ich nicht mehr da bin, kuriere dich vollständig aus und komme gesund zurück." Ich hatte genug Zeit zum Packen, machte die Wohnung urlaubsfertig, bereit zur Abfahrt, und da kam er auch schon wieder. Wir blieben eine letzte Nacht bei mir, in meinem Bett, das er so liebte. Das Auto hatte problemlos den TÜV erhalten, es fehlte nur noch ein Verbandskasten. Den gab es zufällig diese Woche bei Lidl, der unweit meiner Wohnung ist. Nach dem Frühstück schnell der Kauf und ab ging es, auf große Fahrt.

Wie oft in den vergangenen 20 Jahren bin ich diese Strecke mit meinem Mann gefahren, unzählige Male. Jetzt mit ihm. Er fuhr anders. Ich wage es kaum zu sagen; besser, schöner. Mein Mann war zwar ein Spitzenfahrer, setzte sich aber selbst immer unter Druck, um schnell zu Hause zu sein. Mit ihm war es relaxter, ruhiger. Das Auto war so voll bepackt, dass wirklich nur mein Sitz frei war, trotzdem war es gemütlich. Er fuhr nie mehr als 110 h/km. Wir hielten ein Mal an einem Autogrill und ich holte vegetarischen Foccatio mit doppeltem Espresso; das kannte er noch nicht, fand es aber toll. Auch die italienische MS-Zigarette (MS steht für Morto sicuro), lobte er. Am 9. August sind wir, ohne Stau in Bologna, auf freien Strassen, in 8 Stunden, mit dieser vollen Kiste am Ancona-Porto angekommen. So etwas hatte ich in 20 Jahren noch nie erlebt. „Aber warum, Schatzi, ich oft fahren, hier immer frei." Das war eben er, er lebte nicht nur, sondern fuhr auch noch außer der Norm. Wir schauten nach einer Fähre nach Igomenitsa für den nächsten Tag. Wir wählten die Nachmittagsfähre. Ich wollte unbedingt noch eine Nacht mit ihm in Senigallia verbringen, dem Ort, in dem ich mit 15 Jahren meinen ersten Auslandsurlaub machte. Wir fuhren bei heftigem Gewitter und Regengüssen im Berufsverkehr am Strand entlang. Ein Blick zu ihm sagte mir: „Jetzt nur kein falsches Wort, Anna." Ich fand ein geeignetes Hotel, das einen abgeschlossenen Parkplatz hatte. Es war voll belegt, aber die Besitzerin wollte uns ein Zimmer fertig machen. Es war nicht gerade die Besenkammer, aber auch nicht ihr bestes Zimmer. Wir liefen durch Regenpfützen in ein nahe gelegenes Restaurant und waren die ersten Gäste. Karim war skeptisch, ich beruhigte ihn, schließlich kannte ich mich aus, es war mein Terrain. Das Essen war hervorragend. Spaghetti, gegrillter Fisch, Salat, gegrillte Auberginen, dazu 1 Liter Wein. Er war beeindruckt von der Güte der Speisen. Inzwischen war das Lokal bis auf den letzten Platz gefüllt, immer mehr Stühle und Tische wurden von der Terrasse herein geholt; da es in Strömen regnete. Vor unserem Tisch wurden auf langen, rechteckigen Holzbrettern „Pizza al Forno" gebacken. Es duftete unwiderstehlich und so bestellten wir auch noch eine kleine, vegetarische Pizza sowie einen weiteren Liter Wein, der ausnehmend gut war. Die Welt war wieder in Ordnung, nur ungern lösten wir uns von diesem Ort, in dem das italienische Stimmengewirr seinen Höhepunkt erreicht hatte.

Im Hotel gab es Live-Musik, die Gäste tanzten. Wir trinken noch einen Aperol und Fernet, dann holt Karim eine riesige Kühlbox aus dem Auto, die er voller Freude für seine Familie gekauft hatte für den Strand in der Türkei und die er laden musste. Wir fallen ins Bett und kuscheln uns warm. Nach einem Frühstück, bestehend aus „Cornetto mit Cappuccino" bezahle ich 90 Euro und wir fahren, von lieben Grüßen der Besitzer begleitet, zum Porto. Das Biglietto für die Superfast, ein ganz neues Schiff, kostete 139 Euro ohne Kabine; es wird ihn am Folgetag um 8.00 Uhr nach Igomenitsa gebracht haben. Noch kurze 1½ Stunden verbleiben uns. Wir sitzen im Auto, in der Schlange, draußen regnet es in Strömen. „Da Schatzi, schauen!" Vor uns tun sich zwei Regenbogen auf, verschlingen sich, leuchten wie Phosphor. Wir schauen uns an. „Deine Glück", sagt er. Ich frage ihn, ob er Geld hat. Er zeigt mir seinen Geldbeutel. „Hier sind 500 Euro nur als Reserve, falls was passiert mit dem Auto. Dann noch 100 Euro für eine neue Sonnenbrille. Vielleicht findest du die gleiche wieder in Griechenland." Er hatte seine geliebte Brille verloren und hörte nicht auf, dies zu bedauern, in Wahrheit hat er sie am Tresen liegen lassen, und sie wurde ihm gestohlen, wie er bei späterer Gelegenheit nachschob. Um es vorweg zu nehmen, er hat die gleiche Brille gefunden, aber nicht auf dieser Reise, erst viel später, in Marmaris. Der Gag daran, sie war von außen verspiegelt, so dass er sehen, seine Augen aber nicht gesehen werden konnten. Enorm wichtig für Mafiosi-Typen. Etwas von dem Geld hat er auch gebraucht, da das Auto in Höhe Izmir wegen der Klimaanlage heiß gelaufen war und den Geist aufgab. Unnötig zu erwähnen, dass er wieder mal Glück hatte, nachts einen KFZ-Mechaniker zu finden, der es reparierte. Als er dran ist zur Auffahrt auf die Fähre, packe ich schnell meinen kleinen Koffer, gebe Bussi, und winke ihm, auf den Bus zulaufend, der mich zur Statione bringt, nach. Nach einer Zigarette fährt der nächste Zug nach Pescara und ich mit ihm. Mein Schatz hingegen kann seine Familie genau nach acht Tagen wieder in den Arm nehmen. Nicht schlecht, sein Timing.

Bei unserem nächsten Treffen gestand mir Karim, noch nie ab Ancona gefahren zu sein. Früher hat er immer die Fähre ab Bari oder Brindisi genommen, was immerhin eine zusätzliche, mehrstündige Fahrt bedeutete. Er bedankte sich für diese wunderschöne neue Erfahrung, die eine absolute Erleichterung für ihn darstellte. In Zukunft würde er nur noch ab Ancona fahren. Heute frage ich mich, mit welchem Auto?

23. Kapitel – August 2007 in Ortona

In Pescara nehme ich den Bus nach Ortona, der sogleich startet. Als wir Francavilla erreichen, ist es kaum passierbar, Hochwasser, alle Unterführungen sind voll gelaufen, kein Auto kann mehr fahren. Feuerwehr und THW im Einsatz. Ich erreiche aber sicher das Haus meines Schwagers und der Schwägerin, die ich telefonisch informierte und die mir jetzt auftischen. Da ich in einem anderen Haus, das der Schwiegermutter, schlafe, begleiten mich die beiden, nicht ohne vorher einen Barbesuch zu absolvieren. Vor 35 Jahren sagte mir mal eine weltberühmte Wahrsagerin: So lange du die Tauben auf dem Dach siehst, wird dein Leben gut verlaufen. Wenn ich hier morgens die Augen aufmache sehe ich vom Bett aus meine Bitchone = Tauben auf dem Dach gegenüber und vermisse meinen Schnuffi, der diesen Anblick nicht mehr mit mir teilen kann. Anderentags ist Fest-Tag von San Sebastian mit seiner Barca, ein mittelalterliches Spektakel vor der Kathedrale, das wie immer, viele tausend Besucher anlockt.

Ein Freund meines Mannes, aus Kindheitstagen, lädt mich ein „offre Kaffee“. Wir resümieren über die Vergangenheit mit Gianni. Am nächsten Tag kommt meine Nichte aus Grosseto mit ihrem Lebensgefährten, die auch mit mir im Haus wohnen. Ich freue mich, sie zu sehen. Es gibt großes Mittagessen, was in Italien stundenlanges Essen bedeutet. Ich habe schmerzhafte Probleme mit meinen Füssen, deren Haut sich aufgrund der vielen Medikamente schält, auch die Fußnägel sind angegriffen von den starken Antibiotika, die ich nehmen musste. Meine Nichte gibt mir ihre Flip Flop, die „morbido“, also sehr weich sind. Sie erhält dafür meine neuen, schönen, die mir jetzt nichts nützen. Heute scheint die Sonne, endlich können wir Baden gehen. Wir fahren zusammen an den Strand.

Ein alter Bekannter aus Bologna kommt zu mir, auch seine Frau ist an Krebs gestorben; ich bin schockiert, sie war eine hübsche und nette Frau. Abends ist „Festa Rustica“ angesagt, das im historischen Viertel, in Castello-Nähe stattfindet. Es ist ebenfalls ein mittelalterliches Fest, mit entsprechend gekleideten Akteuren. Die Besucher laben sich an Baccala-Fisch, Paprika, Maiskolben vom Rost und vieles andere mehr, und trinken Wein, wie man ihn besser nicht findet. Man trifft hier mit Sicherheit jeden, der gerade in der Stadt verweilt.

Heute ist auch meine Schwägerin mit an den Strand gekommen – eine Seltenheit. Sie pflegt die Schwiegermutter seit Jahren, die man nicht eine Minute alleine lassen kann; ihr Mann versorgt sie. Wir essen im Restaurant am Strand, bei uns würde man sagen: Ein Geheimtipp. Schon ist es Ferragosto, der 15. August, und größte Festtag in Italien, wo eine schöne Sitte gepflegt wird. Will man ohne Verabredung einen alten Bekannten wieder sehen, so ist das an diesem Tag gewährleistet. Sieht man ihn nicht, macht er in diesem Jahr hier keine Ferien. So einfach ist das. Die komplette Familie geht ins Restaurant. Ab 23.00 Uhr ist alles, was Beine hat, auf den Strassen. An jeder Ecke Spektakel. Die ganze Stadt ist ein einziges Theater mit großem Publikum. Zur Krönung gibt es ein Feuerwerk der besonderen Art. Eines aus der Höhe und eines vom Meer aus. Beide treffen sich in einzigartigen Figuren. Man geht nicht vor morgens 3 Uhr nach Hause. Ausschlafen ist nicht, denn heute ist das Fest von San Rocco mit traditioneller Prozession. Außerdem Markt-Tag. Ich kaufe ein wie eine Geistesgestörte im Kaufrausch. Kein Mann da, der mich deswegen anmacht, toll. Abends nehme ich einen Aperitif „Campari“ in einer Bar an der Ecke zu meiner Schwägerin.

Dort lerne ich eine blonde Frau kennen. Sie spricht mich an, wohnt nicht direkt in Ortona und will unbedingt ein Appuntamento, also eine Verabredung. Mein Schwager kommt vorbei und holt mich ab, auch er trinkt was. „Diese Familie nicht ganz gut“, warnt er mich. Südländische Mentalität! Diesen Urlaub verbringe ich viel Zeit mit meinem Schwager. Immer wieder fragt er nach Einzelheiten des Krankheitsverlaufs von seinem Bruder, will alles genau wissen. Er ist ausnehmend nett zu mir. Betont, dass Italien meine Heimat ist, und ich das nicht vergessen darf. Die Türkei wäre nur für den Zeitvertreib für mich gedacht, da eine Moslem-Welt, eine völlig andere Kultur.

Ende August stehe ich an der Bushaltestelle, um an den Strand zu fahren, der unterhalb der Stadt liegt. Ein Auto stoppt, es ist ein neuer BMW-Kombi, der Fahrer mit Sonnenbrille lässt das Fenster runter und lädt mich ein mitzufahren. Ich denke an einen Bekannten oder Verwandten, ‚hitchhiken', jemanden mitnehmen, ist hier üblich, und steige schnell ein, da die Ampel auf Grün umgeschaltet hat. Im Auto bemerke ich den Irrtum und frage ihn, wo er herkomme, da er sicher nicht von Ortona wäre. Er zeigt mir seine makellosen, weißen Zähne, ich bin irritiert. Sie sind noch schöner, als die von Karim. Er trägt sein pechschwarzes Haar zu einem Zopf gebunden, ist mit weißem Hemd und toller Jeans gekleidet, eine Schönheit. Dann streift er die Sonnenbrille auf den Kopf und lässt mich in seine schwarzen Augen sehen. Er bittet mich, es ihm gleichzutun, was ich mache, und schwärmt „il Mare“. Ich sage „Sarazene“, meine den Strand, und wir fahren langsam die Serpentinen runter. Dabei legt er seine Hand auf meinen Schenkel und macht mir ein eindeutiges Angebot für einen Tag voller Liebe, den ich nicht bereuen und nie vergessen werde. „Warum nimmst du nicht ein schönes Mädchen in deinem Alter?“ Frage ich, ich könnte deine Mutter sein. Er will davon nichts hören, mich entführen, an einen hier sehr bekannten Platz. Er würde alle meine geheimen Wünsche erfüllen, so versprach er. Ich lehnte ab. Es sind deine Beine, sagt er. Sie steckten in einer dreiviertellangen, karibischen Sommerhose, die mir meine Schwiegertochter aus Tunesien mitbrachte. Nun, meine Beine sind nicht gerade das Beste an mir, finde ich, aber irgendwie waren alle Männer verrückt darauf. Selbst Karim sagte oft, „du andere, du ganz andere Frau, auch Figur andere“ und meinte damit meine Beine. Sie sind definitiv 10 cm zu kurz. Ich stieg aus und bedankte mich für die Fahrt. Da sagte der Schönling, „bitte bleib, ich zahle auch.“ Schau mal an, dachte ich amüsiert, jetzt bist du 59 Jahre, und dir passiert so was, hört das denn nie auf?

An diesem Tag hatte ich noch mehrere nette Erlebnisse; die Sterne standen wohl auf „Glühen“, ich aber nicht, meine Gedanken waren bei Karim. Bei meiner Rückkehr vom Strand, zeigt das Display auf meinem Handy drei vergebliche Anrufe von Karim. Ich kann nicht zurückrufen; verboten. Noch eine Woche, in der ich eine Kartenlegerin konsultierte. Sie ist eine langjährige Bekannte, kommt auch hierher zum Strand, und hat die letzte Begegnung mit mir und meinen Mann noch nicht vergessen, sie verlief weinend.

Abends ging ich durch die belebte Geschäftsstrasse, traf mich jeden zweiten Tag mit meiner neuen Damenbekanntschaft an der Bar. Wir gingen spazieren, machten uns näher bekannt, ehe sie ihr Bruder nach Hause brachte. Unbedingt zu erwähnen, ein absolutes Muss, die Abendessen bei meiner Schwägerin. Außerdem fehlte an keinem Abend das Ausgehen mit den Verwandten. Sehen und gesehen werden, ist hier das Motto sowie hie und da, ein kleiner Small Talk. Den Spaziergang beendeten wir immer mit einem Eis, wie es besser, und appetitlicher serviert, seinesgleichen sucht. Meine drei Wochen sind um. Das Schwimmen im Meer, das Salzwasser in Verbindung mit Sand, der wie Schmirgelpapier auf meine geschundenen Füße wirkte, dazu die Sonne, ergaben ein äußerst befriedigendes Ergebnis. Ich war generalüberholt und fühlte mich wieder fit, noch nicht gesund, aber aufsteigendem Ast. Mein Dank galt Gianni, er erhielt eine Neubepflanzung seines Grabes, bei meiner Rückkehr. Schwager und Schwägerin begleiten mich und mein schweres Gepäck (wieder hatte ich zuviel eingekauft,) nach Pescara zum Zug. Es sollte das letzte Mal sein, dass ich Tonino lebend gesehen habe.

24. Kapitel – Mitte September 2007 in Bodrum

Ich wollte jetzt nicht alleine zu Hause sein. Karim hatte eigentlich bei unserer letzten Unterredung Kos als Treffpunkt vorgeschlagen, war aber zu teuer. So buchte ich in Bodrum, im gleichnamigen 4-Sterne Club, indem wir im Juli, in der Nähe Marmaris waren. Er war aber nicht vergleichbar, lag hoch oben auf einem Hügel, mit Sicht auf Bodrum und den umliegenden Inseln. Steile Treppen und ein Lift führten zum Strand, Restaurant und Amphitheater. Um 11.00 Uhr sollte Karim kommen. Er kam um 14.30 Uhr, meine Stimmung war entsprechend. Ich musste warten, da er ohne meine Papiere nicht auf den Parkplatz kam. Seine Entschuldigung diesmal: Er musste noch in die Kreisstadt, seine Tochter für die Schule anmelden. In den Augustferien hatte er mit seiner Frau vereinbart, dass die Tochter hier im Sommer das Hotelfach lernen sollte und im Winter die entsprechend fördernde Schule absolvieren. Er freute sich unbändig auf sie. Nun gut. Wir hatten eine Suite, die ich mir beim Chef mit dem Hinweis, den Club zu kennen, ergatterte – ohne Aufpreis. Sie hatte einen Balkon mit schöner Aussicht auf die Inselwelt. Mein Haifisch machte seinem Ruhm alle Ehre und verschlang mich. Abends saßen wir romantisch bei einem kühlen Drink in der Open-Air-Disco und bestaunten die Mondsichel, die sich bei leichtem Seegang im Meer widerspiegelte. Beide sind wir rundherum wunschlos glücklich, wie schon lange nicht mehr. Nach dem Frühstück fuhren wir nach Bodrum. Er will mir das Meeresmuseum zeigen, das ausgerechnet heute geschlossen hat, was ich sehr bedauere, bei dem idealen Führer in meiner Nähe. Wir kommen an einem Tauchartikelgeschäft vorbei. „Hast du Flossen?“ frage ich. Er sagt, dass ich seine doch gesehen hätte, alt und brüchig. Wir kaufen Flossen, Taucherbrille und Harpune; natürlich feilscht er, und ist mit seinem Handel sehr zufrieden.

Wir sitzen noch am Hafen bei einem Cay und er grüßt einige Bekannte, im Vorübergehen.

Abends, auf dem Weg zum Restaurant, ein Anruf für ihn. Sein Sohn hat 11. Geburtstag und will Vater sprechen. Dann ist seine Frau dran und er telefoniert 20 Minuten mit ihr. Danach ist er ein zerstörter Mann. Beim Essen sagt er, die Tochter kommt nicht, weil die Ausländer-Behörde sagt, wenn sie in der Türkei lebt, muss sie die Rechte in Deutschland aufgeben, deutscher Pass ade. Ich wundere mich, dass seine Frau das nicht gewusst haben soll. Die kennt sich doch sonst überall aus.

War das eine Finte? Er schimpft über Deutschland mit seinen neuen Gesetzen. Aha, daher weht der Wind, sie hat sich wohl aus der Affäre geredet und den deutschen Gesetzen den schwarzen Peter zugeschoben. Ich kläre ihn ruhig, aber bestimmt darüber auf, dass diese neuen Gesetze sich sehr positiv auf seine Kinder auswirken werden und ausschließlich der besseren Integration gewidmet sind. In Deutschland gäbe es derzeit kein wichtigeres Thema als das verbesserte Ausländergesetz und nahezu jede zweite Fernsehsendung würde sich damit befassen. Ich selbst wäre der Publikationen bereits überdrüssig. „Meine Frau nix wie du, die nur Serien schauen“, stellte er bekümmert fest. Das konnte doch nicht sein, dass sie das nicht gewusst hat! Ich wurde das Gefühl nicht los, dass sie ihn austrickste. Wie dem auch sei, er war untröstlich, eröffnete eine Diskussion „Moslem zu Katholiken“, ereiferte sich, bis das ganze ausuferte. Ich merke, er ist uneins mit den veränderten Umständen, die alle seine Pläne zunichte machten.

So außer sich hatte ich ihn noch nie erlebt. Er gesteht, Sunnit zu sein, steigerte sich weiter in das Thema, bis es zum Eklat kam. „Du möchte, du kann gehen, du frei, ich akzeptiere“, schrie ich ihm aufgebracht ins Gesicht. Hasste er mich oder sich? Er war in der Zwickmühle, ich wollte nicht schuld sein, an seiner Misere. So sollte er seine Chance bekommen und unbemerkt gehen können. Ich verließ das Zimmer und ging in die Bar im Freien. Jetzt brauchte ich einen starken Drink. Zu dieser Stunde war es nicht leicht, einen freien Platz zu finden, an dem ich nicht sofort gesehen werden konnte. Stimmungsvolle Musik sollte die Touristen einlullen, dankbar nahm ich sie auf. Ein zweiter Drink tat Not und ich beruhigte mich. Jetzt hatte er genug Zeit zu verschwinden, dachte ich und ging langsam die steilen Stufen hinauf, zum Zimmer. Er lag noch immer auf dem Bett. „Ich hier Schatzi, ich nix gehen, du falsch denken." Ich musste laut lachen und er schnappte mich und zog mich zu sich. „Wir jetzt Disco gehen", sagt er und wir gehen aus. Anderentags hat er viel vor. Erst fahren wir Fischerboote schauen. Er träumt jetzt von seiner Idee, mit einem Fischerboot, als Fischer zu arbeiten; besser gesagt, er will jetzt unbedingt Fischer werden, wie ich kopfschüttelnd feststelle. Dazu zeigt er mir anhand der verschiedenen Boote, wie er sich seine Kabine vorstellt mit Küche, Bett für zwei, also Platz für mich, die ich ihn begleiten soll, und einer Gefrierbox für die Fische, die enorm wichtig wäre, weil er dadurch die Fische sofort an Ort und Stelle verkaufen könne.

Weiter lerne ich an diesem Vormittag die verschiedenen Hydrauliksysteme zum Ausfahren der Netze kennen und er spricht mit diversen Eignern, die ihr Boot zum Verkauf anbieten. Keines entspricht seinen Vorstellungen. Er will selbst ein Boot bauen, so sein Entschluss. Anschließend fahren wir Richtung Cökertme und baden am kilometerlangen, menschenleeren Strand. Er probiert sein neues Equipment aus und hat dabei soviel Spaß, wie ein kleiner Junge. Ich schieße Fotos. Dann fahren wir zu seinem Boot, das an Trockendeck liegt. Er unterhält sich lange mit dem Werftbesitzer, der seine desolate Lage kennt. Danach fahren wir zu seinem Freund, selbigen, der uns damals nach Gümbet gefahren hat. Wir essen in seinem Restaurant. Ein Deutscher sitzt am Nebentisch, der mit seinem Segel-Boot nach 20 Jahren hierher zurückkam, und staunend über den Wandel der Türkei berichtet. Herzlich verabschiedet, machen wir uns, nach einem Bad an diesem traumhaft schönen Platz, auf den Heimweg. Im Hotel essen wir vergnügt Suppe – danach uns auf.

Am nächsten Vormittag ruft seine Frau wieder an. Er ist am Boden zerstört. Was war los? Da sein bemerkenswertes Geständnis. Sie hatten fest vereinbart, dass die gesamte Familie kommen und hier mit ihm zusammen leben solle. Alles war perfekt, nur hatte er die Rechnung ohne den Wirt, gemacht, in dem Fall seine Frau, die ihm jetzt einen Strich durch machte. Wegen fehlender Absicherung im Krankheitsfall, hat sie kalte Füße gekriegt. Ihre Begründung: Noch einmal könne sie nicht zurück nach Deutschland, und von vorne anfangen. Was konnte er tun? Ständig diese Scheibchen Wahrheiten! Ich hatte eine Idee. Erst mal Abschalten. Am Strand kam gerade ein Animateur angelaufen, der Massagen verkaufte. Ich bestellte gleich zwei inklusive Hamam und den ganzen Brimborium. Wir durften auch gleich mit ihm gehen.

Karim bestand darauf, mit mir in seiner Nähe das Programm zu absolvieren, was mir nur recht war. Der Massageraum war über die Klippen gebaut und mit Sicht zum Meer bis zum Boden verglast. Man hatte das Gefühl, frei über dem Meer zu schweben, während unserer Massage. Das munterte auf, und war jetzt genau das richtige. Kontrastprogramme waren ganz sein Fall. Abends putzte er sich besonders heraus und wir besuchten die Fakir-Show. Dann kaufte er ein Los zur anschließenden Preisverleihung. Als letzter Gewinn wurde unsere Nummer gezogen. Ich bekam eine schöne Silberkette in passender Länge.

Am nächsten Tag blieben wir im Hotel, ein Relax-Tag war angesagt. Er packte seine Neuerwerbung und verschwand damit im Meer. Ich nehme mein Buch und lese. Nach zwei Stunden kommt er zurück mit einem großen Fisch an der Harpune, den er einem Hotelangestellten schenkt, der ihn bewundert. Alsbald kommen alle jungen Damen kichernd angelaufen, um ein Foto von ihm und seinem Fang zu machen. Sein Ziel allgemeiner Bewunderung war erreicht, sein Selbstwertgefühl wieder hergestellt. Ich dagegen hatte mir einen Sonnenbrand geholt. Abends führt mich Karim in Bodrum aus, es ist ein schöner Abend, er lässt mich spüren, ich bin seine Frau.

Es ist Donnerstag, Markt-Tag in Turtugreis. „Du will, wir fahren." Was für eine Frage! Ich kaufe drei Jeans, drei T-Shirt, eine Bluse, einen kleinen Teppich und Nippes. Er findet ein Segelschiff für meinen jüngsten Enkel, der immer leer ausgeht, wie ihm nicht entgangen ist. Er fragt: „Du will Friseur?" Ich wollte, und hatte 10 Minuten später einen neuen Haarschnitt, er auch, da er ebenfalls einen nötig hatte. Den geforderten Preis zahlte er nicht. Der Friseur sollte es von der Frau da nehmen, an der gerade eine aufwendige Kopf- bis Fuß-Prozedur vorgenommen wurde. Was konnte er lieb sein, wenn er wollte und was war er doch für ein Schlitzohr. Wir fahren ins Oasis-Center, wo es nur Original-Ware gibt. Ich überrede ihn zu einem neuen Paar Adidas für den kommenden Winter. Der Verkäufer zeigte sein neuestes Modell in grau mit Silber-Streifen, ihm erschien es zu teuer. Ich aber wusste, was Goretex bedeutet und bei uns kostet, überzeugte ihn, und was soll ich sagen, er brauchte sie den ganzen Winter über mehr als dringend. Eine gute Investition für lächerliche 110 Euro, außerdem hatten wir bereits Stamm-Kunden-Rabatt, der im Computer vermerkt war und 10 Euro Ersparnis bedeuteten.

Es war sehr heiß und so gingen wir am Hafen in eines der Kaffees, aßen Simit und tranken Tee. Schade, dass es hier kein Eis gibt, wie in Italien, oder Campari mit Zitrone, oder Martini mit Olive. Heute ist sein „Lieb-sein-Tag", an denen er bezaubernd ist, ein Mann wie aus dem Bilderbuch! Entsprechend fällt die amouröse Nacht aus. Wir sitzen auf dem Balkon, bei Kerzenschein, Whisky und Cola, und sind uns beide genug. Der vorletzte Tag wird ein sportlicher Action-Tag, an dem wir uns beide tüchtig verausgaben. Was für eine schöne Zeit. Leider heißt es schon wieder Koffer packen. Wir fahren noch einmal nach Bodrum, Fischerboote schauen. Eines gab es sogar inklusive Umweltschutzpatent, es kam aber nicht infrage für ihn. Es tat mir richtig weh, mit ansehen zu müssen, wie ein Mann wie er, geboren für das Meer, kein Boot hatte. Die Welt war ungerecht. Wir mussten zurück. Noch eine halbe Stunde, dann wurde ich abgeholt. Wieder fährt er hinter dem Bus her, blinkt mit der Lichthupe, ich winke, dann setzt er den Blinker und biegt ab; ein kleines Trostpflaster in Höhe von 1200 Euro an Bord. Ciao Amore, denke ich traurig, nach seinem gekonnten Abgang. Dieses Mal lohnte sich kaum der Heimflug.

25. Kapitel – Mitte Oktober 2007, Türkei, Griechenland, Italien, Deutschland

Karim hat Sehnsucht und außerdem vor, mit dem Auto nach Deutschland zu reisen. Er bietet mir an, nein, es hört sich eher an wie eine Bitte, mit ihm zu reisen. Mitte Oktober wäre er mit seinen Vorbereitungen so weit, er stellt mir eine schöne Zeit in Aussicht. Ich komme am 15. Oktober in Dalaman an, mit kleinem Gepäck, worum er mich bat. Er erwartet mich schon seit einer Stunde am Flughafen und mahnt zur Eile. Warum, denke ich, in Vorfreude auf ein paar schöne Tage in Marmaris.

Falsch gedacht! Er hat schon gepackt für die Rückfahrt, sich bereits im Dorf verabschiedet und fährt sofort los, wie ein Verfolgter. Über sein Dorf, ich darf nicht schauen, geht es zügig nach Izmir, das wir schnell durchfahren müssen, weil er die Straßenzustände dort hasst. Danach eine kleine Pause, in der wir uns stärken. Er will heute noch so weit wie möglich fahren, ich bin von seiner Raserei enttäuscht und werde langsam sauer, als er keinen Stopp mehr macht. In Höhe Bergama sehe ich eine Ferienhaus-Siedlung mit meinen Traum-Häusern. „Schau Karim, hier sind die Häuser, wie ich sie liebe." Es sind kleine Häuser mit einem schrägen Dach und ich möchte am liebsten aussteigen und sie besichtigen. Vor wenigen Tagen hatte ich einen Fernsehbericht über diese Gegend, dem Golf von Edremin, gesehen. Demnach soll einem reichen russischen Investor die Betreibung von 90 Goldminen, am Berg Ida, seitens der türkischen Regierung, genehmigt worden sein. Dies würde nicht nur eine Zerstörung der Umwelt an diesem wertvollen Landstrich bedeuten, sondern auch einen kompletten Werteverfall der Häuser, da hier niemand mehr leben könne, wegen der drohenden Verseuchung. Große Umwelt-Demonstrationen waren die Folge und auf Transparenten zu sehen.

In Altinova macht er endlich Halt. Wir finden nachts um 1.00 Uhr ein Hotel, das einzige am Meer, das in dieser Jahreszeit noch geöffnet hat. Er ist zufrieden, mit seinem Fahrpensum und wir gehen Schlafen, d. h. erst Liebe machen, schließlich war ich brav. Nach dem Frühstück schaut er sich die nahe gelegenen Fischerboote an und ist enttäuscht. Allesamt alte Kähne. Noch 190 km durch schöne Olivenbaumgegend, und wir kommen nach Canakkale. In Lopsilci nehmen wir die Fähre nach Gelibolu und sehen uns das Museum von Kapitän Piri-Reis an, dessen Segen er erbittet. Weiter geht es nach Ipsala, wo wir zur Aufmunterung einen kleinen Snack nehmen und Kaffee trinken. Er deckt sich im Duty Free Shop mit Zigaretten, Metaxa, Raki und Obst ein, das wir unterwegs verzehren. Wir sind bereits 717 km vom Flughafen ab gefahren und gelangen an die griechische Grenze, bei der unser Auto eine Desinfektionsdusche erhält. Feuer brennt auf den Feldern, Griechenland hat es dieses Jahr schrecklich erwischt, steckt noch immer unter Flammen. Die Brände hatte ich im Fernsehen gesehen und das ganze Ausmaß direkt vor Augen. In einem Lokal, das Karim bei seinen Hin- und Her-Reisen immer frequentiert, wird er freundlich begrüßt und auf ein neues Hotel aufmerksam gemacht, unweit von hier. Der Besitzer holt uns ab, da etwas schwer zu finden. Es ist ein nagelneues 4-Sterne-Hotel, heißt Filoxenia, und steckt mitten in der Pampa, eingebettet in Berge. Die Zimmer sind sehr geräumig und ansprechend. Wenn sich da nur der Besitzer nicht übernommen hat, denke ich. Ich lade meinen Chauffeur ein zu einem Raki an der Bar, auch das Ambiente stimmt. Es gibt noch eine belebende Massage für meinen Driver, dessen Beine vom Fahren ganz dick geworden sind, und nach heißer Liebe schlafen wir beide sehr gut. Nach einem Cappuccino geht es weiter nach Thessaloniki. „Wir deine griechische Freunde besuchen, wir nix weit von Kavala?“ fragt er mich. Ach, was macht er mich glücklich! Sollte ich wirklich nach 7 Jahren endlich meine ehemaligen Nachbarn und Freunde besuchen? Bei herrlichem Wetter fahren wir die Autobahnausfahrt nach Grevena ab, statt rechts nach Kozani; er war zu schnell, wie immer, wenn er langsam machen soll. Ich kenne übrigens keinen Mann, der es anders macht. Also 25 km Umweg. Schnell rufe ich Marika an, die kaum glauben kann, dass ich im Anmarsch nach Mersina bin. Wir durchfahren das Dorf Myrsine und Karim sagt, dass es dieses Dorf ist, das wir ansteuern. Also zurück, und da steht auch schon Harry, ihr Mann, auf der Strasse und winkt. Wir dürfen ihr drei-stöckiges Haus bewundern, ihr ganzer Stolz. Das Grundstück, auf dem es steht, ist sehr groß und alles ist penibel sauber und gepflegt.

Marika hat Fisch und Gemüse gegrillt, Salate und duftendes, frisches Brot runden das Mittagessen ab. Nach Kaffee und selbst gebranntem Schnaps gehen wir in das Haus ihrer Schwester, das sich nebenan befindet. Sie ist alleine, ihr Mann zum selben Zeitpunkt wie meiner gestorben, zeitweise lagen sie Zimmer an Zimmer im Krankenhaus. Während Harry mit Karim ins Kafenion geht, zeigen mir die Damen ihr Dorf.

Beinahe jeder hat sich seinen Besitz in Deutschland erarbeitet, pflegt ihn entsprechend. Es ist m. E. nach das sauberste Dorf der Welt. Die Frauen stehen um 6.00 Uhr früh auf der Strasse, um sie zu kehren. Leider ist es auch erdbebengefährdet und verschiedene Spuren vom letzten Beben noch sichtbar. Überall werde ich eingeladen; man spricht deutsch. Ich bin sehr glücklich, ihr Reich mal sehen zu dürfen, von dem sie, in 25 Jahren familiärer Zusammengehörigkeit in Deutschland, so oft gesprochen hatten. Zum Abendessen gehen wir ins Lokal; es gibt frisch zubereitete griechische Pizza und 2 Flaschen Wein allerbester Güte. Dazu läuft auf der Fernsehgroßleinwand das Fußballspiel Türkei – Griechenland mit dem befriedigenden Gastgeber-Ergebnis 0:1. Noch lange sitzen wir, Erinnerungen austauschend, zusammen. Angetörnt durch den Alkohol, scherze ich mit Harry wie früher, zwei kämpfenden Jungen gleich, vor den Augen Karims. Der ist schockiert und rührt mich diese Nacht nicht an.

Beim Frühstück, hier im Dorf wird das frische Brot und Gebäck noch vor die Türe geliefert, nimmt mich seine Frau beiseite. „Anna“, sagt sie, „dein Mann ist viel eifersüchtig, so was, wie mit Harry gestern, darfst du nicht machen!“ Tatsächlich sagt Karim vollen Ernstes zu mir, ich könne hier bleiben und meine Ferien hier verbringen. Ist er nicht dumm?

Natürlich will ich mit ihm die Reise zu Ende bringen. Auf der weiteren Fahrt durch die Berge, bei herrlichem Sonnenschein, haben wir Streit, er ist noch sehr beleidigt und gekränkt. Als er meine Laune verdorben hat, schwenkt er um, wird plötzlich super gelaunt und fährt hervorragend. „Ich liebe dich du!“ „Eine Mann nix genug für dich?“ Ich schaue ihn ungläubig an und sage: „Aber du nie da!“ „Aber ich da Schatzi, hier bei dir“, sagt er zuckersüß. Vor Joannina machen wir einen Stopp am See und schauen uns die Stadt an. Schon lange wollte er die Burg von ‚Ali Pasha’ und ‚Aslan Pasha’, seinen Helden, besichtigen. Jetzt, nach vielen Jahren, war der Zeitpunkt gekommen. Es ist heiß, wir gehen nach unserem Rundgang ins Museum und besichtigen anschließend eine alte Koranschule. Karim ist ein geschichtlich versierter Führer und der Aufenthalt war allemal lohnenswert; die Fotos auch. Mein Pasha geleitet mich, Gedankenversunken, über enge Gassen durch die Altstadt, zurück zu seinem Wagen.

Bald erreichen wir Igomenitsa, wir sind jetzt 1500 km gefahren. Erstaunlicherweise ist mein Begleiter jetzt sehr gesprächig.

Er redet vertrauensselig über sich und seine Familie. Warum kann ich mir nur nichts davon merken? Es waren auch wichtige Dinge dabei zur Sprache gekommen, aber welche? Am Hafen kaufen wir ein Ticket für die Superfast-Fähre und bezahlen 300 Euro für Kabine und Auto; wesentlich günstiger als beim ADAC. Noch ist Zeit für Abendbrot. Wir wählen ein Hafen-Restaurant, essen Fisch, Kotelett, Reis, Pommes und Salat, trinken Wein dazu. Danach ist es Zeit, auf das Schiff zu fahren. Die Kabine ist super. Wir gehen in die Bar und unterhalten uns mit einem Kurden, der sich auf seine Bitte zu uns setzt; er war hinter unserem Auto auf die Fähre gefahren und hatte eine Europa-Tour hinter sich und viel zu erzählen. Trotz hoher Wellen schlafen wir göttlich. Am nächsten Morgen ist Sauwetter, es gießt während der ganzen Überfahrt in Strömen. So machen wir ein spätes Frühstück und sind Mittag in Ancona. Hier ist es sehr heiß und mein Schatz schimpft, nicht zu unrecht, über die fehlende Organisation der Italiener, um aus dem Hafengelände auf die Autobahn zu kommen. Echt beschämenswert, was hier abläuft. Wir fahren Richtung „Plonka", wie er sagt, und meint Bologna. Auf meinen Einwand, dass die Stadt Bologna heißt, meint er, „aber ich Plonka sagen, du wissen." Ich lachte in mich hinein, und dachte an Schnuffi, der mich immer aufforderte, seine Deckel zu geben, wobei er die Decke meinte. Fremde Sprache, schwere Sprache, wer wüsste das besser als ich. LKWs, Stoßstange an Stoßstange, genau so, wie ich es kenne. Er muss sehr aufmerksam fahren, ich störe ihn nicht. Ab Rosenheim „Weltuntergang". Schneetreiben, ein starker Wind, man sieht die Strasse nicht mehr. Der Irschenberg eine Tragödie – Stau.

Alles wie gehabt, denke ich. Während wir vom Hochsommer kamen, herrschte hier tiefster Winter. Karim bekommt Probleme mit dem Blutdruck, kann kaum mehr sehen. Ich selbst hätte nicht einen Meter fahren können. Gott sei Dank entkamen wir dem Inferno ohne Unfall und sind um 21.30 Uhr zu Hause. Er will nur noch in „sein Bett". Am nächsten Tag fährt er ausgeschlafen, nach dem Frühstück zu seiner Familie, schließlich ist das Auto voll mit, teilweise verderblicher, Ware. Außerdem hatte die Mutter zudem seine Ankunft signalisiert, was ich hiermit erfahre; es eilt – ich bin machtlos.

Er entlässt mich mit einem: „Schöne Reise mit dir, ich ganz andere fahren, ich viel ruhig. Wenn alleine fahren, ich keine Kabine." Na, wenigstens etwas. Die Reise hatte ihn fünf Tage in Anspruch genommen. 1400 Euro sein Anteil an dem Trip; natürlich hatte er noch etwas Geld in der Tasche. Was nun folgt ist klar, die übliche Sendepause und die Frage, wie lang halte ich das noch aus?

26. Kapitel – Deutschland, Oktober/November 2007

Schon eine Woche später steht er unangemeldet da. Er kommt gerade vom Konsulat, will nur Hallo sagen und ist auch sofort wieder weg. Die kommende Woche erhalte ich vier Anrufe in kurzen Abständen. Beim letzten schimpft er, weil mein Telefon seit einer Stunde besetzt ist. Ich sage wahrheitsgetreu, dass ich mit meiner Schwägerin telefoniert habe und gratuliere ihm zum Geburtstag. Scheint nicht gut zu laufen, bei und mit seiner Familie.

Mitte November hole ich ihn, auf Hilfe-Ruf, vom Bahnhof ab, samt Gepäck, wie ich sehe. Er ist halb erfroren, hat Hunger. Es gibt Fleischsuppe, Brokkoli, Kartoffelbrei, Eier, dazu Bier. Ein Rheuma-Bad bringt ihn wieder unter die Lebenden. Warum kam er ohne Auto? Nun, das Auto habe er an den Schrotthändler gegeben, und immerhin noch 100 Euro dafür erhalten. Ich sehe, Nachfrage zwecklos und lasse den Gestressten in Ruhe. Endlich schließt er mich wieder in die Arme und beginnt mit heißer Liebe, die ich so sehr vermisste.

Er hat die Nase endgültig voll von seiner Frau. Als ich nach den Kindern frage, sagt er „Kinder, ja, aber …“ Ich verstehe. Die Frau hat ihn wohl rausgeschmissen, weil er nicht spurt, und die Kinder als Druckmittel eingesetzt. Er bleibt nur kurz, muss dringend was erledigen in der Türkei. Also kaufe ich Ticket, wie gehabt, und nach 4 Tagen liefere ich ihn am Flughafen ab, mit 500 Euro in der Tasche, mehr habe ich nicht. Mein Budget für ihn war längst überschritten und machte mir Sorgen.

27. Kapitel – Anfang Dezember 2007, Antalya, Lara

Eine regenerierende Woche wollte ich einlegen, den Winter hinauszögern. Bei dem Hotelangebot hieß es „zugreifen“. Verspäteter Abflug, deshalb Ankunft gegen Mitternacht. Schönes Zimmer, im osmanischen Stil, mit seitlichem Meerblick, im 7. Stock. Vor Begeisterung rufe ich, ungewollt, wie komme ich dazu, Karim an, und teile ihm mein Vorhaben, hier eine Woche Wellness zu machen, mit. Er sagt sofort: „ich kommen.“ Ich sage: „Nein, nix kommen, ich keine Zeit.“

Am nächsten Morgen terminiere ich im Spa-Center mein Programm und handele einen akzeptablen Preis dafür aus. An der Rezeption frage ich vorsichtshalber nach dem Preis für einen zweiten Gast in meinem Doppelzimmer. „Wir, das Delphin Palace, vermitteln nur an Agenturen, der zweite Gast muss ein separates Zimmer zu hiesigen Konditionen nehmen, Ausnahmen ausgeschlossen, außerdem ist unser Haus voll belegt.“ Prompt klingelte mein Handy. Ich erkläre Karim, hier „no Chance“ und er wünscht mir sachlich einen schönen Urlaub. Am Spätnachmittag eine SMS: „Bin in Antalya.“ Eine Stunde später steht er mit seinem Cousin vor dem Hotel. Ich bin platt. Er deutet auf sein neues Moped und sagt, dass er damit von Marmaris 355 km hier her gefahren ist. Ist das nicht goldig? Ich umarme ihn, obwohl er mir gerade mein komplettes Konzept durcheinander geschmissen hat. Wir gehen über die Strasse essen; beide haben Hunger. Was tun, sprach Zeus? Wir wägten die Möglichkeiten ab, evtl. in ein anderes Hotel zu gehen, aber wir hatten Pech. So entschied er, diese Woche bei seinem Cousin in Antalya zu wohnen. Auf meinen Einwand hin: „Egal du machen, aber ich hier.“ So ging das auch nicht. Ich fahre mit Dolmusch nach Antalya, die beiden hinterher auf dem Mofa.

Es hat 28° C als ich im Zentrum aussteige. Wir gehen kurz die Tasche abliefern und spazieren. In einem Straßencafé in Nähe Hafen, nehmen die beiden einen Imbiss, ich trinke nur was, schließlich habe ich All inklusive gebucht und mich erwartete ausgezeichnetes Essen und ein netter Ober, der mich schon ins Visier genommen hatte. Karim berichtet über seinen gelungenen Neuerwerb. Als er in Linie vor dem Bankschalter stand, wäre ein alter Freund vor ihm gestanden, der Inhaber eines Motorradgeschäftes sei, und gerade eine neue Lieferung erhalten habe. Da er ihn schon ewig kenne, würde er ihm, seinem speziellen Freund, eines der Mopeds zum Sonderpreis anbieten. Er hätte an mich gedacht und anderentags den Kauf perfekt gemacht. Es war wirklich ein großes Moped, in Barolorot, und er zahlte dafür genau ein Drittel des Preises, wie hier in Deutschland. Dazu hatte er noch einen Koffer ausgehandelt; er konnte zufrieden sein. Beim nächsten Besuch hatte ich einen nach Euro-Norm geprüften Helm dabei, dem später noch ein zweiter, noch besserer folgen sollte, vorne geschlossen, Aldi hat‘s!

Ich verlegte meinen Termin auf den Vormittag, damit ich ihn nachmittags treffen konnte, was eine regelrechte Hetze wurde. Jetzt fuhr ich also täglich nach dem Mittagessen nach Antalya, um ihn zu treffen. Immer im Schlepptau, der Cousin. Beide hatten ständig Hunger und holten mich am Bus ab. Immer hatte ich einen schönen knackigen Apfel dabei, den ich beiden überreichte. Wir gingen in den Basar hinter dem Hafen, kauften ein und trafen einen Verwandten von Karim, den er schon 25 Jahre nicht mehr gesehen hatte, der aber aus seinem Dorf stammte. In einem Kaffee probierten wir Shalep, das niemand so sinnlich schlürfen kann, wie er. „Einmal du mit mir in Hotel schlafen, bitte.“ Wir suchten also ein wildromantisches Hotel und fanden es, gleich in der Nähe seines Cousins. Die nächste Nacht sollte ihm gehören.

Da wir anderentags aber regelrecht versumpft sind, zuviel Whisky getrunken hatten, wurde nichts aus der begehrten Liebesnacht.

Dafür erfuhr ich von seinen neuesten Problemen. Der Gerichtsvollzieher hatte bei seiner letzten Rückkehr schon auf ihn gewartet und sein Auto eingezogen „was ich kann machen, ich Geld schulden.“ Es tat mir weh, das zu hören, er hatte viel Geld damit verloren - mein Geld.

Zum ersten Mal verabredeten wir uns für die kommenden Festtage. Weihnachten wollte ich mit meiner Familie feiern, die Zeit ab 27. Dezember aber mit ihm verbringen. Sylvester mit seiner Familie, wie gehabt, und dann wieder eine Woche bei mir. Es sollte nichts werden; Verabredungen waren nicht für uns bestimmt!

Den ganzen Tag überzog ein schweres Gewitter nach dem anderen Antalya. Es goss in Strömen. In unserem antiken Hotel fuhr uns der Blitz an den Zehen vorbei, bald regnete es durch die Decke auf das Bett. Wir können das Hotel anderentags erst Mittag verlassen. Ganz Antalya stand unter Wasser. Der Hotelier gab uns einen Tipp bezüglich Taksi, da kein Dolmusch fuhr, der Verkehr war lahmgelegt. Es war nicht weit weg, aber bei dem Sturm hieß es erstmal hinkommen. Wir fuhren nach Lara, das Wasser auf den Strassen reichte teilweise bis knapp zum Fenster. Ein paar Mal blieben wir stehen, erreichten aber als eine der wenigen Fahrzeuge mein Hotel. Karim musste wieder zurück. Hier, in Lara, war Katastrophenalarm, die Hotels drohten abzusaufen. Die Pumpen liefen die ganze Nacht mit Notaggregaten, ließ ich mir von verunsicherten Touristen berichten, Terrassen und Keller standen unter Wasser. Ein großer Schaden für die Hoteliers. Ich gehe auf den Schreck erst einmal in Ruhe Mittag essen. Vom Fenster aus sehe ich das aufgepeitschte Meer; beängstigend.

Nachmittags genieße ich das Spa-Center und buche für abends im „Dolce Vita Restaurant". Ein russisches Ehepaar, feiert, am Tisch neben mir, seinen 25. Hochzeitstag. Der gut situierte Ehe-Mann ließ sich das was kosten und hatte das ganz große Programm für seine Liebste gebucht. Beide luden mich ein, ihr Gast zu sein. Es wurde ein sehr gepflegter Abend. Die beiden waren in Odessa geboren, lebten aber am Bodensee, betrieben dort eine Segelschule. Karim will am anderen Tag zu mir kommen. Nach Hamam und Massage in der VIP-Lounge bin ich bereit zum Empfang. Heute hat er wieder seinen anlehnungsbedürftigen Tag, kann sich seine Schlappe in „unserer Hotelnacht" immer noch nicht verzeihen. Wir fahren nach Kundu und schauen uns das im Bau befindliche neue Hotel an, das Istanbul heißen soll und alles in dieser Gegend übertreffen wird.

Zurück, will ich mir eine neu erbaute Siedlung anschauen zu der wir jetzt hinschlendern. Vor einem Haus werden wir von einem deutsch sprechenden Mann eingeladen. Ich darf es mit seiner Frau besichtigen, die auch sogleich Kaffee kocht. „Rente aus Deutschland nix genug, aber geht schon", das Haus wird eben langsamer fertig. Die Häuser sind mit hohen Zäunen elektronisch gesichert und haben in Abständen einen Swimmingpool. Die Woche neigt sich dem Ende, es heißt Abschied nehmen. Mein Schatz fährt schweren Herzens zurück, mit 800 Euro in der Tasche, die ich schnell noch aus dem Automaten ziehe. Ich gehe in die Bar und habe mit vier Handballspielern, die hier trainieren, einen Mords-Spaß.

Während ich packe, sehe ich vom Balkon aus auf den Strand, wo viele Leute unterwegs sind, und einige schwimmen sogar, bei heute sonnigem Wetter. Wie immer, trage ich mein Gepäck selbst, fahre mit dem Lift nach unten. Als ich den Lift verlasse, spricht mich der Mann an, dem ich eingangs mein Leid klagte, bezüglich Nichtaufnahme Karim. „Madame, haben Sie etwas Zeit für mich?“ Ich nicke. Er stellt sich als der Sohn des Hotel-Besitzers vor und führt mich in die Lobby, winkt einem Bediensteten, der Kaffee bringt. Er entschuldigte sich für die Regeln seines Hauses, ich wäre nächstes Mal sehr willkommen, sollte aber besser für zwei Personen buchen. Als Abschiedsgeschenk überreichte er mir eine Tasche, indem sich ein T-Shirt und eine Kaffeetasse, jeweils mit Hotel-Logo befanden. Der Chauffeur erwartete mich bereits mit einem nagelneuen Transportauto, indem die Leder-Sitze in den Ecken angeordnet waren. Ich wurde also in der VIP-Class zum Flughafen geleitet und dort von der Security in Empfang genommen, die sich meines Gepäcks annahm. Kein schlechter Abgang, denke ich zufrieden. Der Flug war auch super. Ebenso der Empfang in Deutschland, durch meine Schwester und Mutter, die mein gutes Aussehen bewunderten.

28. Kapitel – Ortona, Ende Dezember 2007

Wieder war ich in froher Erwartung meines Karims, der am 27. Dezember über Izmir, da im Winter kein Flug von Dalaman möglich, kommen sollte. Dieses Weihnachten hatte ich perfekt geplant. Ein Tag mit der Familie meiner Schwester bei mir, wozu ich alles im Detail ausgeklügelt hatte. Dann zu meinem Sohn, bei dem ich zwei Tage bleiben würde. Meine Vorbereitungen liefen auf Hochtouren, als mich ein Anruf aus Ortona aus meinen Träumen riss. Meine Nichte war am Apparat, um mir mit trauriger Stimme zu sagen, dass ihr Vater, der Bruder meines Mannes, „grave", also schwer erkrankt sei. Doch was bedeutete „grave" genau? Es konnte alles bedeuten, ich konnte doch nicht fragen, ob er todkrank sei? Ihre Stimme allerdings ließ mich aufhorchen. Zwei Tage später, „Zia, es geht zu Ende." Ich fuhr auf das Grab meines Mannes, fragte ihn, was tun? Er sagte mir, dass ich sofort fahren müsse, aber ruhig bleiben soll. Noch auf dem Friedhof telefonierte ich mit Karim, um ihm die veränderte Sachlage mitzuteilen. Er war auch der Meinung, „du fahren, dies deine Familie." Schnell packte ich schwarze Kleidung ein, davon hatte ich ja genug, und fuhr mit dem nächsten Zug nach Verona.

Um die Weihnachtszeit war alles ausgebucht, so erhielt ich nur ein Biglietto bis Verona. Unterwegs telefonierte ich mit meinen Verwandten, denen ich meine Ankunft um 5.45 Uhr am nächsten Morgen in Pescara avisierte. Da wusste ich noch nicht, dass es hoffnungslos war, einen Platz ab Verona zu bekommen. Ich stieg also, auf Geheiß eines italienischen Bahnbeamten, in Bologna aus, und checkte durch bis Pescara; allerdings war auch hier kein Sitzplatz mehr frei. Der Zug war voll wie in Kriegszeiten, zumindest kam ich mit, und dankte meinen Mann für die Hilfe von oben. In Pescara wurde ich vom Bruder meiner Schwägerin abgeholt. Er weinte bitterlich, da wusste ich, dass Tonino tot ist. Er starb, sozialverträglich, wie ich sarkastisch dachte, mit 63 Jahren und 9 Monaten, nach zwei Monaten in Rente. Die Parallelen zu Schnuffi waren unverkennbar. Es war Heilig Abend, als ich eine Stunde später meinen Schwager, tot aufgebahrt, in seinem Wohnzimmer, ein letztes Mal sah. Er war so künstlich präpariert, dass er nichts mehr gemein hatte, mit dem lebenden Mann. Wieder zwei Stunden später fuhr ich im Konvoi hinter seinem Sarg zur Kathedrale, in der, unter großer Anteilnahme der Kommune, bei der er als Gerichtsvollzieher beschäftigt war, die so genannte Aussegnung stattfand. Die langjährige Freundin seines Sohnes, Lehrerin am Ort, verlas das Evangelium und sang im Chor, der markerschütternd sein Bestes gab. Meine Schwägerin stand vor mir, nicht realisierend, was hier vor sich ging. Sie hatte ganze 10 Tage Zeit gehabt, seine Krankheit wahrzunehmen, 8 Tage Hospital, am zweiten Tag, sein Sterben zu Hause. Er wollte das so, genau wie sein Bruder, war es ihm Bedürfnis, zu Hause zu sterben, ohne lange Therapie, die er aus bekanntem Grund ablehnte.

Die nächsten Verwandten kamen über die Feiertage hierher ins Haus, zum Essen, da Alida durch die Pflege der Schwiegermutter gebunden war. Wir saßen am gedeckten Wohnzimmertisch, wo 2 Stunden vorher noch der Sarg stand und hielten das Todesmahl. Mir wurde schlecht. Nun hatte Gott also den Vater, den jüngsten Sohn, und 4 Jahre und 4 Monate später, auch den Ältesten geholt. Alle drei starben an gleicher Krankheit und waren total verkrebst. Heute weiß man, das ist genetisch bedingt. Das Wissen allein hilft noch nicht, die Wissenschaft bleibt am Thema dran. Die Kinder waren sehr betroffen. Tonino war ihnen ein strenger Vater gewesen, ein klassischer Patriarch, dennoch hatten sie ihm viel, wenn nicht gar alles, zu verdanken. Aus beiden hatte er brauchbare und stolze Mitglieder der Gesellschaft gemacht.

Ich blieb bis 11. Januar 2008 bei meiner Schwägerin, unterstützte sie durch Gespräche und meine einschlägige Erfahrung. Sie musste nun eine für sie völlig neue Rolle, die des Familienvorstands, einnehmen. Ich bemühte mich redlich, sie zu bestärken und wir fingen gleich damit an. So kauften wir eine neue Jacke und Mantel ein. Wenigstens beim Funerale, das zwei Tage später auf dem Friedhof stattfand, sollte sie in angemessener Kleidung sein, in der Kirche hatte sie die Lederjacke ihres Mannes an, drei Nummern zu groß. Ich sprach ihr Mut zu, ihren Führerschein neu zu machen, den sie zwar hatte, aber seit ihrer Jugend nicht mehr nutzte. Damit könne sie ihre Einkäufe selbständig machen, zum Strand fahren und nicht zuletzt in das neu zu errichtende Haus in der Campagna. „Was du jetzt nicht sofort in Angriff nimmst, bleibt für immer brach", ermahnte ich sie immer wieder eindringlich. Zumal ich mit ansehen musste, wie der Geist des Vater sich auf seinen Sohn übertrug, von ihm Besitz ergriff, als dieser sinnierend auf seinem Stuhl in der Küche saß. Heute, 7 Monate danach, sagte mir Alida am Telefon, dass ihr Sohn eine Kopie seines Vaters geworden wäre. Zunächst hieß es für mich aber, Abschied zu nehmen. Alle Familienmitglieder quittierten mir ihren Dank, ich hätte meine Mission mit Auszeichnung erfüllt. Am Bahnhof nahm mich meine Schwägerin in den Arm und befreite sich von einer Last. „Anna, dass dir das passiert ist, konnte ich verstehen. Das mir das gleiche Schicksal widerfahren könnte, war für mich unvorstellbar." So emotional, offen und ehrlich, hatte ich sie in den vergangenen 25 Jahren noch nie erlebt. Ich stieg in den Zug, der sich langsam in Bewegung setzte.

29. Kapitel – Mitte Januar in Deutschland 2008

Noch 1 Stunde, dann bin ich nach der langen Fahrt zu Hause. Noch im Zug erreichte mich ein Anruf von Karim; er war schon auf den Weg zu mir. Fast zeitgleich trafen wir ein. Dieses Mal schien es keine unüberwindlichen Probleme mit der Familie gegeben zu haben. Er hatte viel Holz gehackt für den Ofen, seine Familie bekocht und umsorgt, Verwandtenbesuche absolviert. An meinen Ausführungen war er wenig interessiert, er schlief dabei ein. „Was denkst du dir eigentlich, ist das hier ein Altenheim?" weckte ich ihn ziemlich genervt nach einer Weile auf. „Bei dir so Ruhe, ich bießle Ruhe brauchen." So fuhr ich alleine einkaufen und bereitete das Abendessen vor.

Am anderen Tag war er krank. Er hatte hohes Fieber, einen dick geschwollenen Hals und eitrige Mandelentzündung. Ich musste zur Apotheke, später zur Ärztin, um Antibiotika zu besorgen. Mein Tag war ausgefüllt mit Kamillentee kochen, den Patienten mit Menthol einzureiben, für Obst und Frischluft zu sorgen. Ich war ganz in meinem Element. Meine prachtvolle Weihnachtsdeko war noch unberührt erhalten, und ich gestaltete am Folgetag ein zauberhaftes, nachträgliches Weihnachtsfest für uns. Mein Sohn, der einen Schlüssel zur Wohnung hatte, war telefonisch informiert gewesen und hatte die Geschenke abgeholt und seine, für mich gedachten, hinterlassen. Es gab also Bescherung. Auch für Karim. In einer luxuriösen Aufmachung stand sein Geschenk vor ihm. Bedächtig machte er es auf und entnahm der Geschenkbox eine Taucheruhr von Rolex aus Mailand, die ich in Ortona für ihn gekauft hatte. Damit hatte er nicht gerechnet und bis heute keine ähnliche gesehen. Sie ist einmalig und fand später in der Türkei große Verehrer. Für meinen Mann ist mir eben nichts zu teuer, wenn sie einer verdiente, dann mein Seebär. Daneben bekam er noch ein neues Portemonnaie, mit einem nagelneuen 500 Euro-Schein. Friede, Freude, Eierkuchen, so könnte man die kommenden Tage bezeichnen. Beide hatten wir sie nötig und wir gingen sehr sorgsam mit unserer Zeit um. Schauten uns eine DVD „Brot und Tulpen“ an, suchten im Internet nach allem, was ihn interessierte (Boote, Gewehre). „Warum du immer alles schreiben?“ Ich war soeben dabei, meinen Neueintrag in der „Gehaltsliste“ meines Schatzis zu vermerken, während er mir über die Schulter sah. „Heute ich weiß nicht warum, aber morgen vielleicht wichtig“, gab ich zur Antwort. Er schüttelte den Kopf über mein kaufmännisches Verhalten, das er nicht nachvollziehen konnte. Die vielen gemeinsamen Bilder betrachtend verstand er aber, wenngleich er sie sicherlich mit gemischten Gefühlen wahrnahm. Sie konnten ihm zum Verhängnis werden. Wir philosophierten über das Leben und lachten viel, was selten vorkam. Das schönste, wir blieben ungestört. Unter meinem fürsorglichen Beistand konnte er sich die Woche über so richtig auskurieren. Schade, kaum auf den Beinen, musste er wieder aufbrechen, in die Türkei. Es fiel mir außerordentlich schwer, ihn gehen zu lassen, jetzt, wo wir doch zu einer Einheit zusammengeschmolzen sind. Auch ihm fiel der Abschied nicht leicht. Warum also konnte er nicht noch bleiben?

„Warum du nix mit mir in Türkei fliegen?“ fragte er mich, die Gunst der Stunde nutzend. Gesagt, getan. Ich buchte für uns beide ein Hotel in Lara, das eine 95%ige Gut-Bewertung im Internet aufwies. Wie man sich täuschen kann!

30. Kapitel - Ende Januar 2008 in Antalya, Lara

Es war das dritte Hotel, das ich in Lara besuchte, alles 5-Sterne-Häuser. Das erste hatte richtiger Weise 5-Sterne verdient, das zweite 6, und das dritte maximal 3 Sterne.

Mein Schatz war ebenso enttäuscht wie ich. Hier stimmte aber auch gleich gar nichts. Ich meldete dies dem Management und zeigte der Dame unser reichlich heruntergekommenes Zimmer. „Das Haus ist 2 Jahre alt, es hat gerade den Besitzer gewechselt, wir müssen es komplett renovieren." Kein Wunder, bei der Klientel. Wir machten das Beste daraus und waren viel unterwegs. Eines Abends führte mich mein Schatz noch aus. Wir laufen durch eine Einkaufsstrasse, da klopft mir jemand auf die Schulter. „Madame, wir kennen uns doch!" Was für eine Überraschung, es war der Freund des Boutique-Besitzers vom ersten Hotel. „Ich habe euch bei meinem letzten Aufenthalt hier schon überall gesucht, hier seid ihr also jetzt", sagte ich freudig überrascht, und folgte seiner Einladung nach oben. Karim war ganz steif geworden und nahm dem Mann gegenüber Platz. Cay wurde serviert, mit dem Hinweis, dass ich später meinen roten Lieblingstee von ihm kriege. Was die Türken für ein Gedächtnis hatten, es verblüffte mich immer wieder. Karim führte ein Verhör, er ließ keine Frage offen. Der Mann war überaus korrekt, wurde von ihm in die Zange genommen. Er wollte zurück in seine Heimat Kash gehen und dort mit Holzkohle handeln, da er nach 15 Jahren Antalya dieses Leben satt hätte. Karim sagte ihm, dass er Wald hätte und ihn beliefern könne und bei der Gelegenheit erschlich er sich seine Telefon-Nummer. Ich verstand zwar nichts, mir wurde aber später von Karim übersetzt. Ich glaubte nur die Hälfte, da seine Körpersprache eine andere war. Der Mann stellte für ihn einen Konkurrenten dar, soviel war sicher. Es galt also, ihn aus dem Feld zu räumen und den Kontakt sichern. Ich bekam eine knallenge, schwarze Armani-Jeans, aus der neuen Kollektion, dazu eine tolle weiße Bluse mit einer Applikation eines schwarzen Stieres; ich war begeistert. Der Mann verabschiedete sich ganz förmlich und sagte leise bei der Übergabe des Paktes. „Warum kommst du nicht alleine hierher?“ Karim ging mit mir in eine Apotheke nebenan, die hier noch nachts geöffnet haben. Er kaufte ein wie ein Besessener. Fragte den Apotheker lang und breit in türkisch über seine Zipperlein aus. Ich brauchte lediglich Aspirin. Am nächsten Tag war Krisenstimmung und am Folgetag auch.

Wir fuhren nach Antalya. Dort suchte er einen Gewehrshop und fand ihn auch gleich. Er ließ sich über seine Favoriten aufklären und redete türkisch mit zwei Männern im Verkauf. Dahinter aber saß ein Arbeiter, der aus seinem Guckloch hervorlugte. Er machte mir Zeichen, zu gehen. Ich dachte, nicht richtig zu sehen, aber er fuchtelte mit seinen Händen, ich solle verschwinden, während Karim im Gespräch vertieft war. Was sollte das bedeuten? War ich in Gefahr? Karim gefiel besonders eines der Gewehre, das aber viel zu teuer war. Ich hatte ihm 800 Euro gegeben. Wir gingen ohne Kauf. Gleich hinter dem Geschäft grenzte der heimische Basar an. Dort kaufte er sich einen Adidas-Sportanzug in grau mit roten und weißen Steifen. Die Jacke konnte er dringend gebrauchen, da es nach Sonnenuntergang ziemlich frisch geworden ist. Ich bekam Obst, das wir mit ins Hotel nahmen.

Am letzten Abend wollten wir ins Restaurant. Da fiel ihm ein, noch einmal in die Apotheke nebenan zu gehen, um mir Bikunis zu besorgen. Ich stand vor dem Restaurant und wartete. Und wartete und wartete. Nach einer Stunde kam er, um mir freudestrahlend meine „Hilfe für Toilettengang" zu geben. „Was hast du so lange gemacht?" Er sagte, er wäre nicht nebenan sondern in der weit entfernten Apotheke, wo wir vorher waren, gewesen. Ich war sauer, zumal die Empfangsdame natürlich mitgekriegt hatte, dass ich auf ihn warten musste und mich das wissen ließ. Frauen haben da ihre eigene Art der Übermittlung. Bei Tisch stand er einfach auf und wollte ans Buffet, ohne Anstand. Jetzt sollte er mich kennen lernen. Der Ober kam, und fragte nach dem Getränkewunsch. Ich sagte Wein, er sagte Wasser. Das war immer ein Zeichen, dass er gegen mich steuerte; er Moslem, ich Schwein. Schweigend verzehrten wir unser letztes Abendmahl. Dann gingen wir in die Bar. Er setzte sich vis a vis von mir und sagte kein Wort. Ich auch nicht. Als es mir zu dumm wurde, stand ich auf und ging auf das Zimmer, um mir eine neue Schachtel Ziaretten zu holen, und erst mal durchzuatmen. Als ich wiederkam, fragte er mich wie ein Staatsanwalt, was genau ich jetzt im Zimmer gemacht hätte. Ich verstand nicht, und stand verärgert gleich wieder auf, um in die Boutique, eine Etage tiefer zu gehen. Dort erstand ich eine neue, rote Sonnenbrille, die erst zurecht gebogen werden musste. Plötzlich stand Karim vor uns, er beobachtete uns ganz ruhig. „Du jetzt Sonnenbrille brauchen?" fragte er betont, fast gefährlich ruhig. Ich setzte sie auf und fragte „schön oder nix schön?" „Aber du fahren, du jetzt keine Sonnenbrille brauchen." Na, das sollte er ruhig mir überlassen. Er wollte auf das Zimmer. Ich nicht. „Ich in die Bar gehen, wo alle Leute sitzen", sagte ich und er trottete mir hinterher. Er wollte selbst die Drinks holen an der Bar. Das hat er noch nie gemacht, denke ich. Da kommt vom Nebentisch ein alter Engländer auf mich zu und spricht mich an. Wir hatten ihn schon die ganze Woche über beobachtet, er war alt, topfit und hatte jeden Abend andere Damen aus dem Osten im Arm. Seinem Benehmen und der Kleidung nach zu urteilen, musste er bessere Tage gesehen haben. Formvollendet stellte er sich vor. Seine Frau wäre nach 52 Jahren Ehe kürzlich verstorben. Er wäre ein Profi-Spieler und zu Reichtum gekommen. Ein Haus in Cornwall und Biarritz sowie ein Appartement in Monte Carlo, wo er die nächste Saison spielen würde, dazu Pferde usw. könne er sein Eigen nennen. Er machte mir ein Angebot mitzukommen. Er hätte mich genau beobachtet und ich würde seinen Vorstellungen von Frau exakt entsprechen. Mit dem Hinweis auf seine zwei wartenden Damen verabschiedete ich ihn höflich aber bestimmt. Karim kam mit den Drinks, er hatte nichts von unserer Unterredung bemerkt, da der andere Mann, schlau wie er war, uneinsehbar hinter der Säule stand. Ich sagte ihm aber, dass ich mit dem Mann gesprochen hätte. Er fragte „du ihn oder er dich ansprechen?“ Ich sagte, er mich und wieder sprach er kein Wort mehr mit mir. Im Zimmer war er noch ungnädiger. Er packte seinen Koffer, ging ins Bad und legte sich ins Bett. Dann machte er den Fernseher an und zappte die verschiedenen Kanäle an, bis er bei einem Porno-Sender blieb. Ich sagte, „bitte aus machen.“ Da packte er voller Wut seine Decke, murmelte etwas von „alte Frau“ und begab sich nebenan, wo noch zwei Betten waren, auf denen aber sein gesamtes Gepäck verstreut lag. Er blieb nicht lange und kam zurück gekrochen, um sich vorsichtig an meine Seite zu legen. Ich rührte mich nicht, wusste definitiv, dass dies das Ende bedeutete. Er entschuldigte sich und versuchte seinen Fehler wieder gutzumachen. Für mich war das kein Ausrutscher. Die Folgen dessen erwachten wieder; sie waren mir aus meiner ersten Ehe mehr als geläufig. Ich ging scheinbar auf ihn ein, war froh, endlich seine andere Seite zu kennen, seine gewalttätige Seite. Er aber merkte sofort, da war unwiderruflich was zu Bruch gegangen. Wie konnte er sich so gehen lassen, er verfluchte seine Unbeherrschtheit! Zu spät, musste er erkennen!

Eigentlich wollte er mit dem Dolmusch zum großen Busbahnhof, um von dort weiter nach Marmaris zu reisen. In letzter Sekunde stieg er in meinen kleinen Bus ein. Wieder war ich der einzige Gast. Er setzte sich zum Chauffeur und handelte mit ihm eine Fahrt ab Airport zum Busbahnhof aus, denn bis Airport war er ja inklusive. Die Flüge waren bezahlt, aber von ihm nicht beansprucht, was das Gesamt-Arrangement nicht teurer machte. Unser Abschied war kurz und schmerzlos, gleich einer Flucht, bei drohendem Unheil.

31. Kapitel – Mitte März, Osterferien in Side, Türkei

Nach mehr als 4 Wochen, nachts um 1.00 Uhr sein Anruf. Er vermisse meine Anrufe, wenigstens mal eine SMS könne ich schicken, nie würde ich mich melden. Ich sagte ihm, dass ich mich einsam fühle und Sehnsucht hätte. „Ich auch alleine, Schatzi." „Aber warum? Wir beide könnten ein so schönes Leben führen, warum jeder alleine?" – Keine Antwort. Schon lange hatte ich den Verdacht, dass er in der Türkei ein Zweitleben führte. Er behauptete zwar immer, dass er alleine wäre, aber ich glaubte ihm nicht. Ein Mann wie er, undenkbar! Es blieb sein Geheimnis. „Ich mit meine Enkel nach Side fahren, in Osterferien", informierte ich ihn. „Ich kommen", sagte er. „Nein, wir alleine Urlaub machen, du verstehen, Familie!" Er war einverstanden. Langsam musste er wissen, wie der Hase läuft und wenn nicht, ich würde es ihm schon noch beibringen. Falsch gedacht!

Mit 3½-stündiger Verspätung kommen wir um 4.00 Uhr früh im großen 5 Sterne Ressort-Hotel, an. Das Zimmer befindet sich im 7. Stock und hat eine über Ecke laufende großzügige Balkon-Terrasse mit Blick über die ganze Küste. Es war sehr teuer, da zu den Osterferien alle Flugzeuge ausgebucht waren. Meine zwei Enkel sind in aufgeregter Vorfreude und nehmen sofort die Ehebetten mit Beschlag. Ich darf auf das „Krückenbett", einen ausklappbaren Sessel. Lukas hatte unerlaubt sein Laptop dabei und sofort installiert. Vergessen einzupacken, hatte er hingegen seine Zahnbürste, Kamm, Flipflop, Sonnenbrille. Auch meine Süße vermisste ihre Rasiercreme für die Beine. Ich war sofort 100 Euro los; der integrierte Laden hatte hohe Preise. Lukas ging sofort ins Meer schwimmen, es war eiskalt, aber draußen hatte es 25° C. Sophia bewunderte die wunderschönen Steine im Kieselstrand. Das Spa-Center entsprach nicht unseren Vorstellungen, vor allem das Hallenbad machte keinen einladenden Eindruck. Außerdem litt Sophia unter Hals- und Ohrenschmerzen; eine Apotheke musste gefunden werden, in der wir auch gleich noch die fehlende Sonnencreme kaufen konnten. Der Laden daneben hatte genau das T-Shirt, das sie schon lange wollte und es blieb nicht dabei. Auf dem Zimmer verteilte ich auch sofort die Trinkgelder, damit war auch das erledigt; mir fehlten am ersten Tag 400 Euro. Abends nippten auch die Kinder an meinem Alkohol-Drink und sorgten immer für reichlich Nachschub. Was für eine Schande in einem moslemischen Land! Die Unordnung im Zimmer machte mir zu schaffen und ich gab erste Anweisungen. Jeder der beiden hatte einen Stöpsel vom MP3-Player im Ohr, hörte nebenbei Musik vom Fernseher und dem Laptop, das war ich nicht gewöhnt. Auf mein „muss das sein?“ schauten sie mich ganz entgeistert an. Scheins war ich wirklich alt. Nach der ersten Anspannung legte sich ihr überdrehtes Gebahren und es wurde erträglicher mit den beiden.

Lukas hatte sein Reich im Spielsalon gefunden. Sophia in der Disco. Wir fuhren mit dem Taksi nach Manavgat in den Basar - Wünsche befriedigen. Wieder 300 Euro, da Lukas Original-Spiele für sein Laptop fand, zu Hause alle verboten, wie sich herausstellte. Ein Fotograf, vor unserem Hotel-Restaurant, wollte unbedingt Sophia fotografieren. Es wurden drei schöne Fotos für 20 Euro. Später sollte eine CD folgen für 50 Euro, die ihren jugendlichen Esprit in Hülle und Fülle zeigte; ein gelungenes Meisterwerk des Fotografen. Das Essen war in Buffetform und ausgesucht lecker. Wenn meine zwei Hübschen einliefen, wurde von den Obern um die Platzierung gebuhlt. Meine Süße, war begeistert von soviel Anerkennung, zu Hause hatte sie ein Aschenputtel-Leben geführt. Das Ganze sollte sich noch steigern. Auch die Animateure hatten sie im Auge, sie machte viel Sport, bei dem auch ich mitmachen sollte und wollte. Lukas hatte einen Freund gefunden und war von nun an mit ihm unterwegs. Auffallend oft sah ich die beiden im Geleit eines dunkelhäutigen, hoch gewachsenen Security-Angestellten, ihre Jugendstreiche in der Anlage erforderten ein wachsames Auge. Ich bestand jedoch darauf, dass wir die Mahlzeiten zusammen einnehmen, was nicht immer gelang. Die Herren hatten das Poolangebot entdeckt und bevorzugten es, mittags dort zu speisen. Nach einem ausgedehnten Strandlauf reservierten wir für abends im „a la Carte Restaurant", was bei meinen Kids gut ankam. Zusammen besuchen wir das „Ali Bay", im osmanischen Stil gebaut, das wir nächstes Mal buchen wollten. Heute sollte es für alle drei eine Ganzkörper-Massage geben, nach dem Hamam-Besuch; sie verlief für alle Beteiligten zufrieden stellend. Wir spielten Boccia, machten bei Step-Airobic und Funny-Games mit.

Anderentags fuhren wir mit Mustafa und Kemal, zwei Brüder, an ihrem dienstfreien Tag nach Side, liefen dort den Touristenpfad, und machten nachmittags eine private Bootsfahrt auf dem Fluss. Sophia wurde angeschmachtet, hatte aber den Fotografen ins Auge gefasst. Sie war eine richtige Lady, mit den prallen Kurven ihrer 15 Jahre, und den langen, lockigen Haaren. Zudem war ihre Haltung die, einer kleinen Prinzessin. Wo sie auftauchte, riefen die Männer begeistert „Shakira!" Ihr Auftreten nahm beängstigende Formen an. Sie aber schwelgte in ihrem Ruhm und stolzierte, aufrecht gehend, durch die Gegend. Im Bikini, der ihre ganze Schönheit zeigte, ließ sie sich selten ohne Pareo sehen, was natürlich noch mehr Aufmerksamkeit erregte. So folgten wir einer Einladung der Animateure, zum Tanzwettbewerb am Abend in der Disco, in der, außer den Akteuren, fast nur Männer, mit ihren Kameras bewaffnet, dem Spektakel entgegen fieberten. Meine Süße war als erste dran.

Sie tanzt seit Jahren in einer Hip-Hop-Gruppe und legte einen Bauchtanz der anderen Art hin, ich war fasziniert. Auch ich habe in meiner Jugend sehr gut getanzt, aber sie, das musste ich zugeben, übertraf mich bei weitem. Ein donnernder Applaus ihrer Darbietung, die besagter Fotograf in Bildern festhielt, war ihr Lohn. In der Zugabe legte sie auch noch einen Spagat hin, damit war die Meute nicht mehr zu halten und sie war fortan bekannt, wie ein bunter Hund oder besser gesagt, als Shakira.

Anderentags war Lukas mit seinem Freund auf den Markt über die Strasse ausgebüchst. Die Mutter des Freundes meldete eine Katastrophe; ich eilte zu Hilfe; wir konnten das Debakel nicht mehr rechtzeitig verhindern, aber den Fall lösen. Danach wollte ich endlich mit meinem Buch beginnen und legte mich damit in den Liegestuhl am Pool. Leider auch hier nur Ermahnungen an die beiden, die mit Anlauf versuchten, jeder am weitesten hinein zu springen. Derweil kam meine Süße, sie war mit dem Fotografen unerlaubt am Strand, um harmlose, schöne Fotos zu schießen, wobei es nicht blieb. Es war nicht einfach und sollte es bis zum Schluss auch nicht bleiben.

Zwei schöne Ferienwochen waren vorbei, und wie immer, ist es am Schluss am schönsten. Die Kinder wollten nicht nach Hause, also auch nicht packen. So machte ich mich daran. Der Wind hatte Lukas Badehose auf die unter uns liegende Terrasse geweht. Ich bat ihn, sie zu holen, nicht ahnend, dass ich damit ein Drama auslöste. In der Rekonstruktion hörte sich das so an: Auf ihr Klopfen an die Türe habe sich niemand gemeldet. Daraufhin sind die beiden, er und sein Freund, über die Feuerwehrtreppe auf den Balkon geklettert, um die Badehose zu holen. Die Balkontüre sei offen gestanden und das Zimmer leer gewesen. Beide dachten sich, dass hier wohl gerade jemand ausgezogen sein muss, der sein Handy vergessen hatte. Sein Freund nahm es auf, schaute nach dem Modell und spielte damit rum, während sie aus der Türe gingen, die zufiel. Jetzt konnten sie nicht mehr zurück und legten das Handy an der Feuerwehrleiter ab. Lukas gab mir seine Badehose, sagte nichts, und für mich war der Fall erledigt. Ich steckte sie obenauf in den Koffer. Anschließend gingen wir zum Abendessen. Als wir nach oben kamen, ein Anruf der Mutter des anderen Jungen, ich möchte bitte unverzüglich an die Rezeption kommen.

Aufgelöst erzählte sie mir im Beisein eines Reiseleiters was passiert war. Das Zimmer unter uns bewohnte der Besitzer des Hotels. Er hatte für seine Sicherheit die besten Leute in Side ausgewählt und seine Security würde ihm eine enorme Summe kosten. Außerdem wäre das ganze Hotel videoüberwacht, womit sie unsere Jungs ausfindig machen konnten. Die beiden hätten ein Hausfriedensbruch-Delikt und Diebstahl begangen. Die Mutter hatte mit mehreren Managern und Übersetzern, unter Aufbietung all ihrer Überzeugungskraft, ein zweistündiges Verhör hinter sich, war am Ende ihrer Kräfte. Nur dem Umstand des späten Abendessens hatte ich es zu verdanken, dem Debakel entgangen zu sein. Die Frau war Lehrerin für schwer erziehbare Kinder und entsprechend ausgebildet, außerdem mit einem Marokkaner verheiratet, und kannte die Gepflogenheiten der islamischen Welt. Ich konnte ihr nicht genug danken. Dem Reiseleiter erklärte ich, dass Lukas in einer der letzten katholischen Bastionen lebt, als Ministrant arbeitet, und durchaus ein geordnetes Heim kennt. Trotzdem musste ich ihm beipflichten und feststellen, dass diese Jugend kaum mehr in den Griff zu kriegen ist. Da outete sich auch er, ihm würde es mit seinem gleichaltrigen Jungen genau so gehen. Der Chef des Hauses sah von einer weiteren Verfolgung der Angelegenheit gnädiger Weise ab, und wünschte uns gute Heimreise.

Ich bin mir sicher, dass dieser Vorfall einigen Leuten im Haus den Arbeitsplatz gekostet hat.

Wir Frauen aber klärten unsere Kinder über den Unterschied der Kulturen auf, der durchaus auch im Gefängnis von Antalya hätte enden können. Die Kinder wollten weg von dieser Stimmung und versprachen, den letzten Abend keinen Ärger mehr zu machen. So saß ich, auf den Schreck hin, noch mit der Dame bei einem Drink in der Lounge. Nach dem Frühstück Abfahrt. Das Telefon klingelte, der Anrufer fragte aufgeregt, wo wir denn blieben, die Gruppe könne nicht mehr länger auf uns warten. Ich sah auf die Uhr und sagte, warum, es ist doch erst 10.00 Uhr – wir hatten in die Sommerzeit gewechselt. „Normalerweise fahren wir nach 10 Minuten einfach ab, sie haben Glück, mich gefunden zu haben.“ So der Reiseleiter, ein alter Hase. Was für ein aufregender Abschied. Sophia weinte im Flugzeug all ihren hübschen Verehrern hinterher, wollte zurück. War sie nicht ganz wie die Oma? Lukas präparierte sich, seine Heldentaten an seine Freunde zu Hause zu melden. Der Papa holt uns am Flughafen ab, bringt mich nach Hause. „Oma, ein geiler Urlaub“, höre ich zum Abschied.

32. Kapitel – Marmaris, Anfang bis Ende Mai 2008

Ich hatte erfolgreiche zwei Monate hinter mir. Die Steuer erledigt und die Rente eingeleitet. Der Garten war mit 400 Liter neuer Erde und vielen neuen Stecklingen bearbeitet worden, er gedieh prächtig. Im April haben fast ausnahmslos alle Familienmitglieder Geburtstag, die Feiern sind Pflicht. An meinem Geburtstag kam mein Sohn mit Familie an das Gartentor gefahren, er drehte die Musik bis zum Anschlag auf und laut erschall „I feel good" von James Brown. Mit Geschenken bewaffnet, stieg jedes der Kinder mit den Eltern aus dem Auto, um mir zu gratulieren. Meine Schwiegertochter kam mit einer bestückten Terrakotta-Schnecke und angesagten, marokkanischen Möbeln für den Garten, an. Wie schön kann doch Familie sein. Ich bildete mit meinem Geburtstag immer den Abschluss der Riege und genehmigte mir eine Woche mit meinem Schatz in Marmaris.

Für dieses Mal hatte ich ein Stadthotel ausgesucht, umweit vom Hafen und ein Mietauto gebucht, das wir sicher brauchen würden. Ich hatte Karim vom Flughafen aus informiert, er wollte da sein, worauf ich aber noch zwei Stunden warten musste. Er kam mit dem Moped und der Ausrede, dass er noch auf dem Feld geschuftet hätte. Wir holten gleich das Mietauto ab, ein neuer Hunday GZ4, was 5 Minuten entfernt war. Nun hatten wir ein schönes Stadthotel und ein schönes Stadtauto, der Urlaub konnte beginnen. Wer um alles in der Welt, hat mich mit soviel Weisheit gesegnet. Meine Voraussicht war ideal für seine Vorhaben.

Wir fahren Richtung sein Dorf, ich darf es nicht sehen. Dafür einsame Buchten. Es ist noch zu kalt zum Baden, deshalb fährt er in ein schönes Ausfluglokal zum Suppe essen, zur Aufmunterung gibt's Kaffee. Im weiteren Verlauf zeigt er mir den Teil seiner Heimat, den ich noch nicht kenne. Spät abends machen wir uns auf den Rückweg, um im Hotel zu essen. Wir genehmigen uns eine Flasche Wein und sind beide glücklich. Als Nachtisch hatte er Sex vor. Ich sehe ihn sein Teil präsentieren, und erkenne es nicht wieder; es hat überdimensionale Ausmaße, wie hat er das gemacht? Er schiebt das auf seine 14 Kilo Gewichtsverlust, wodurch er wieder zur alten Form zurückgekehrt wäre. Sicher, er war immer etwas übergewichtig, aber so dünn gefiel er mir nicht, ich vermisste sein Bäuchlein. Der Arzt habe ihm zur Gewichtsabnahme geraten. Außerdem solle er sich keine überflüssigen Gedanken mehr machen um Dinge, die er nicht ändern könne. Ich kann seinem Sex nicht standhalten, wurde den Verdacht nicht los, dass das mit Viagra zusammenhing. Er jedoch war glücklich und stolz wie ein Pfau.

Am nächsten Tag hat er Zahnweh; er zeigt mir die Stelle. „Kennst du einen Zahnarzt hier?" frage ich ihn. Er „ja mein Zahnarzt hier." Er telefoniert mit ihm und darf um 13.00 Uhr kommen. Sein Zahnarzt hat eine Privatpraxis, die modern ausgestattet ist, im 2. Stock liegt, mit Frontaussicht über den ganzen Hafen von Marmaris. Er beginnt mit einer Wurzelbehandlung, die sowohl Karim als auch ich im Besucherstuhl per Bildschirm mitverfolgen können. Ich sehe meinen Armen nicht ein Mal zucken und denke an meine abgeschlossene Maßnahme in Deutschland, die hinterher ein Chirurg heilen musste. Armes Deutschland.

Der „Freundschaftspreis" war lächerlich gering und für die 4-sitzige Behandlung gedacht. Der Zahnarzt war früher gern gesehener Gast auf Karims Boot und so blieb die Freundschaft. Gleich anschließend fahren wir auf sein gepachtetes

Grundstück und er zeigt mir voller Stolz seine geleistete Arbeit. Tatsächlich waren schon ein paar hundert qm gerodet, aber er hatte da noch viel Arbeit vor sich, bei 10.000 qm Land. Er sprach davon, dass er, nebenan oder weiter vorne, wo ich wollte, mein Haus bauen würde, ganz nach meinem Plan, den ich ihm mal in meiner Wohnung zeigte, und den er, wie ein Zauberer, jetzt aus der Tasche zog. „Hier will ich nicht, ich will am Meer leben, das weißt du.“ „Aber hier Meer, schau, ich bießle hoch bauen und weiter vorne und du Meer sehen, meine Land fast bis Meer. Hier ich Fluss machen.“ Er zeigte auf eine verschüttete Kuhle, die Wasser führte, nach seinen Aussagen brauchte man sie nur aufzumachen. Überall in den einsamen Buchten, grub er von Quellen, die ich nicht sehen, er aber riechen konnte, einen Kanal zum Meer, es war eine Manie von ihm. Oh Gott, was hatte ich nur für einen Mann.

Das Nachbargrundstück war schon kultiviert, das davor liegende auch. Wir fuhren am Fluss mit seinen Schlingpflanzen entlang, den ich so in mein Herz geschlossen habe, dann aber schnell zurück. Sein Dorf und das daneben, wo ich so gerne eine passende Wohnung für mich suchen wollte, passierte er rasend schnell, ohne anzuhalten. Zurück musste er zwei Tabletten nehmen, die ihm der Arzt verordnet hatte und wir gingen früh schlafen, da jetzt Schmerzen einsetzten, wie vom Arzt prophezeit. Am nächsten Tag wollte er nach Bozburun.

Wir besuchten einen Bootsbauer, den er gut kannte, ich aber noch nicht. Der Mann baute in 15 Tagen so ein Boot fix und fertig. Er fachsimpelte eingehend mit Karim. An einem in Bau befindliches Boot, bringt mir Karim die Vorstellungen seines Fischerbootes näher, erläutert mir detailliert die Konstruktion. Er will es mit viel Eigenleistung weitgehend selber bauen. Das Holz hätte er von seinem Wald, die Sägerei würde es nach seinen Wünschen zuschneiden, streichen könne er auch selbst, so kostete das Boot nur 500 Euro. Natürlich nur der Rohbau, einen Jeep für den Transport vorausgesetzt. Hatte er gerade die Konditionen für sein neues Fischer-Boot geklärt? Mir schien es so. Das war doch ein reines Geschäftsgespräch, wenn ich mich nicht irre. Langsam konnte ich Fiktion und Wahrheit nicht mehr unterscheiden. Wir verabschiedeten uns und bedankten uns für den von seiner Frau offerierten Kaffee.

Danach fuhr Karim zu einem Kapitän, der auf dem Land wohnte, und ein großes, schönes Haus mit Garten und Swimmingpool sein Eigen nannte, den er soeben säuberte, für die bevorstehende Badesaison. Sein Bruder war ebenfalls Kapitän und Makler und sollte Karims Boot unter Vertrag nehmen, besser gesagt, endlich verkaufen. Auch hier wurden wir gastfreundlich bewirtet. Unterwegs kaufen wir Obst und Nüsse und Karim fragt mich, ob ich Lust hätte, zu seinem Freund zu fahren, den mit dem Restaurant. Schon zum dritten Mal besuchen wir ihn und essen, wie üblich, gegrillten Fisch, Salat und trinken Bier. Er ist mir gegenüber etwas distanzierter wie früher, oder kommt es mir nur so vor? Wir bleiben drei Stunden, die beiden haben viel zu bereden, und fahren dann weiter zu einem Basar, mitten in der Prärie, in dem ich Geschenke einkaufe für meine Lieben zu Hause.

In Marmaris geht mein Karim zum Barbier, lässt sich pudern und salben. Dann besuchen wir den Koch auf seinem Boot. Hier geht es im Gespräch zwischen den beiden nur um Kalafat, das heißt Anstreicharbeiten, die der Koch für Karim übernehmen soll, der ihm fest zusagt. Karim sagt zu mir, dass er das alte Boot anstreichen muss, ich denke aber heute, es ging um das neue Boot, denn der Koch hatte soeben sein Boot neu überholt, und das in Bozburun. Bei dem Bootsbauer, von dem wir gerade eben kommen? Solche Zusammenhänge sind erst im Nachhinein für mich erkennbar, an Ort und Stelle wurde ich ja anders informiert. Jedenfalls war Karim sehr zufrieden mit diesem Tag, wir gingen, nein, er schritt in Mafiosi-Manier, noch durch die Einkaufsmeile, er voran, mit etwas Abstand zu mir. Alle Geschäftsinhaber schauten uns, vor ihren Läden stehend, wachsam nach; gingen da „Bonnie und Clyde?“ Beim Abendessen legt mein Partner ein Geständnis ab; das mich erschauern lässt. Ob es seiner Phantasie entsprungen ist?, ich kann nur hoffen. Nach zwei Tabletten und einem langen, Gespräch, bei dem er mir Einblick in seine Abgründe gestattet, schläft er schnarchend ein. Es ist das erste Mal, dass ich ihn schnarchen höre. Am nächsten Tag will er in die Kreisstadt fahren, vorher seine Schwester besuchen. Davor wieder Zahnarzt; er kommt gleich dran und wir können sofort danach los. Er braucht für seine Erledigungen noch Papiere aus seinem Haus und läuft hinein. Als er wiederkommt will er schnell weiterfahren. Ich steige aus und mache ihm eine Szene. „Du kommst und gehst in meine Wohnung, wann es dir beliebt. Aber als Türke bietest du mir nicht die geringste Gastfreundschaft in deinem Haus an. Scher dich zum Teufel, es reicht mir mit dir!“ „Aber Schatzi, du will, du kommen, hier alles Unordnung, ich nix will, du sehen meine Krawall, deine Hause super sauber.“ Als ob es darauf ankäme, denke ich wütend. Er sperrte noch einmal auf, schwer beäugt von einer alten Nachbarin, und ich musste dringend Pipi. Er machte die Wohnzimmertüre auf und ich sah nur große blaue Tüten. Die Blumenzwiebeln, die ich ihm per Post geschickt und auch jetzt mitgenommen hatte, lagen in der Nähe des Fensterbrettes. „Die gehen doch kaputt, bis du wiederkommst.“ „Nein, nein, nix kaputt“, beruhigt er. Sicher hatte er recht und es kam gleich jemand, sie abzuholen, wer auch immer. Hier, so wurde mir klar, hatte ich nichts zu suchen. Im Eilverfahren wurde ich wieder zum Auto geführt.

Seine Schwester lebte am anderen Dorfende in einem Sommerhaus auf dem Land. Wir wurden erwartet und freundlich umarmt. Ich überreichte mein Gastgeschenk; ein großes Glas Nescafè Gold und eine Dose Kekse sowie Zigaretten. Kaffee wurde gemacht, dann durfte ich ihren Obst- und Gemüseanbau bewundern sowie die kleinen Enten, die sie, im Schatten stehend, in einem kleinen Stall züchtete. Wir sagten dazu früher Hasenstall, fühlte ich mich an meine Kindheit zurück erinnert. Ich hatte ihm angeboten, die Schwester mit in die Stadt zu nehmen, die ansonsten auch kaum eine Gelegenheit dazu hatte. Jetzt kam aber auch noch die schwangere Tochter mit ihrem Frischvermählten an. Gott sei Dank hatten wir einen 4-Türer. Ich wollte sie vorne sitzen lassen, was inakzeptabel war, der Platz stand mir zu.

Ein schweres Gewitter nahte, der Himmel verdüsterte sich immer mehr, je tiefer und höher wir in die Berge fuhren. Jetzt regnete es aus Eimern, bald darauf fing es an zu hageln. Blitz und Donner machten die Fahrt zunehmend schwerer, es ging immer weiter berauf. Der hiesige Basar wurde angesteuert. Es war bitter kalt, ja eisig, die Regenschirme schützten uns nur bedingt. Karim kaufte für sich eine komplett neue Sommergarderobe in zweifacher Ausfertigung und zwei paar Schuhe. Für mich gab es zwei paar Sommersandaletten. Die Schwester suchte vergeblich nach einem Elektrogeschäft. Aber da, hier drüben gab es Babyware. Eine komplette Ausstattung im Set hatte die junge Mutter in der Hand und ich fragte Karim, ob er ihr diese nicht schenken wolle, dann wäre das auch gleich erledigt und er fein raus. Gut, sagte er, so, als würde er mir damit einen Gefallen erweisen, und bezahlte. Da fand Mama auch noch ein schönes Teil für die Schwangerschaft und er bezahlte auch das, natürlich, wie alles, von meinem Geld. Diverse Büros wurden angefahren, die lange Liste seiner rückständigen Zahlungen getätigt. Nun war ich dran. Ein Park hatte ein öffentliches WC, in das ich lief. Am Auto angekommen, sehe ich Karim und die Verwandten gerade aus einem Geschäft kommen. „Hier gibt Kaffeemaschine, du will, du schenken, aber 45 Euro kosten." Das war nicht gerade wenig, aber es war die angesagteste Marke in der Türkei. Ich nickte ab, schließlich war ich bis auf die Haut nass und wollte nach Hause. Nun war ich der Held des Tages. Wie mir Karim später erzählte, hatte seine Tochter im letzten Jahr das Glas beim Spülen kaputt gemacht. Die Schwester hatte sich vergeblich überall bemüht, Ersatz zu bekommen. Seine Familie ist darüber hinweg gegangen, es war ja nicht ihre Kaffemaschine. Er war bei jedem zweiten Telefonat mit mir, bei seiner Schwester Kaffee trinken, und jetzt dieser absolute Glücksfall durch mich. Karim wollte noch zum Essen bleiben, das die Schwester mit Tochter, auf kleinstem Raum, sehr geschickt und appetitlich, zubereiteten; es bestand ausschließlich aus frischen, besten Zutaten. Der Freund der Schwester, ein Fischer, kam. Er bot mir eine Zigarette an und war sehr herzlich, wurde aber von allen ignoriert. Nach dem Essen verschwand er, die Fische warteten auf ihn. Der Abwasch war erledigt, ich kuschelte vor dem offenen Feuer im Kamin und die Schwester kam mit Karim von draußen, je ein kleines Kücken in der Hand. Sie hatten sich im Maschendraht des Stalles verfangen und waren bei dem Hagel erfroren. Karim konnte eines von ihnen retten, indem er es äußerst liebevoll vor dem Feuer in seiner Hand wärmte und trocken streichelte; das andere blieb tot. Was für ein Verlust für die Schwester.

Die Mutter beehrt uns mit ihrem Besuch oder soll ich sagen, sie kreuzt auf? Diese türkischen Mütter. Wie eine Spinne im Netz ziehen sie die Fäden und weben ihre Opfer, die eigenen Kinder, ein. Sie saugen sie aus, bis aufs Mark. Karim hat sie voll unter Kontrolle, fällt mir auf. Er sitzt da, in gleicher Haltung wie sie.

Mich wirst du nicht kriegen, das schwör ich dir, denke ich bei ihrem Anblick. Sie setzt sich neben mich, richtet das Wort an mich. Während sie Karim anerkennend auf die Schulter klopft, der ihr zu Füssen sitz, sagt sie zu mir gewandt: „Mein Sohn, guter Sohn!“ Alle Blicke sind auf mich gerichtet. Ich entgegne, auf meine Schulter klopfend, „ich habe auch Sohn, der ist auch Spitze!“ und zeige zur Unterstreichung mit dem Daumen nach oben. 1:1. Zweite Frage: „Ich gute Mutter, oder schlecht?“ Totenstille innerhalb der Familie. Mit dem Brustton der Überzeugung sage ich: „Du nix gute Mutter, du nix schlechte Mutter. Du bist eine klassische, türkische Mutter!“ Da zieht sie ihren Cocker aus der Tasche, ein amtliches Dokument. Sofort erkenne ich ihre Absicht. Ein ungeklärter Erbschaftsfall, das große Grundstück vor ihrem Haus betreffend. Ich überlege, wie alt es wohl sein würde und zeige demonstrativ mein Desinteresse. Wollte sie mich ködern oder nur testen?

Der junge, unschuldige Mann der Tochter, neues Familienmitglied, antwortet ihr sachlich auf ihre Fragen bezüglich Anwaltklärung, er hat ebenfalls keine erkennbaren Ambitionen in dieser Familienangelegenheit. Da verabschiedet sie sich, tut so, als wäre sie müde, und klopft mir zum Abschied wohlwollend auf die Schulter. „Du Nummer 1, du Beste“, sagt seine Schwester zu mir, als sie weg ist. Ich aber denke an meine einschlägigen Erfahrungen mit Müttern, im speziellen, meiner italienischen Schwiegermutter, die der gleiche Sheriff war.

Ich möchte gerne zum Hotel, aber zunächst ist ein Besuch bei der Tochter angesagt. Mutter und Tochter backen Kuchen und Sesamkekse. Karim schaut sich seine Lieblings-Serie im Fernseher an, dessen Verkabelung nicht zu übersehen ist. Die Wohnung ist modern, die Miete für das ganze Haus günstiger als es die Wohnung in Antalya war. Der junge Hausherr scheint zufrieden, aber er träumt von einem grau glänzenden Anzug, wie auf der Abbildung meiner neuen Tarkan-CD zu sehen. Ich schenke ihm das Cover. Für ein Landleben war dieser Mann sicher nicht geboren; er war Computerspezialist. Ich lese, auf Aufforderung von Karim, den Damen aus dem Kaffeesatz. Bei Südländern habe ich eine erstaunlich zutreffende Spiritualität, die mich selbst immer häufiger stutzig werden lässt. Endlich, 24.00 Uhr ist die Serie zu Ende; ich darf nach Hause. Wir sind beide müde.

Karim will heute einen Mann treffen, mit dem wir in eine 200 km entfernte Stadt fahren. Wir lesen ihn an der Hauptstrasse auf. Ich wechsle nach hinten ins Auto, wohl wissend, dass Karim sich mit ihm unterhalten möchte. Er spricht nur türkisch und hat meinen Schatz bei seinen Waldarbeiten hilfreich unterstützt. Wir schauen Jeep an, die es hier reichlich gibt. Karim sprach von 1000 Euro, dafür ist nur Schrott zu finden. Er macht, auf mein Anraten hin, bei einigen, in die Wahl gezogenen, Probefahrten. Alles unbrauchbar. Ein anderer Händler hat aber einen sehr guten, von ihm gewarteten Jeep in Aussicht gestellt. Er gehört einem hiesigen Großgrundbesitzer, der momentan auf Geschäftsreise ist. Für 6000 Ytl. wäre der wohl zu haben, aber mit Garantie. Karim schaut mich an, ich sage zu, das Geschäft sollte später zustande kommen, sobald Karim aus Deutschland zurück wäre. Für Umschreibung etc. wären weitere 500 Ytl. nötig, schob Karim nach. Wir fahren zurück und nehmen unterwegs einen zu Fuß laufenden Imam mit, der bis nach hinten riecht, wie auch die anderen zwei Insassen bemerken. Wir fahren ein, seit 1930 berühmtes, Köfte-Restaurant an, und essen erst Mal ordentlich. Der Freund wird wieder da abgesetzt, wo er eingestiegen ist, und wir fahren zum Hotel zurück. „Wie wäre es mit ½ Stunde am Pool?“ frage ich und er ist einverstanden. Der alte Hotel-Besitzer kommt zu mir und überreicht mir Nespole am Strauch, die er gerade gepflückt hat. Sie schmecken honigsüß und heimlich denke ich an meinen Schnuffi und seine Lieblingsfrüchte, die hier noch besser sind als in Italien. „Der Mann schon oft sagen, du kann nehmen“, sagt Karim, der sieht, wie glücklich ich mit den Nespole bin. Woher um alles in der Welt, sollte ich das wissen, wenn er mir nichts übersetzt.

Nach dem Abendessen besuchen wir noch einmal den Koch, die beiden Palavern bei Cay und Bier. Hatte das System, wenn ja, welches? Um 2.00 Uhr machen wir uns auf den Heimweg und haben uns sehr, sehr lieb. Anderentags sagt er mir, kein Frühstück zu machen, er müsse wieder in sein Dorf, seine Tasche wechseln, d. h. Reisetasche holen, er käme aber bald wieder. Wenn ich wollte, könne ich mit seiner Schwester auf den Dorfbasar. Ich lehne ab und mache alleine eine Einkaufstour, die außer einem Paar Badeschuhe für ihn nichts bringt. Um 13.00 Uhr kommt er wieder, im Schlepptau die Schwester und deren Tochter. Beide wollen noch durch die Einkaufsmeile, da die Tochter Marmaris noch nicht kennt. Ich hatte am Vormittag zwei schöne Sweatshirt mit passenden T-Shirt gesehen, den Laden aus den Augen verloren, und jetzt, da ich ihn wieder gefunden habe, die Sachen gekauft. Meine Begleitung kannte den Besitzer, der nur erstklassige Ware führte. Im Spiegel sehe ich die beiden die Augen rollen, ob des Preises. Wir kehrten in einem Kaffee mit Blick zum Hafen ein und fuhren nach Icmeler, wo wir uns am Strand, vor einem tollen Hotel, niederließen. Während Karim Getränke besorgte, gab mir seine Schwester zu verstehen, dass er und seine Frau kein gutes Team wären und ich viel besser zu ihm passen würde. Ich solle doch, wenn ich wolle, eigenständig eine Wohnung in meinem favorisierten Dorf kaufen, und sehen, was er dann für Augen mache. Wie sie doch zusammen hielten, diese türkischen Familien.

Damit wäre ich auch konfrontiert, integriert und niemals mehr frei, weil er sich ja als mein Mann sah. So, wie ich ihn behandelte, war er eigentlich mehr als mein richtiger Mann, er war mein Pascha.

Ich erzählte ihr, dass ich, kurz vor meiner Abfahrt hierher, von einem anderen Mann ein Angebot erhalten habe. Dieser ist 65 Jahre, hat ein Haus am Meer in Kroatien, in dem er ein halbes Jahr lebt, ein kleines Segelboot und ein Gummiboot. Außerdem eine Wohnung in meiner Nähe, ein Auto und Motorrad und zwei Renten. Also ideale Rahmenbedingungen. Sie kapierten beide, waren schockiert und wurden nachdenklich. Ich sagte aufrichtig, dass Karim das wisse, was der Wahrheit entsprach. Ich aber abgelehnt habe, wegen meiner unglückseligen Fernbeziehung.

Abends fuhren wir die beiden zurück in ihr Dorf, ich lehnte nochmalige Einladung dankend ab und verabschiedete mich mit Schokolade aus Deutschland. Karim wollte noch einmal prüfen, was zwischenzeitlich mit dem Traktor für Arbeiten erledigt waren, auf seinem gepachteten Grundstück. Auf dem Nachhauseweg sagte ich, warum er denn niemals die schöne Allee neben der Schnellstrasse mit mir gefahren wäre, ich hätte mir das immer so gewünscht. Da kehrte er um, und fuhr diese alte Strasse, die sicher nur für Pferde mit ihren Wagen gebaut worden war. Ich weinte still vor mich hin. Als er es bemerkte, fragte er warum. Ich sagte: „Ich nehme Abschied, das verstehst du nicht.“ „Aber warum Abschied Schatzi, du hier kommen, du hier leben.“ Ich gab keine Antwort und schluchzte bitterlich; das nahe Ende fühlend. „Im Sommer kommt eine neue Zeit, eine Zeit ohne dich“, sagte ich mit einer Sicherheit, die sehr weh tat. Unvermittelt quoll es aus ihm heraus: „Gibt Türke, Schatzi, die Frauen betrügen, ich nicht solche Türke, ich immer alles zurück geben, aber ich weiß, gibt diese." Er erhielt keine Antwort und sprach fortan kein Wort mehr. Wir fuhren das Auto waschen, d. h. er ließ es gründlich reinigen, was einige Zeit in Anspruch nahm, weil alles in Handarbeit gemacht wurde; für einen deutschen Trinkgeldpreis. Das Land der Extreme. Sicher, wenn überhaupt, so war der jetzige Zeitpunkt zum Investieren ideal. Seine Rente, der Jeep, der Traktor, die Solaranlage – alles Dinge, die noch bezahlbar waren. In Istanbul oder Antalya waren die Preise dem Euro weit gehend angeglichen, was bald auch hier Einzug halten würde. Die Fakten lagen auf der Hand, aber es war eben auch Fakt, dass ich nicht seine Frau war. Was würde mich erwarten, alt und mittellos in dieser Familie integriert, allesamt Blutsauger, ohne Chance des Entkommens - ich konnte mir mein Schicksal gut ausmalen. Meine vier Renten würden wohl nicht reichen, für die Wünsche und Ideen eines Karims, der mir soeben gestand, nicht geschieden zu sein. Ich bin ernüchtert, bestelle eine Flasche Wein zum Essen und mache ihm eine Szene. Zu Hause trank ich nie einen Tropfen Alkohol, wurde ich schon wie die Engländerin? Er steht auf, läuft in die Gartenanlage, hat aber keinen Zimmerschlüssel. Das blieb nicht unbemerkt vom Personal, für die unsere Angelegenheit bestimmt Alltag war. Er kam nach einer Zigarettenlänge wieder an den Tisch, entschuldigte sich, sagte aber: „Du schuld, du jedes Mal Zirkus machen, in Bodrum, in Marmaris letztes Mal auch, in Rhodosfahrt. Ich genug diese Drama, ich auch Mensch. Meine Frau so machen wie du, eine links, eine rechts und ich gehen." Ja dachte ich zufrieden, das ist eben mein Vorteil, den ich mir bewahre, ich bin und werde niemals deine Frau! Meine Ausbrüche sind wie Gewitter. Je heftiger, umso schneller vorüber und danach scheint wieder die Sonne. Aber diese Nacht war düster, es gab keine Versöhnung, irgendetwas war wiederholt zu Bruch gegangen, nicht mehr zu kitten.

Den nächsten Tag fuhren wir Richtung Datca. Auf einem Campingplatz machten wir Picknick, den Proviant hatten wir unterwegs auf einem Basar gekauft. Es waren auch Erik dabei, meine natürliche Verdauungshilfe. Mein Karim blieb den ganzen Tag über sehr reserviert und ich störte ihn nicht in seiner Stimmung. In der traumhaft schönen Bucht waren viele junge Ausflügler an diesem Wochenende. Karim spielte Robinson Crusoe und schürfte neue Quellen zum Meer, seine schönen Hände als Werkzeug benutzend.

Am letzten Tag packten wir unsere Koffer und räumten das Zimmer. Vorher gab es noch überfälligen Sex. Er hatte einen Sack mit 25 kg Sonnenblumenkerne in seinem Dorf gekauft, für jedes Familienmitglied 5 kg, was hieß, einen Extrakoffer. Ich bekam eine Tüte voll. Zu Beginn der Reise hatte ich ihm angeboten, doch mit mir zurückzufliegen, da die Tickets im Preis inbegriffen waren, um mit seinen Kindern die anschließenden Pfingstferien zu verbringen. Er war einverstanden. Wir mussten ja noch das Auto abgeben, es hatte uns große Dienste geleistet. Die dritte Wurzelbehandlung stand an. Beim Abschied sagte mir der Zahnarzt, dass er Karim schon vor einem Jahr gemahnt hatte, da wäre der zweite Zahn noch nicht angegriffen gewesen. Aber da war halt ich nicht da, dachte ich und verabschiedete mich. Der Zahn würde halten und eine vierte, abschließende Behandlung, nach dem Urlaub, ausreichen. Draußen sprach ich zu Karim, ob er von der Bedeutung einer Wurzelbehandlung wisse. Er verneinte. Jede Wurzelbehandlung gehe mit einer radikalen Lebensumstellung einher, so meine Erfahrungen. Ich wäre gespannt, wie die bei einem Haifisch aussieht, dem normal die Zähne ausfallen, um erneut wieder nachzuwachsen. Er führt mich in das schönste Kaffee am Platze und ich esse einen riesigen Erdbeerbecher mit Sahne; er konnte nur zuschauen. Meine Augen nahmen

Abschied von der schönen Kulisse und nicht nur davon. Es war Zeit, ins Hotel zu gehen, wir wurden abgeholt. Unterwegs zum Flughafen hatte er Hunger und er durfte wieder essen. Also Suppe und Brot, unsere Reiseleiter machten es uns gleich und nickten zu unseren Tisch herüber. Waren wir nicht ein schönes Paar?

Während des Fluges hatte mein Armer ziemlich zu kämpfen mit seiner frischen Behandlung; sein Blutdruck sackte ab und ich gab mir alle Mühe, ihn abzulenken. Um kurz vor Mitternacht hatte er es geschafft, war wieder bei mir zu Hause, und konnte es kaum erwarten, in „sein Bett" zu kriechen.

Ich hatte mir eine neue Bohrmaschine gekauft. Damit wollte mir Karim in die Terrassendecke Haken bohren, an denen er Drähte miteinander verband. Hier sollte mir im nächsten Jahr, von der Liege aus, direkt Wein und in den Mund wachsen. Solche Dinge konnte niemand so gut wie er, ich ließ ihn gewähren. Ein neuer Schlauchwagen stand noch zur Montage an, was er umgehend erledigt und gut funktioniert. Den Rest des Tages füllten wir mit viel Liebe, wir waren eins, wie noch nie zuvor. Beide fühlten wir, zu schön um wahr zu sein. Ganz nebenbei erwähnte er im Verlauf des Tages Ali. „Wenn ich den finde, töte ich ihn." „Wenn du auf Ali triffst, ist einer tot, ich bin mir aber nicht zweifelsfrei sicher, wer", antwortete ich. Wieder höre ich von ihm: „Auch möglich, wieder in Deutschland leben." Er erhält keine Antwort. Es gehen ihm wohl tausend Dinge durch den Kopf und so gesteht er mir auch noch, dass sein Vater zwei ledige Kinder in Deutschland gehabt hätte. Hat er da nicht was verwechselt, waren es am Ende seine Kinder? Ich hake nach, ob er sie je gesehen hätte, was er verneinte. Er beichtete noch so einiges, jedenfalls kam es bei mir wie eine umfassende Beichte an. Von seiner Salami-Taktik-Wahrheit, üblicherweise in hauchdünnen Scheiben serviert, wich er dieses Mal ab. Ich bekomme ein richtig großes Stück seiner Wahrheit bzw. Geständnis ab. Für mich blieb, gottlob, alles zusammenhanglos, bruchstückhaft, seine Geheimnisse waren erdrückend.

Am nächsten Mittag wollte er bei seiner Familie sein. Ich musste ihn geradezu auffordern, zu fahren, so zögerlich war er mit seiner Abreise. Auf der Fahrt zu seiner Familie bat er mich, langsamer zu fahren. Ich verabschiedete mich und war wieder allein. Dachte daran, dass er ganz Deutschland kennt, wie seine Westentasche. Darüber hinaus Holland, Dänemark. Frei nach dem Motto: "In jedem Städtchen ein Mädchen." Seine alljährlichen „Goodwill-Besuche" garantierten ihm genug Abwechslung vom Ehealltag, ehe es zu brenzlig wurde. Karim pflegte den schönen Brauch des Weihnachtskarteschreibens an seine Gäste, von denen er später einige besuchte, bei passender Gelegenheit. Wer wird es diesmal sein? Ich hatte mich geweigert, mich im Gästebuch zu verewigen; hat mir aber nichts genützt, wie man sieht.

Nachspann

Bei meinem letzten Rückflug von Side hatte ich im Flugzeug eine Zeitung gesehen, die eine Frau vor mir las. Die schien interessant zu sein, ich wollte sie auch, und bat eine Stewardess darum. Sie gab mir das letzte Exemplar. Es war die einzige türkische Zeitung in Deutsch und ich hatte sie in Marmaris dabei und Karim nach ihr fragen lassen. Leider war sie nirgendwo erhältlich. So setzte ich mich an mein Laptop, und suchte nach den angegebenen www-Adressen zum Thema „Bezness“. Ich traute meinen Augen nicht, was da zu lesen war. War mein Fall, kein Einzelfall? Hier gab es ganze Foren, die unter dem Thema „1001Geschichten.de“ liefen. Schlagartig wurde mir klar, ich bin eine Betroffene. Ich wandte mich an den Chefredakteur und erhielt eine hiesige Kontaktadresse. Sollte ich hier die Hilfe erfahren, die ich brauchte, wonach ich mich heimlich sehnte? Das war ja eine richtige Organisation, ein eingetragener Verein, der professionell und beispiellos greifend, dahinter steckte. Das ganze Ausmaß meiner Misere war mir über den Kopf gewachsen, alleine kam ich da nicht mehr raus. Der Besuch einer Ansprechpartnerin von CiB e.V. brachte Licht ins Dunkel meiner Beziehung. Das Netzwerk, rund um das Thema „Beziehungen mit einem islamischen Mann, ist eng gestrickt, ihm gilt mein ausdrücklicher Dank.

Eine Bekanntschaft mit einem neuen Opfer zeigt mir den Ernst der Lage. Auch sie sitzt fassungslos mit mir im gleichen Boot.

Dennoch bleiben gemischte Gefühle. Natürlich kann ich nicht umhin, einen Mann, der mich in knapp 3 Jahren Fernbeziehung 33.000 Euro kostete, einen Beznesser zu nennen. Andererseits hatte ich auch eine einmalige, nie wiederkehrende, schöne Zeit mit ihm. Ursprünglich wollte ich eine Weltreise mit dem Schiff unternehmen. War das Erlebte nicht auch eine Reise in eine andere Welt, wie ich sie intensiver nicht hätte erleben können? Wenn dies das Ende ist, will ich diese Zeit als lehrreichen Ausnahmezustand in meiner Erinnerung behalten, wie von Anfang an gedacht. Das geht natürlich nur, so lange ich nicht an seine vergangenen und möglicherweise zukünftigen Fälle denke. Werden Geliebte nicht immer selbst zu Betrogenen?

Ali ruft an, er hat eine neue Wohnung. Ich beichte ihm alles und will mit seiner Hilfe das Ende der Beziehung herbeiführen. Er sagt, „Anna, habe ich dir nicht eingangs den Verlauf genau so vorausgesagt? Der Mistkerl hat es scheibchenweise getan." „Ja, Ali, aber da war die Liebe …" „Jetzt töte ich ihn", schwor Ali und zwar mit meiner stärksten Waffe, mit Worten. An seinem Tisch, in der unvollständig eingerichteten Wohnung sitzend, verfassten wir das Urteil gegen Karim. Beim nächsten Anruf sollte ich folgendes sagen:

„Es ist aus! Ich weiß jetzt alles über dich! Meine Familie weiß Bescheid und hilft mir, meine Schulden zu bezahlen. Ich kenne deine Situation genau. Du willst sicher nicht, dass deine deutsche Familie meine Situation kennen lernt. Ich glaube, du hast verstanden! Wenn nicht: Dir hilft Deutschland, mir hilft die Polizei, das Ausländeramt und die Türken, deine eigenen Leute. E l v e d a ! Letzte Chance, du wirfst 33.000 Euro in meinen Briefkasten."

Ali sagt zum Abschied bedauernd: „Und ich brauche nur 1000 Euro und habe keine Chance." Wenngleich Kurde, er ist halt auch nur ein Türke, denke ich und gehe.

Es ist der 31. Mai 2008. Im Briefkasten steckt mein endgültiger Rentenbescheid. Während ich ihn lese erreicht mich sein

Anruf. Vollkommen emotionslos und sachlich übermittele ich meinen vorbreiteten Text. Auf seine Einwände „aber Schatzi, was los, du heute nervös, ich morgen anrufen“, gehe ich nicht ein und beende das Gespräch, indem ich auflege. Unsere Beziehung war beendet. Klingelversuche anderentags blieben unerhört.

Heute spielt die Türkei gegen Deutschland im Europameisterschaftsfinale. Ich höre noch die Kommentare der Bayern als ich mit dem Fahrrad unterwegs bin. „De wern’ ma heid naufhaun, da Schweini werd’s eahna scho zoang.“ Die Hetzkampagnen einschlägiger Tagesblätter auf den Titelseiten waren diskriminierend; speziell die gegen Türken unerträglich. Ich verfolge das Spiel, das die Türken quasi mit einer Ersatzmannschaft bestreiten müssen, zudem spielgeschwächt, wegen des vorangegangenen Spieles. Sie ließen die Deutschen erschauern, angesichts ihrer überzeugenden, EM-reifen Leistung. Gebannt verfolge ich das souveräne Spiel der Türken und springe, vor dem Fernseher hüpfend, jubelnd auf und ab. Ich hasse die überhebliche deutsche Art, im Umgang mit dem Rest der Welt, und manchmal denke ich, dass Gott mich auf den falschen Platz zur Welt geschickt hat. Auch das Finale sollte Spanien, hoch verdient gegen die Deutschen, gewinnen. Was für eine Genugtuung für die hier lebenden Migranten. Ich war versöhnt und zufrieden.

Frohgemut will ich anderentags mein heiß geliebtes Fahrrad besteigen, eine Hinterlassenschaft von Gianni, der Damenfahrrad fuhr. Zwar schon alt, aber optisch wie neu, mit schmalen, französischen Reifen und optimal gewartet. Es war am Hauseingang geparkt und wie immer eingesperrt. Jetzt fehlte es, eindeutig gestohlen, in besagter Türken-Nacht, und nie mehr wieder gefunden. Von wem nur? Was hat das zu bedeuten?